重点解説

不正競争防止法の実務

The Unfair Competition
Prevention Act
in Practice

岸　慶憲
小林正和
小松香織
相良由里子
佐竹勝一
外村玲子
西村英和
山本飛翔

勁草書房

はしがき

　不正競争防止法は、知的財産の分野の中でも、やや辺境に位置するイメージがあるのではないだろうか。中には不正競争防止法を知的財産法の一つとは認識されていない方もいるかもしれない。

　しかし、知的財産の実務に携わっていると、特許権侵害訴訟の際に相手方の信用毀損行為の差止めの反訴を検討することや、商標登録のないデザインや形態が類似する商品に対して差止請求できるか否かを検討することや、退職した元従業員による情報漏洩のリスクの相談等々、他の知的財産権ではカバーできない部分で、不正競争防止法に基づく権利行使の余地がある場合に多く遭遇する。また、新しい法律問題が生じたときに、その手当てをするための法改正が行われ、新しい条文が入るのも、しばしば不正競争防止法である。そういった意味で、不正競争防止法は、他の知的財産権の隙間を埋める「隙間産業」のような法律、その重要性をあまり知られていないが、人知れず活躍している法律であるように感じている。他の知的財産法だけでなく、不正競争防止法を知り、理解していないと、実務上、紛争が生じた場合の権利行使の可能性や、権利行使されるリスクを見逃してしまうこともあり得るのである。

　不正競争防止法に基づく権利行使の可能性を検討しようとする際、多くの人が最初に参照するのは、経済産業省が発行し、インターネット上でも閲覧できる『逐条解説　不正競争防止法』（最新版は、令和6年4月1日施行版。以下「逐条解説」）ではないだろうか。逐条解説は、多くの裁判例もかなり網羅的に言及され、度重なる改正にも最も迅速に対応する、非常に有用かつ重要な解説書であり、必ず参照していただきたい資料でもある。

　しかし、「逐条解説」であるという性質上、予め一定の知識がないと、例えば適用除外条項など、本来参照すべき重要な条項を見逃してしまうリスクもある。

　そこで、普段、実務で不正競争防止法の案件を取り扱うことの多い若い弁護

士を中心に、逐条解説とは異なる切り口で、実際に不正競争防止法が問題となる典型的な事例をベースに、そのような事案で実務上問題となること等を解説する実務書があれば、特に普段から不正競争防止法に触れているわけではない実務家や企業の方たちに、一定の有用性があるのではないか、という話が出て、これに賛同してくださったのが、勁草書房の編集者である中東小百合さんであった。

　そのような経緯で、8名の弁護士で分担して執筆されたのが、この『重点解説 不正競争防止法の実務』である。

　本書は、各種不正競争行為を、第1章「営業上の表示に関する諸問題」、第2章「信用に関する諸問題」、第3章「情報財に関する諸問題」、と分類したうえで、それぞれの救済手段について、第4章「不正競争行為に対する民事的救済」、第5章「不正競争行為に対する刑事的救済」に分類して解説することとした。

　不正競争防止法の性質上、様々な行為態様があるうえ、執筆担当者が各章で異なることから、読みにくい向きもあるかもしれないが、一応、大まかな構成は、

　　　1　はじめに（導入・問題となる事例の典型例を紹介）
　　　2　問題となり得る法令（不正競争防止法以外の法令の紹介）
　　　3　不正競争防止法の要件等の解説
　　　4　実務上の留意点

となっている。特に、「実務上の留意点」の項目で、執筆者である各弁護士が、実際の実務の際に気を付けていることなどを比較的自由に記載しており、この部分が他書にはない特徴になると同時に、実務的に有益な情報を提供できていれば幸いである。

　途中、原稿の完成まで大変難航し、何度も挫けそうになったこの書籍の刊行を、企画段階から諦めずに粘り強く取り組んでくださり、多大なるご尽力をい

ただいた中東さん、及び、刊行までの追い込み作業をご担当くださった鈴木ク
ニエさんに、最大限の敬意と謝意を送りたい。本書が、既存の不正競争防止法
関連の書籍の中で、少しでも新しい切り口を提供し、実務に携わる方々の助け
となる場面があれば、これ以上の喜びはない。

2024 年 8 月

相良由里子

目　次

第2章

信用に関する諸問題   107

第3章

情報財に関する諸問題　135

凡　例

■法令・条約

法	不正競争防止法
景表法	景品表示法
薬機法	医薬品、医療機器等の品質、有効性及び安全性の確保等に関する法律

■判例集・雑誌

民録	大審院民事判決録
刑録	大審院刑事判決録
民集	最高裁判所（大審院）民事判例集
刑集	最高裁判所（大審院）刑事判例集
集民	最高裁判所裁判集民事
下民集	下級裁判所民事裁判例集
下刑	下級裁判所刑事裁判例集
刑月	刑事裁判月報
行集	行政事件裁判例集
高刑速	高等裁判所刑事裁判速報集
東京刑時報	東京高等裁判所刑事判決時報
無体集	無体財産権関係民事・行政裁判例集
知的集	知的財産権関係民事・行政裁判例集
取消集	審決取消訴訟判決集
判時	判例時報
判タ	判例タイムズ
ジュリ	ジュリスト
法時	法律時報
曹時	法曹時報
知管	知財管理
知財協判例集	日本知的財産協会判例集
AIPPI	A.I.P.P.I
L & T	Law & Technology

■文献

逐条解説	経済産業省知的財産政策室編『逐条解説 不正競争防止法〔第2版〕』（商事法務、2019年）
金井ほか編・コンメ	金井重彦＝山口三惠子＝小倉秀夫編『不正競争防止法コンメンタール〔改訂版〕』（レクシスネクシスジャパン、2014年）
小野編著・新注解	小野昌延編著『新・注解 不正競争防止法〔第3版〕（上）（下）』（青林書院、2012年）
豊崎ほか・コンメ	豊崎光衛＝松尾和子＝渋谷達紀『特別法コンメンタール 不正競争防止法』（第一法規、1982年）
茶園編	茶園成樹『不正競争防止法〔第2版〕』（有斐閣、2019年）
小野	小野昌延『不正競争防止法概説』（有斐閣、1994年）
小野＝松村	小野昌延＝松村信夫『新・不正競争防止法概説』（青林書院、2011年）
田村	『不正競争法概説〔第2版〕』（有斐閣、2003年）
髙部・実務詳説	髙部眞規子『実務詳説 不正競争防止法』（きんざい、2020年）
髙部編・訴訟の実務	『著作権・商標・不競法関係訴訟の実務〔第2版〕（裁判実務シリーズ8）』（商事法務、2018年）
判例と実務	大坂弁護士会友新会編『最新 不正競争関係判例と実務』（民事法研究会、2016年）

第 1 章
営業上の表示に関する諸問題

　不正競争防止法は、「工業所有権の保護に関するパリ条約ヘーグ改正条約」批准にあたり、同改正条約が不正競争の禁圧を加盟国に義務づけていたことから、条約上の最低限の義務を満たすべく、1935 年 1 月 1 日に制定された法律であって、その目的は、第 1 条に規定されているとおり、「公正な競争及びこれに関する国際約束の的確な実施を確保」する点にある。

　現在の不正競争防止法は、多種多様な行為を規制対象とするに至っているが、制定当初の不正競争防止法により規制された行為は、①周知商品表示の混同惹起行為、②虚偽原産地の誤認惹起行為、③信用毀損行為、の 3 種類であった。すなわち、「周知商品表示の混同惹起行為」は、最も古典的な「不正競争行為」の一つである。

　企業が営業活動を行う上では、自己の商品や営業を他社と識別してもらうために、「営業上の表示」を使用することが不可欠である。「営業上の表示」は、商号やハウスマーク、商品商標などがその典型であるが、長く営業活動をしているうちに、これらの典型的な表示のみならず、印象的なキャッチフレーズや、商品パッケージ、さらには商品の形態そのもの、店舗デザインなど、必ずしも商標登録に適さないようなものも、それを見ただけで誰の営業に係るものであるかがわかるような営業上の表示になる場合もある。このような表示に類似するものを使用することにより需要者に誤認混同を生ぜしめる行為は、公正な競争を阻害する行為として規制される必要がある。

　さらに、近年、インターネットを使用した営業活動は不可欠といってもよく、本来は住所表示のようなものにすぎなかったドメインが、営業上の表示と同様に極めて高い価値を有するようになり、これを第三者が不正に取得、登録、使用する行為をも不正競争行為としての規制が必要となっている。

　そこで本章では、典型的な不正競争行為として、「営業上の表示に関する問題」を取り上げ、文字やロゴなどの商品等表示をめぐる典型的な事例から、商品形態、店舗デザインなど、多様化する「商品等表示」をめぐる事例、さらに、ドメイン名をめぐる不正競争行為について、法令の趣旨や要件に加え、実務上どのような点に留意すべきか、という観点も入れながら紹介する。

　なお、代理人等による商標冒用行為についても、営業上の表示である商標に関する問題であることから、本章の末尾で紹介することとする。

第 1 節

文字・ロゴにかかる表示行為に関する問題

I　はじめに

　自社の商品やサービスを示す表示として、最もスタンダードなものが文字・ロゴである。どのような商品・サービスであっても商品・サービスの名前を示す文字やロゴは必ず存在する。このように、文字・ロゴにかかる表示はビジネス上も極めて重要なものであるため、他社が自社の文字やロゴに類似した表示を使用している場合には、法的手段でこれをやめさせる必要性は大きい。

　例えば、競業他社が、商品名は異なるものの、自社の人気商品の商品名のロゴに類似するデザインのロゴデザインで、競合する商品を販売し始めたような場合や、商品パッケージに表示されている、よく知られたキャッチフレーズに類似したキャッチフレーズを競業他社が採用したような場合などが典型的な事例と言える。

　そこで、本節では、文字・ロゴに関する表示を保護する法令と、当該法令において特に問題となる論点を検討するとともに、実務上の留意点について解説する。

II　問題となり得る法令

　文字やロゴにかかる表示に類似した表示を使用された場合に、不正競争防止法以外に問題となり得る法令には、以下のようなものがある。

1　商標法

　商標登録された文字・ロゴと同一又は類似する文字・ロゴが、登録商標の指定商品又は役務と同一又は類似する商品又は役務に使用された場合には、当該登録商標に係る商標権に基づく差止め及び損害賠償を請求することができる（差止めについて商標法 36 条）。

　後述する不正競争防止法 2 条 1 項 1 号又は 2 号に基づく権利行使と比べると、権利範囲が明確であることや、文字・ロゴが類似してさえいれば、当該文字・ロゴの周知著名性を立証する必要がない等のメリットがある。そのため、重要な標識である文字やロゴについては、費用が許す限り商標として登録しておくことが望ましく、商標権を有する場合には、まず商標権に基づく権利行使を検討すべきである。

　ただし、商標登録は区分ごとになされるため、自身が有している商標権の指定商品役務と相手方が提供している商品・役務が類似しない場合には、仮に、両者の文字・ロゴが類似していたとしても、商標権に基づく権利行使はしにくい場合もある。商標登録には、出願費用や維持費用もかかるため、大手企業のハウスマーク[1]のような場合でない限り、すべての指定商品・役務について商標登録をしておくことは現実的には難しい。

2　著作権法

　例えば、創作性を有すると思われるような複雑なデザインのロゴを模倣された場合には、当該ロゴの著作権に基づき、著作権侵害を理由とする差止め及び損害賠償請求も検討し得る場合がある（差止めについて著作権法 112 条）。

　そもそも著作物とは、「思想又は感情を創作的に表現したものであって、文芸、学術、美術又は音楽の範囲に属するもの」と定義されており（著作権法 2 条 1 項 1 号）、そもそも商標として考案された文字・ロゴなどについては、そもそも著作物性が認められない場合が多いと思われる。

1　「ハウスマーク」とは、企業（グループ）全体を指す商標のことを指す。

文字のみで構成されるロゴマークについては、字体（フォント・タイプフェイス）に著作物性が認められる場合に限り、著作権に基づく請求が認められることとなる。裁判例においては、フォントの著作物性が認められるためには、「従来の印刷用書体に比して顕著な特徴を有するといった独創性を備えることが必要であり、かつ、それ自体が美術鑑賞の対象となり得る美的特性を備えていなければならない」とされており（最判平 12・9・7 民集 54 巻 7 号 2481 頁〔ゴナ書体事件〕）、実際にフォントの著作物性を認めた裁判例は、これまでのところ、商業書道文字について著作物性を認めた事例[2]以外には見当たらない。

　また、文字とイラストを組み合わせたロゴマークなど、デザイン性の高い場合であっても、そもそも商業的に利用するロゴマークとして制作されたものは、いわゆる「応用美術」であって、原則として著作物性を有しない、とする考え方もある[3]。

　そのため、ロゴマーク等については、著作物性の検討を慎重に行うことが必要であり、著作権を行使することは必ずしも容易ではないことに留意すべきである。

3　一般不法行為

　上記の知的財産権に基づく主張に加えて、あるいは予備的に一般不法行為による損害賠償請求がなされることがある（民法 709 条）。

　しかしながら、最判平 23・12・8 民集 65 巻 9 号 3275 頁〔北朝鮮映画事件〕が「著作権法は、著作物の利用について、一定の範囲の者に対し、一定の要件の下に独占的な権利を認めるとともに、その独占的な権利と国民の文化的生活

　2　大阪地判平 11・9・21 判時 1732 号 137 頁〔「趣」事件〕。

　3　否定例として、東京地判令 3・12・24 判時 2526 号 89 頁〔ANOWA 事件〕、知財高判平 25・12・17 裁判所ウェブサイト（平 25（ネ）10057 号）〔シャトー勝沼事件〕、東京高判平 8・1・25 判時 1568 号 119 頁〔Asahi 事件〕等。なお、応用美術の著作物性について、知財高判令 3・12・8 裁判所ウェブサイト（令 3（ネ）10044 号）〔タコ滑り台事件〕は、「応用美術のうち、美術工芸品以外のものであっても、実用目的を達成するために必要な機能に係る構成と分離して、美的鑑賞の対象となり得る美的特性である創作的表現を備えている部分を把握できるものについては、当該部分を含む作品全体が美術の著作物として、保護され得ると解するのが相当である。」と判示する。

の自由との調和を図る趣旨で、著作権の発生原因、内容、範囲、消滅原因等を定め、独占的な権利の及ぶ範囲、限界を明らかにしている。同法により保護を受ける著作物の範囲を定める同法 6 条もその趣旨の規定であると解されるのであって、ある著作物が同条各号所定の著作物に該当しないものである場合、当該著作物を独占的に利用する権利は、法的保護の対象とはならないものと解される。したがって、同条各号所定の著作物に該当しない著作物の利用行為は、同法が規律の対象とする著作物の利用による利益とは異なる法的に保護された利益を侵害するなどの特段の事情がない限り、不法行為を構成するものではないと解するのが相当である。」との判断を示してから、知的財産権侵害に関連する事案において一般不法行為の成立を認めた裁判例は見当たらない[4]。

　同判決は直接的には著作権法に関して判示しているものの、その後の下級審判決においては、著作権法以外の知的財産権に関連する事案においても本判決が引用され、不法行為の成立を否定している[5]。したがって、少なくとも最近の裁判例の傾向の下では、一般不法行為に基づく損害賠償請求の主張は、知的財産権とは異なる法的に保護された利益を侵害するなどの特段の事情がない限り、認められにくいと考えておく方がよい。

Ⅲ　不正競争防止法に基づく請求

　文字やロゴに係る表示について、商標登録を有していなかった場合や、ロゴ等に著作物性が認められそうにない場合などであってもなお、不正競争防止法に基づく権利行使を検討する余地がある。すなわち、自社の文字やロゴに類似した表示を他人が使用する行為が不正競争行為に該当する場合には、使用行為や使用した商品の販売行為等を差止め及び損害賠償を請求することができる（法 3 条、4 条）。

　4　同最判以前に一般不法行為の成立を認めた事例として、知財高判平 17・10・6 裁判所ウェブサイト（平 17（ネ）10049 号）〔YOL 事件〕など。
　5　同最判後の下級審の分析については、上野達弘「民法不法行為による不正競争の補完性——『知的財産法と不法行為法』をめぐる議論の到達点」パテント 76 巻 12 号 15 頁が詳しい。

このような場面で検討すべき不正競争行為は、不正競争防止法2条1項1号及び2号に規定されている。商標登録の有無にかかわらず、文字・ロゴに係る表示は不正競争防止法によって保護される可能性があるが、不正競争行為に該当すると主張するためには、商標法にはない要件を充足することが必要となることに注意しなければならない。この要件を充足することは、実際には容易ではないことも多い。

以下、1号及び2号の要件について順に検討する。

1　不正競争防止法2条1項1号

1号は、「周知な表示」に対する不正競争行為を規定する。

> 一　他人の商品等表示（人の業務に係る氏名、商号、商標、標章、商品の容器若しくは包装その他の商品又は営業を表示するものをいう。以下同じ。）として需要者の間に広く認識されているものと同一若しくは類似の商品等表示を使用し、又はその商品等表示を使用した商品を譲渡し、引き渡し、譲渡若しくは引渡しのために展示し、輸出し、輸入し、若しくは電気通信回線を通じて提供して、他人の商品又は営業と混同を生じさせる行為

その要件は、①他人の商品等表示であって、②周知な表示に、③類似した表示を④使用又は使用した商品を譲渡等して、⑤混同のおそれを生ぜしめること、が要件となる。各要件について検討する。

（1）他人の商品等表示

商品等表示とは、「人の業務に係る氏名、商号、商標、標章、商品の容器若しくは包装その他の商品又は営業を表示するものをいう」（法2条1項1号括弧書）。

商品等表示は、「自他識別力又は出所表示機能を有するものでなければならず、表示が、単に用途や内容を表示するにすぎない場合には商品等表示に含まれない」とされる[6]。この「自他識別力」や「出所表示機能」の有無は、後述

6　逐条解説69-70頁。

する商品形態や店舗外観等について問題となるが、文字やロゴにかかる表示の場合に問題となることは少ない。例えば、商標登録まではしていないが、パッケージ上に目立つように表記される文字（キャッチフレーズ）などがあり、そのフレーズによって広く親しまれるようになった場合、すなわち「自他識別力又は出所表示機能を有する」ようになった場合などには、いわゆる商品名でなくても、「商品等表示」に該当する可能性がある。すなわち、商標登録にかかる表示でなくとも、「商品等表示」として保護される可能性が出てくることになる。

　なお、「他人の」商品等表示である必要があり、商品等表示の使用主体が複数ある場合、他方が使用している商品等表示は、「他人の」商品等表示には該当しないため、その使用主体の使用を差し止めることはできない[7]。

(2) 周知性

　不正競争防止法に基づく権利行使を検討する際のハードルとなるのが、この「周知性」の要件である。商標のように登録は必要とされないものの、この法律の保護に値するといえるためには、「周知性」を獲得する程度の商品等表示になっていなければならない、ということである。

　「需要者の間に広く認識されているもの」（周知性）の定義については「当該表示を混同させる行為が営業上の信義則に反するような事態が生ずるほどであればよいという程度に、広く知られたものでよい」とされている[8]。

(a) 地理的な範囲

　「周知性」の地理的な範囲としては、原則として日本国内であることが必要である。海外で非常によく知られていても、まだ日本国内ではそれほどでもない、という場合には、日本の不正競争防止法による保護は受けられない[9]。

7　東京高判平 17・3・16 裁判所ウェブサイト（平 16（ネ）2000 号）〔アザレ事件〕。
8　小野＝松村（上）175 頁。
9　東京地判平 10・2・27 判タ 974 号 215 頁〔ギブソンギター事件〕。ただし、「輸出」行為を対象とする場合には、外国においてのみ周知の商品等表示も保護され得る（小野編著・新注解（上）271 頁〔芹田幸子＝三山峻司〕参照）。認容例として、大阪地判平 12・8・29 裁判所ウェブサイト（平 12（ワ）2435 号）〔ガス点火器事件〕。

日本国内であれば、全国的でなくても、一定地域内で周知であれば足りるとされる。ただし、その場合は、保護が認められる範囲（不正競争防止法に基づく権利行使が認められる範囲）も、当該地域内に限定されることとなる[10]。なお、最判平29・2・28民集71巻2号221頁〔エマックス事件〕は、「商品の内容や取引の実情等に照らして、その販売地域が一定の地域に限定されるものとはいえず、日本国内の広範囲にわたるものであることがうかがわれる」事案において、「被上告人使用商標が日本国内の広範囲にわたって取引者等の間に知られるようになったということはできない。」として原審に差し戻して、販売地域が日本全国である場合には、全国的に周知であることが要求され得ることを判示している。

(b) 判断基準時

　「周知性」は、不正競争防止法に基づく権利行使をする時点で、具備している必要がある。差止請求権を行使する場合には、差止請求訴訟の事実審の口頭弁論終結時に周知であることが必要とされ、損害賠償請求権を行使する場合には、損害発生時である、被告の不正競争行為時に周知であることが必要とされる[11]。

　周知になる前の相手方の行為については、不正競争防止法による権利行使の対象にはならない。

　また、周知性をいったん獲得していたとしても、その後、失われることもあり、そのような場合にも権利行使は認められない[12]。

(c) 判断主体（需要者）の範囲

　「周知性」といっても、広く全国すべての人に良く知られている必要はない。本法の目的は、類似の商品等表示を使用して誤認混同を惹起するような不正競争行為を制限することにある以上、当該商品等表示を見て取引をする者、すな

10　一定地域の周知性が認められた場合、その判決は、「被告は、○○（地域）において、△△の表示を使用してはならない。」といった主文となる。

11　最判昭63・7・19民集42巻6号489号〔アースベルト事件〕。

12　前掲東京地判平10・2・27〔ギブソンギター事件〕。

わち、その商品の需要者に良く知られていることが必要であって、それで足りる。ある特定の需要者に良く知られているとしても、相手方が商品等表示を使用している商品の需要者に良く知られていない場合には、周知ではない、と判断されることになる[13]。

　最終消費者ではない取引業者等であっても、当該商品の取引の各段階に関与している者であれば、「需要者」に該当する。他方、実際に当該商品を使用する者であるが、取引の段階には関与していない者（例えば、処方される医薬品を服用する患者）については、「需要者」には該当しないとされる。

(d) 判断要素

　判断の際に考慮すべき要素は、特に限定されるものではなく、商品・役務の性質・種類、取引態様、需要者層、宣伝活動、表示の内容等の諸般の事情から総合的に判断される[14]。

(3) 類似性

　類似性の判断基準については、は「取引の実情のもとにおいて、取引者、需要者が、両者の外観、称呼、又は観念に基づく印象、記憶、連想等から両者を全体的に類似のものとして受け取るおそれがあるか否かを基準として判断」される[15]。なお、類似性の判断に混同のおそれの要素を入れるべきであるとする考え方や[16]、そもそも類似性の判断は混同のおそれの判断に解消されるべきであるとする考え方もあるが[17]、判例は類似性の判断に混同のおそれの要素を持ち込まない立場であるとされる[18]。

　上記商品等表示の類否判断の判断基準は、商標法における商標の類否の判断基準（最判平 4・9・22 判時 1437 号 139 頁〔大森林事件〕等参照）[19] と同様である

13　大阪地判平 20・1・24 裁判所ウェブサイト（平 18（ワ）11437 号）〔ヒュンメル事件〕参照。

14　逐条解説 75 頁。

15　最判昭 58・10・7 民集 37 巻 8 号 1082 頁〔マンパワー事件〕、最判昭 59・5・29 民集 38 巻 7 号 920 頁〔アメリカンフットボール事件〕。

16　田村 246 頁。

17　紋谷暢男「昭和 58 年度重要判例解説」242 頁。

18　石井彦寿「最高裁判所判例解説民事篇昭和 58 年度」402 頁。

と考えられる[20]。

　具体的には、商品等表示の要部（特徴的な部分）を抽出し、要部を中心に、時と場所を異にして観察するときに（離隔的観察）、需要者が誤認混同を生じるおそれがある場合には、類似性が認められることになる。

(4) 使用又は使用した商品の譲渡等

　使用とは、「他人の商品等表示を商品又は営業に用いることを指すもの」であり、「他人の商品等表示を自他識別機能又は出所識別機能を果たす態様で使用していない場合には、商品等表示の『使用』には該当しない」[21] とされる。商標権侵害においては、いわゆる「商標的使用」であることが必要とされるが、これと同様である。商品に表示が付されているとしても、成分表示であったり、書籍の題号であったりする場合は、「使用」には該当しない。

　「使用」のほかに禁止される行為は、その商品等表示を使用した商品を「譲渡し、引き渡し、譲渡若しくは引渡しのために展示し、輸出し、輸入し、若しくは電気通信回線を通じて提供」する行為である。これらの行為は、有償、無償を問わず、また、所有権の移転の有無を問わず、およそ商品を取引関係に置く一切の行為を意味する。「譲渡」と「引き渡し」の違いは、前者が所有権を移転する行為であるのに対し、後者は所有権を移転せず、占有のみを移転する行為である点であり、いずれも有償、無償を問わず、禁止される行為に該当する。通常のインターネット通信販売は「譲渡」に該当するもので、「電気通信

19　同判決は「商標の類否は、同一又は類似の商品に使用された商標がその外観、観念、称呼等によって取引者に与える印象、記憶、連想等を総合して全体的に考察すべきであり、しかもその商品の取引の実情を明らかにし得る限り、その具体的な取引状況に基づいて判断すべきものであって（最高裁昭和三九年（行ツ）第一一〇号同四三年二月二七日第三小法廷判決・民集二二巻二号三九九頁参照）、綿密に観察する限りでは外観、観念、称呼において個別的には類似しない商標であっても、具体的な取引状況いかんによっては類似する場合があり、したがって、外観、観念、称呼についての総合的な類似性の有無も、具体的な取引状況によって異なってくる場合もあることに思いを致すべきである。」との一般論を示している。

20　ただし、高部・実務詳説 131 頁は、必ずしも同一である必要はない、として大阪地判昭 59・6・28 判タ 536 号 266 頁を紹介している。小野＝松村（上）194-197 頁も、不正な混同目的達成の手段となるかどうかの観点から、商標法での類否判断より混同が重視される、との考え方も示しており、興味深い。

21　逐条解説 71 頁。

回線を通じて提供」する行為とは、商品等表示を付したプログラムを、インターネット等を通じて提供する行為を想定している。

(5) 混同

「混同」は、現に発生している必要はなく、混同が生ずるおそれがあれば足りると解されている[22]。

(a) 広義の混同と狭義の混同

現在においては、本号の「混同」が、実際はA社の商品であるのにもかかわらず、B社の商品であると誤認するといった、出所の同一性を誤認させる場合（いわゆる「狭義の混同」）のみならず、A社の商品をA社の商品と正しく認識しつつも、（B社の商品等表示と類似する表示を使用していることから）B社と何らかの密接な関係があると誤認させる場合（いわゆる「広義の混同」）も含むことについてはほぼ争いがない[23]。

前掲マンパワー事件は、旧法の解釈として、「不正競争防止法一条一項二号にいう『混同ヲ生ゼシム行為』は、他人の周知の営業表示と同一又は類似のものを使用する者が同人と右他人とを同一営業主体として誤信させる行為のみならず、両者間にいわゆる親会社、子会社の関係や系列関係などの緊密な営業上の関係が存するものと誤信させる行為をも包含するものと解するのが相当である。」と判示していた。

その後、現行法のもとで判断された事案について、最判平10・9・10判時1655号160頁〔スナックシャネル事件〕は、前掲マンパワー事件とアメリカンフットボール事件[24]を引用しつつ、「本件は、新法附則二条により新法二条一項一号、三条一項、四条が適用されるべきものであるが、新法二条一項一号に規定する『混同を生じさせる行為』は、右判例が旧法一条一項二号の『混同ヲ生ゼシム行為』について判示するのと同様、広義の混同惹起行為をも包含するものと解するのが相当である。」と判示して、平成5年改正によって、後述する法2条1項2号による保護が規定された後も、同条同項1号における「混

22　逐条解説73頁。
23　逐条解説73頁。

同」の意義に変更はなく、依然として「広義の混同」を含むものであることを確認した。

(b) 混同の判断主体

混同のおそれがあるか否かは、一般取引者及び需要者が普通に払う注意を基準になされるべきものとされる[25]。一般取引者が一般の消費者ではなく、専門知識を有する者に限られる場合には、混同のおそれは生じにくくなる。

(c) 混同の判断基準時

混同のおそれの有無は、需要者が購入する時点で判断される。

なお、購入後に購入者以外の者に混同が生ずる場合も含む、とする考え方（ポスト・セールス・コンフュージョン）が、米国の商標法における議論を参考に日本でも議論されている。①商品の購入者と使用者が異なり、使用者において混同が生ずる場合（例えば処方医薬品の購入者は医師や薬局であり、医師や薬剤師が混同することはないが、使用者である患者が混同する場合）や、②購入者でも使用者でもない第三者に混同が生ずる場合（例えば安価の模造品の購入者は、それが真正品であると誤認はしないが、購入者以外の第三者がそれを見て真正品と誤認する場合）など、購入者以外の者が商品に付された表示を見て販売主体を誤認するような場合が想定されている。医薬品の PTP シートの商品等表示性が争われた事案で、患者を従たる需要者と認めつつも、商品等表示性を否定した裁判例がある[26]。

24　前掲最判昭 59・5・29〔アメリカンフットボール事件〕。同判決は「不正競争防止法一条一項一号又は二号所定の他人には、特定の表示に関する商品化契約によつて結束した同表示の使用許諾者、使用権者及び再使用権者のグループのように、同表示の持つ出所識別機能、品質保証機能及び顧客吸引力を保護発展させるという共通の目的のもとに結束しているものと評価することができるようなグループも含まれるものと解するのが相当であり、また、右各号所定の混同を生ぜしめる行為には、周知の他人の商品表示又は営業表示と同一又は類似のものを使用する者が、自己と右他人とを同一の商品主体又は営業主体と誤信させる行為のみならず、自己と右他人との間に同一の商品化事業を営むグループに属する関係が存するものと誤信させる行為をも包含し、混同を生ぜしめる行為というためには両者間に競争関係があることを要しないと解するのが相当である。」と判示した。
25　知財高判平 19・11・28 裁判所ウェブサイト（平 19（ネ）10055 号）〔オービックス事件〕。

2 不正競争防止法 2 条 1 項 2 号

法 2 条 1 項 2 号は、「著名表示」に対する不正競争行為を規定する。非常によく知られるようになったブランド等の表示を冒用して、その顧客吸引力を不当に利用する行為や（フリーライド）、そのブランドイメージを毀損する行為や（ポリューション）、冒用することでブランドの価値を希釈化する行為（ダイリューション）は、混同のおそれがない場合であっても、いずれも規制して、長年の営業上の努力によりブランド等の名声を確立してきた者を保護すべきであることから、混同のおそれを要件としない類型として、平成 5 年改正により導入された。

> 二 自己の商品等表示として他人の著名な商品等表示と同一若しくは類似のものを使用し、又はその商品等表示を使用した商品を譲渡し、引き渡し、譲渡若しくは引渡しのために展示し、輸出し、輸入し、若しくは電気通信回線を通じて提供する行為

その要件は、①著名な表示に、②類似した表示を使用することのみである。

(1) 著名性

本号については、同条同項 1 号とは異なり「混同を生じさせる行為」が要件となっていない代わりに、周知性を上回る著名性が求められる。

著名性の意義については、「通常の経済活動において、相当の注意を払うことによりその表示の使用を避けることができる程度にその表示が知られていることが必要であり、具体的には全国的に知られているようなものを想定している」とされる[27]。すなわち、需要者以外の第三者にも全国的に知られていることが必要であるため、著名性を備えることは容易ではない[28]。

---

26 知財高判平 18・9・27 裁判所ウェブサイト（平 18（ネ）10011 号等）〔エーザイ医薬品事件〕。なお、商標権侵害の事案において、購入後の混同を認めた下級審裁判例として、東京地判平 19・5・16 裁判所ウェブサイト（平 18（ワ）4029 号）〔ELLEGARDEN 事件：第一審〕がある。
27 逐条解説 85 頁。
28 これまでに裁判例において著名性が認められた例として、シャネル、ルイ・ヴィトン、三菱、

(2) 類似性

　法2条1項1号の類似性と同項2号の類似性の判断基準が同様であるか否かについては争いがある。

　この点について、東京地判平 20・12・26 判時 2032 号 11 頁〔黒烏龍茶事件〕は、「不正競争防止法2条1項2号における類似性の判断基準も、同項1号におけるそれと基本的には同様であるが、両規定の趣旨に鑑み、同項1号においては、混同が発生する可能性があるのか否かが重視されるべきであるのに対し、同項2号にあっては、著名な商品等表示とそれを有する著名な事業主との一対一の対応関係を崩し、稀釈化を引き起こすような程度に類似しているような表示か否か、すなわち、容易に著名な商品等表示を想起させるほど類似しているような表示か否かを検討すべきものと解するのが相当である。」と判示して、判断基準が異なるべきであるとする[29]。

3　適用除外

　前項までが、不正競争防止法2条1項1号又は2号の行為の要件として条文に記載されている項目になるが、法19条に「適用除外事項」、すなわち、「不正競争」（法2条1項）に形式上該当するものであっても、差止請求権、損害賠償、罰則等の規定が適用されない場合が規定されているので、これに該当しないかどうかについても確認する必要がある。

(1) 普通名称・慣用表示の普通に用いられる方法での使用（法19条1項1号）

> 一　第二条第一項第一号、第二号、第二十号及び第二十二号に掲げる不正競争
> 　商品若しくは営業の普通名称（ぶどうを原料又は材料とする物の原産地の名称
> 　であって、普通名称となったものを除く。）若しくは同一若しくは類似の商品
> 　若しくは営業について慣用されている商品等表示（以下「普通名称等」と総称
> 　する。）を普通に用いられる方法で使用し、若しくは表示をし、又は普通名称

三菱商標（スリーダイヤのマーク）、JAL（赤い鶴のマーク）、PETER RABBIT、MARIO KART、Budweiser、菊正宗、青山学院、セイロガン糖衣Aなどがある。
29　同旨、東京地判平 27・11・13 判時 2313 号 100 頁。

等を普通に用いられる方法で使用し、若しくは表示をした商品を譲渡し、引き渡し、譲渡若しくは引渡しのために展示し、輸出し、輸入し、若しくは電気通信回線を通じて提供する行為（同項第二十号及び第二十二号に掲げる不正競争の場合にあっては、普通名称等を普通に用いられる方法で表示をし、又は使用して役務を提供する行為を含む。）

「普通名称」とは、商品または営業を示す一般的な名称として広く使用されている名称をいい、性状、品質、機能等を説明的に表現するものや、原産地表示などもこれに該当する（ただし、ワインなど、ぶどうを原料や材料とする物の原産地の名称であって、普通名称となったものは、適用除外規定の対象とはならないとされている）。もともとは特定の商品等表示であったものが、取引者・需要者において、商品や営業を示す表示として広く使用されるようになることにより普通名称となる場合もある。商標法 26 条と同一の趣旨に基づく規定であり、特定の者に独占的に使用させると公益上適当でない場合について、これを除外する趣旨である。

「慣用表示」とは、普通名称にはなっていないものの、取引者間において一般に慣習上事由に使用されている表示をいい、弁当の「幕の内」や、床屋の渦巻看板などが例として挙げられる。

普通名称や慣用表示であれば、直ちに適用除外とされるのではなく、それらを「普通に用いられる方法」で使用した場合、すなわち、一般取引上普通に行われるような使用態様で使用した場合に限られる。

(2) 自己の氏名の不正目的でない使用（法 19 条 1 項 2 号）

二　第二条第一項第一号、第二号及び第二十二号に掲げる不正競争　自己の氏名を不正の目的（不正の利益を得る目的、他人に損害を加える目的その他の不正の目的をいう。以下同じ。）でなく使用し、又は自己の氏名を不正の目的でなく使用した商品を譲渡し、引き渡し、譲渡若しくは引渡しのために展示し、輸出し、輸入し、若しくは電気通信回線を通じて提供する行為（同号に掲げる不正競争の場合にあっては、自己の氏名を不正の目的でなく使用して役務を提供する行為を含む。）

自分の氏名を使用する行為が規制されては不都合であることから規定されたものであるが、「不正目的でない使用」に限定されている。すでに他人の表示が周知になってから、不正の利益を得ようとして、または、他人に損害を加える目的で使用する場合には、不正競争行為に該当し得る[30]。

(3) コンセント制度により登録を受けた登録商標の使用（法19条1項3号）

> 三　第二条第一項第一号及び第二号に掲げる不正競争　商標法第四条第四項に規定する場合において商標登録がされた結果又は同法第八条第一項ただし書、第二項ただし書若しくは第五項ただし書の規定により商標登録がされた結果、同一の商品若しくは役務について使用（同法第二条第三項に規定する使用をいう。以下この号において同じ。）をする類似の登録商標（同法第二条第五項に規定する登録商標をいう。以下この号及び次項第二号において同じ。）又は類似の商品若しくは役務について使用をする同一若しくは類似の登録商標に係る商標権が異なった商標権者に属することとなった場合において、その一の登録商標に係る商標権者、専用使用権者又は通常使用権者が不正の目的でなく当該登録商標の使用をする行為

本号は、令和5年改正法により新たに導入されたコンセント制度[31]（商標法第4条4項）により後行商標が登録された後、先行登録商標又は後行登録商標が周知又は著名となった場合について、他方の登録商標における商標権者、専用使用権者及び通常使用権者が不正の目的でなくその登録商標を使用する行為を適用除外とするものである。「不正の目的でなく」との文言に該当するためには、「原則として、先行商標権者と後行商標権者との間の合意の範囲内における使用である必要がある。」とされる[32]。

30　知財高判平25・2・28裁判所ウェブサイト（平24（ネ）10064号）〔花柳流花柳会事件〕。

31　先行登録商標に類似する商標であっても、先行登録商標権者の同意（コンセント）があり、かつ、先行登録商標と出願商標の間で混同を生ずるおそれがないものについては、登録を認める制度である。

32　逐条解説251頁。

(4) 先使用（法19条1項4号又は5号）

> 四　第二条第一項第一号に掲げる不正競争　他人の商品等表示が需要者の間に広く認識される前からその商品等表示と同一若しくは類似の商品等表示を使用する者又はその商品等表示に係る業務を承継した者がその商品等表示を不正の目的でなく使用し、又はその商品等表示を不正の目的でなく使用した商品を譲渡し、引き渡し、譲渡若しくは引渡しのために展示し、輸出し、輸入し、若しくは電気通信回線を通じて提供する行為
>
> 五　第二条第一項第二号に掲げる不正競争　他人の商品等表示が著名になる前からその商品等表示と同一若しくは類似の商品等表示を使用する者又はその商品等表示に係る業務を承継した者がその商品等表示を不正の目的でなく使用し、又はその商品等表示を不正の目的でなく使用した商品を譲渡し、引き渡し、譲渡若しくは引渡しのために展示し、輸出し、輸入し、若しくは電気通信回線を通じて提供する行為

　他人の商品等表示が周知性または著名性を獲得する以前から、不正の目的でなく使用する行為は、既得権を保護する趣旨から、不正競争に該当しない、とする規定である。商標登録と異なり、周知・著名性を獲得した時期が明確に特定できないため、先使用が認められるか否かには十分注意が必要である。

　周知・著名性の獲得「前から」継続的に使用していることが必要とされることから、厳密に同一である必要はないものの、同一の表示を使用し続けていることが必要となる。

　また、使用開始当時は「不正の目的でない」としても、その後、これを持つようになれば、適用除外には該当しない。

　周知性は地域ごとに獲得することが可能であるため、複数の地域で、同一または類似の周知表示が併存することがあり得、一方が他方の地域に参入してきて競合した場合にどう考えるかについては、見解が分かれている。

　なお、先使用が認められても、混同防止表示を付加するように請求することは可能とされる（法19条2項）。

4 効果

(1) 民事上の請求権

(a) 差止請求

> （差止請求権）
> 第三条　不正競争によって営業上の利益を侵害され、又は侵害されるおそれがある者は、その営業上の利益を侵害する者又は侵害するおそれがある者に対し、その侵害の停止又は予防を請求することができる。
> 2　不正競争によって営業上の利益を侵害され、又は侵害されるおそれがある者は、前項の規定による請求をするに際し、侵害の行為を組成した物（侵害の行為により生じた物を含む。）の廃棄、侵害の行為に供した設備の除却その他の侵害の停止又は予防に必要な行為を請求することができる。

　1号及び2号に該当する行為によって営業上の利益を侵害され、又は侵害されるおそれがある者は、同行為の差止め及び侵害行為組成物の廃棄等を求めることができる（法3条）。

(b) 損害賠償請求

> （損害賠償）
> 第四条　故意又は過失により不正競争を行って他人の営業上の利益を侵害した者は、これによって生じた損害を賠償する責めに任ずる。ただし、第十五条の規定により同条に規定する権利が消滅した後にその営業秘密又は限定提供データを使用する行為によって生じた損害については、この限りでない。

　混同惹起行為を行った者に故意・過失がある場合、同行為によって生じた損害の賠償を請求することができる（法4条）。

（c）信用回復措置請求

（信用回復の措置）

第十四条　故意又は過失により不正競争を行って他人の営業上の信用を害した者
　　に対しては、裁判所は、その営業上の信用を害された者の請求により、損害の
　　賠償に代え、又は損害の賠償とともに、その者の営業上の信用を回復するのに
　　必要な措置を命ずることができる

　故意又は過失により不正競争を行って他人の営業上の信用を害した者に対し
ては、営業上の信用を回復するのに必要な措置を請求することができる（法 14
条）。謝罪広告などが典型例である。

（d）混同防止表示付加請求

（適用除外等）

第十九条　…（中略）…

2　前項第二号から第四号までに定める行為によって営業上の利益を侵害され、
　　又は侵害されるおそれがある者は、次の各号に掲げる行為の区分に応じて当該
　　各号に定める者に対し、自己の商品又は営業との混同を防ぐのに適当な表示を
　　付すべきことを請求することができる。
　　一　前項第二号に定める行為　自己の氏名を使用する者（自己の氏名を使用し
　　　た商品を自ら譲渡し、引き渡し、譲渡若しくは引渡しのために展示し、輸出
　　　し、輸入し、又は電気通信回線を通じて提供する者を含む。）
　　二　前項第三号に定める行為　同号の一の登録商標に係る商標権者、専用使用
　　　権者及び通常使用権者
　　三　前項第四号に定める行為　他人の商品等表示と同一又は類似の商品等表示
　　　を使用する者及びその商品等表示に係る業務を承継した者（その商品等表示
　　　を使用した商品を自ら譲渡し、引き渡し、譲渡若しくは引渡しのために展示
　　　し、輸出し、輸入し、又は電気通信回線を通じて提供する者を含む。）

　法 19 条 1 項 2 号又は 3 号による適用除外がされた場合、自己の商品又は営
業との混同を防ぐのに適当な表示を付すべきことを請求することができる（法
19 条 2 項）。

(2) 刑事罰

　「不正の目的をもって」誤認惹起行為を行った者は、5年以下の懲役若しくは500万円以下の罰金に処せられる（法21条3項1号）。

　また、「他人の著名な商品等表示に係る信用若しくは名声を利用して不正の利益を得る目的で、又は当該信用若しくは名声を害する目的」で、2号に該当する行為を行った者も、5年以下の懲役若しくは500万円以下の罰金に処せられる（法21条3項2号）[33]法。

　上記いずれについても、法人については、3億円以下の罰金刑が併科される（法22条1項3号）。

　ただし、この類型で刑事罰が適用された事例は、ほとんど見当たらない[34]。

Ⅳ　実務上の留意点

1　権利者側の留意点

(1) 商標の調査

　被疑侵害者が自社の商標等に類似する表示を使用していることを発見した場合、まずは、自社がどのような登録商標を有しているかを確認する。前述の通り、商標権を行使できるのであれば、それが最も強力である。

　相手方の表示を使用している商品・役務について、権利行使可能な商標権を有していない場合でも、対応する指定商品・役務をカバーする商標出願が可能である場合には、出願を先に行ってから権利行使をするという方法もあり得る[35]。

---

[33]　刑法改正に伴い、改正法施行後は「拘禁刑」となる。

[34]　2023年7月10日付の読売新聞オンラインの記事によると、名古屋高判令5・7・10判例集未登載〔鬼滅の刃事件〕は本類型で刑事罰を適用したことが伺われる。

[35]　何も問題がなければ、概ね出願から半年～1年弱で登録される。審査の着手までの状況は、特許庁の「商標審査着手状況（審査未着手案件）」（https://www.jpo.go.jp/system/trademark/shinsa/status/cyakusyu.html）から確認できる。ただし、商標法4条1項10号、19号等に該当してしまうケースではこの手法は使えない。

（2）　被疑侵害者の特定

　権利行使に際しては、被疑侵害者がどのような事業を行っている会社なのか、実態を把握することは必要である。法人であれば、まずは全部事項証明書（いわゆる法人登記）を取得する。

　法人登記がなされていないような場合、ウェブサイト上の会社概要や特定商取引法に基づく表記などから被疑侵害者を特定する方法もある。これらの表示がなく被疑侵害者の正確な住所などが分からない場合においても、訴訟まで見据えないのであれば、何らかの連絡先（メールアドレス等）がわかれば交渉には足りることも多い。インターネット上の侵害者の特定については、近時、有用な書籍が多数出版されている[36]。

　風俗店等の運営主体については風営法上の届出を情報開示請求・弁護士会照会等で取り寄せることによって判明することがある。このような方法で判明した運営主体からは、自身は真の運営者ではなく名義を貸しただけである旨の主張をされることがある。自ら届出をしておきながらこのような反論をすることは認められるべきではないが、その場合には真の営業主体を教えるように求めることも検討する。

（3）　侵害態様の確認

　法 2 条 1 項 1 号及び 2 号で対象とされている行為は、「商品等表示の使用」または商品等表示を使用した商品の「譲渡」「引き渡し」「譲渡もしくは引き渡しのための展示」「輸出」「輸入」「電気通信回線を通じて提供」する行為[37]であるが、相手方が実際に行っていない行為や、行うおそれがない行為については、差止めを請求することができない。よって、提訴の時点で相手方が何を行っており、今後何をするおそれが具体的に認められるのか、改めて確認する必

36　例えば、中澤佑一『インターネットにおける誹謗中傷法的対策マニュアル〔第 4 版〕』（中央経済社、2022 年）、清水陽平『サイト別 ネット中傷・炎上対応マニュアル〔第 4 版〕』（弘文堂、2022 年）等。
37　「電気通信回線を通じて提供する行為」とは、商品やプログラムの電子情報を、インターネットを通じてダウンロードさせる行為を意味しており、インターネットを通じて有体物を販売する行為ではない（大阪地判平 21・1・20 裁判所ウェブサイト（平 18（ワ）7758 号・平 18（ワ）7759号）参照）。

要がある。

　なお、周知性が全国に及ぶものではなく、一定地域に限定される場合には、差止請求の対象もその地域における行為に限定すべきことになる。

　被疑侵害者の実店舗で自社と類似の表示が使用されていることが疑われる場合には、できる限り現地を確認することが望ましい[38]。もっとも、費用との兼ね合いで現地に行くことができない場合や、簡易的な調査で留める場合には、インターネットで調査することも有用である。例えば、店舗の外観はグーグルストリートビューで確認できる場合もあるし、店舗の内部での使用態様についても、SNSにおける第三者が投稿した写真等からわかることもある。

　また、近年は、被疑侵害者が自身のX（旧Twitter）、インスタグラム、LINE等のSNSやブログにおいて、文字・ロゴを用いて宣伝していることも多い。このような場合には、これらのSNS等における文字・ロゴ等の使用行為についても、逐次中止させていく必要がある。

（4）使用証拠の保全

　侵害態様を確認した後は、その使用の証拠を保全しておく必要がある。

　警告状が送達されると、何の連絡もなくサイトが削除される場合がままある。権利者側としては差止めが主位的な要望であることが多いので、コストをかけてまでそれ以上のアクションを行わないこともままあるが、必要に応じ、その後の損害賠償請求訴訟等に備えてスクリーンショットを撮ったり、いわゆる魚拓を取得する等の対応をして証拠を保全しておくことが望ましい。

（5）早期の警告状

　侵害が疑われる文字・ロゴを発見した場合には、早期に対処することが望ましい。

　類似した商品等表示が使用された状況を放置する期間が長引けば、権利者以外の者が使用している、という事実状態が積み重ねられ、その状態を見て、その程度の類似表示は使用可能であると考える新たな被疑侵害者を生むリスクも

38　もっとも、建造物侵入罪（刑法130条）とならないように注意が必要である。

あり、当該表示が権利者を示す表示としての価値を失っていく、いわゆる「希釈化」を招来するからである。

　また、一般的には、被疑侵害者が文字・ロゴに関する表示に関連して多額の投資をした後では、訴訟外での任意の変更に応じにくくなる場合が多く、結果として訴訟をして徹底的に争わざるを得なくなることも珍しくない。

　したがって、侵害が疑われる文字・ロゴを見つけた場合には、早めに警告等をして対処することが望ましいといえる。

　昨今は、ＥＣサイトを利用して商品等を販売することが非常に多いことから、直接の侵害主体への警告以外に、ＥＣサイトを運営する、いわゆるプラットフォーマー宛に差止め（削除要請）を申し入れることをも検討すべき選択肢となる。特に、被疑侵害者がＥＣサイト上に数多く出てきて、個別対応では対応しきれない場合などには、プラットフォーマーへの警告は効果的である。

　知財高判平 24・2・14 判時 2161 号 86 頁〔ChupaChups 事件〕[39] は、特定のプラットフォーマーについての商標権侵害の事例であるが、自らが侵害の主体ではない場合であっても、侵害の事実を知りながらまたは、知ることができた相当の理由がありながら、合理的期間内に削除をしなかった場合には、差止め、損害賠償請求が可能であるとして、侵害主体以外の第三者が責任を負う可能性を示した。第三者が任意の削除に応じない場合には、このような裁判例があることを示すことも考えられる。

　上記裁判例が出たこともあり、近年、プラットフォーマーによっては、知的

39　同判決は「ウェブサイトにおいて複数の出店者が各々のウェブページ（出店ページ）を開設してその出店ページ上の店舗（仮想店舗）で商品を展示し、これを閲覧した購入者が所定の手続を経て出店者から商品を購入することができる場合において、上記ウェブページに展示された商品が第三者の商標権を侵害しているときは、商標権者は、直接に上記展示を行っている出店者に対し、商標権侵害を理由に、ウェブページからの削除等の差止請求と損害賠償請求をすることができることは明らかであるが、そのほかに、ウェブページの運営者が、単に出店者によるウェブページの開設のための環境等を整備するにとどまらず、運営システムの提供・出店者からの出店申込みの許否・出店者へのサービスの一時停止や出店停止等の管理・支配を行い、出店者からの基本出店料やシステム利用料の受領等の利益を受けている者であって、その者が出店者による商標権侵害があることを知ったとき又は知ることができたと認めるに足りる相当の理由があるに至ったときは、その後の合理的期間内に侵害内容のウェブページからの削除がなされない限り、上記期間経過後から商標権者はウェブページの運営者に対し、商標権侵害を理由に、出店者に対するのと同様の差止請求と損害賠償請求をすることができると解するのが相当である。」と判示している。

財産権保護のための特別な措置を設け、知的財産権侵害の申告用のフォームを用意している場合も多い。必ずしも各サイトが決めた申告方法に従う必要はないが、定められた方式に従った方が定型的な処理がなされ、迅速に対応してもらえる場合が多いと思われる。ただし、不正競争防止法に基づく権利行使については、商標権のように登録されている権利や、著作権のように権利者が比較的特定しやすい権利と異なり、根拠となる権利の存否や範囲の判断が困難である場合が多いため、既定のフォームで申告することができない場合が多いようである。よって、第三者に対しても、通常の警告状を送付することとなる。

　もっとも、第三者が運営するサイトに警告すると、虚偽事実の告知流布（法2条1項21号）に該当する可能性があるため、警告の表現には十分に注意する必要がある。この点について、後述する第2章第2節を参照されたい。

(6) 周知性の立証

　不正競争防止法に基づく権利行使においては、前述のとおり、周知性の要件が問題となる場合が多い。これを立証できなければ、訴訟の段階へ進んでも勝訴することはできない。当業者であれば当然知っていると思っても、それを立証することができるか否か、は非常に重要である。立証に必要となる証拠を、最初の段階で収集しておく必要まではないものの、収集することが可能な証拠があるか否かについては、早めに確認しておく必要がある。繰り返し述べているとおり、他の知的財産権と異なり、登録された権利ではないため、この点をきちんと立証できるかが、勝敗を決するといっても過言ではない。

　権利者は、自らが当該業界にいることから、立証するまでもなく裁判官も当然に知っているであろうと考えがちであるが、周知・著名であることについても証拠により立証しなければ、裁判所はその事実を認定することができない、という民事訴訟のルールを認識しておく必要がある。仮に周知性立証が困難である場合には、訴訟には進めないことを考慮し、権利行使の可否を検討すべきこととなる。

　周知・著名性を立証する証拠としては、以下のようなものが考えられる。

① 商品・サービスがよく売れていることを示す証拠

　商品等を購入した人は、当然、その商品等を知っていることになることから、よく売れているという事実は、周知性を立証する証拠となる。後述する宣伝広告などは、BtoB の商品などにおいては積極的に行われないことも多いので、そのような場合には、よく売れている事実こそが重要となる。

　この点を立証するうえでは、販売実績（売上金額）や、市場におけるシェア等を示す資料を集めることになる。

② 宣伝広告を積極的に行っていることを示す証拠

　宣伝広告活動を積極的に行っていれば、それだけ多くの人に知られている事実を示せることになる。そのため、宣伝広告物そのものの写し等や、その宣伝量を示すデータ、宣伝広告のためにかかった費用等を証拠とすることが考えられる。

③ 人気商品等として第三者に取り上げられたことを示す証拠

　さらに、人気商品である場合、当該商品等が新聞や雑誌等で取り上げられることもあるほか、近年では、一般の消費者等により「口コミ」情報としてインターネット上で紹介されることもある。これらの事実も、周知性等を端的に示す証拠となる。そのため、記事等の写しを証拠として提出することも有益である。

　なお、前述のとおり、差止請求との関係では、口頭弁論終結時における周知性を立証する必要があるため、基本的には新しい記事等が望ましいが、実際には周知性は時間をかけて獲得されるものであるうえ、第三者による記事等は自らコントロールできる性質のものではないため、過去の記事等を提出することが多くなる。過去の記事等を集めることは、不可能ではないものの[40]、時間も労力もかかるため、自社の主力商品等については、日ごろからこれらの記事等は収集して保存しておくことが望ましい。

---

[40]　雑誌の図書館として知られる大宅壮一文庫には、過去の雑誌が保管されており、証拠収集に便利である。

④ 実際の認知度を示す証拠

　アンケート調査等を実施して商品等の認知度を調査し、その結果を証拠として提出する場合もある。

　ただし、これらのアンケート調査は、その調査方法も難しく、仮に良い結果であったとしても、その調査方法の不適切性や不十分性等を理由に、裁判所に証拠として採用されない場合も多い[41]。アンケート調査を実施する場合には、調査対象の範囲、質問事項の設計、質問方法の検討等、専門家の助言を得ながら進めることが望ましい。時間も費用もかかるうえ、好ましい結果が得られるかわからないため、前述の、アンケート調査以外の証拠による立証を主とし、アンケート調査等の必要性については慎重に検討すべきであろう。

(7) 類似性及び混同のおそれの立証

　判例により示されている類似性の判断基準においては、取引者、需要者の観点から、取引の実情を考慮して総合的に判断されることから、実質的に、混同のおそれが存在するか否かが判断されており、これを別の要件と捉えるか否かの学術的な争いはともかく、類似性の立証と混同のおそれの立証とは、実質的に重なることになる。

　「混同のおそれ」の存在を立証するうえでは、現実に混同が生じていることまでは必要とされないが、現実に混同が生じたことを示す証拠は非常に有力であることは言うまでもない。カスタマーサービスなどへの問い合わせ等、何らかの形で一般の需要者から「紛らわしい」「間違えて購入してしまった」等の声があれば、これらは必ず証拠として提出したい。近年では、インターネット上のSNSなどで一般の需要者が言及することも多いため、それらの調査も有用である。

　同種商品等において、被疑侵害者以外の表示はいずれも類似していない、という事実を示すことも、類似性や混同のおそれを示す重要な証拠となる。

　また、BtoCの商品等の場合には、実際にどのように陳列され、商品等表示が需要者にどのように見えているか、という事実を、例えば商品の陳列棚の写

41　例えば、知財高判平30・1・15判タ1454号91頁。

真等により示すことが有用な場合もある。

　さらに、前述のアンケート調査等は、混同のおそれを立証するために利用されることも多い。ただし、「類似している」「紛らわしい」等の回答を恣意的に誘導していると評価されないよう、質問の仕方や標本の選択の仕方などには専門的知識が必要とされる[42]。そのため、アンケート調査等を提出する際には、その内容や手法の適切性についての専門家の見解書を提出することもある。

(8) 税関での水際差止

　侵害品が外国から輸入されていることが疑われる場合においては、税関での水際差止も考えられる（関税法 69 条の 11 第 1 項 9 号・10 号）。税関での水際差止は、迅速かつ強力な手続であり、財務省の統計[43]によれば令和 5 年の税関における知的財産侵害物品の輸入差止実績件数は 31,666 件にも上っている。

　不正競争防止法に基づく申立ても、平成 18 年から認められるようになったが、令和 6 年 6 月 6 日時点で有効な申立ては 3 件のみであり、うち 2 件は法 2 条 1 項 17 号（技術的制限手段回避行為）に基づくもので、商品等表示に基づく申立ては 1 件のみである。商品等表示に基づく申立てには、経済産業大臣意見書が必要とされるなど、他の権利に基づく申立てよりも手続が煩雑であるため、そもそも申立て自体があまりなされていないものと思われる。そのため、例えば令和 5 年の差止実績の中に、商品等表示に基づく差止めの事例はない。

　商品等表示に基づく輸入差止申立ては、その権利の性質上、税関による水際差止手続には不向きであると言えよう。

2　被疑侵害者側の留意点

　次に、不正競争防止法を根拠とする警告状を送られた被疑侵害者側の留意点について述べる。

42　井上由里子「『混同のおそれ』の立証とアンケート調査」小野昌延ほか『不正競争の法律相談 I』（青林書院、2016 年）245 頁。

43　財務省 HP「知的財産侵害物品（コピー商品等）の取締り」（https://www.mof.go.jp/customs_tariff/trade/safe_society/chiteki/index.html）。

（1）権利行使の対象の特定

　警告状が届いた場合には、①相手の主張する周知表示が何であるか、②こちらの対象商品等が何であるか、③回答期限があるか、④相手が何を要求しているかを確認する。文字等の表示が問題となる場合には、①の特定が足りない場合はあまりないが、警告状によっては、その点があいまいである場合もあるので、その場合には、最初の回答書面の中で相手方に確認する必要がある。

（2）周知・著名性の調査・検討

　上記の点が明確にされた段階で、まずは、相手方の請求の正当性、言い換えれば、こちらがその表示を選択した経緯、特に、相手方の表示を知っていたか否か、といった点を検討すべきことになる。

　周知性、著名性が要件になっていることから、相手方の表示を知らなかったとすれば、（著名性は言うまでもないが、）周知性について、少なくともこちらの需要者においては周知ではない、と争う余地があることを意味している。相手方の表示について、その周知性が立証できるレベルであるのか否かを、インターネット等を通じて調査する。

　他方、当初から知っていて、これに類似しないように表示を選択したにもかかわらず、あるいは、類似するはずもないと考えて選択したにもかかわらず、警告を受けてしまったとすれば、類似性の要件を充足するか否か、混同のおそれがあるか否か、について慎重に検討する必要があろう。

　これらの調査や検討には、第三者の専門家の見解を確認することが望ましい。不正競争防止法に基づく請求は、根拠となる権利自体が不明瞭であることから、判断が難しい場合が多く、また、紛争の行きつく先である裁判所においてどのように判断されるのか、については、過去の事例や最近の傾向を踏まえた専門的な判断が必要になるからである。

（3）回答方針の決定

　検討の結果、権利侵害となる可能性が高いと判断できる場合や、権利侵害の成否は微妙であるものの訴訟を避けて穏便に解決したい場合（ビジネス開始後間もなくで、それほど資本を投下していない場合や、訴訟で負けるほどではないにし

ても、紛争に巻き込まれてイメージが悪くなることを避けたい場合など）等には、現在の商品等表示の使用を中止し、変更することを検討することになる。早めに中止を決定すれば、中止までの期間の猶予や損害賠償責任の免除等について交渉しやすくなる場合も多い。

　他方で、権利者の主張を承服しがたい場合には、相手方の要求に応じられない理由を丁寧に説明した書状を返送することが多い。このような返信をすると、権利者が一定期間、更なる警告をしてこない場合もある。不正競争防止法に基づく権利行使の場合には、権利の外縁がはっきりしていないという性質上、権利者が訴訟での認容可能性は高くないことを認識しつつ、被疑侵害者の任意の使用中止に期待して警告をしていることもあるため、権利者側がそれ以上の権利行使をあきらめる場合も少なくない（ただし、連絡がこないと思っていたら、実は訴訟準備を進めており、訴状が突然送達される、ということもあるので、安心してはならない）。

(4) 債務不存在確認訴訟の検討

　なお、警告状を受領したものの、非侵害に自信がある場合や、権利者側が取引先等にも警告することにより営業上の悪影響があるような場合（第2章第2節参照）、権利者側の訴訟提起を待たずに、権利者に差止請求権が存在しないことの確認を求める債務不存在確認訴訟を提起することも考えられる。債務不存在確認訴訟においては、不正競争行為の立証責任は、権利者側が負う。

　ただし、確認訴訟の提起には「確認の利益」が必要となるため、警告状を受領していない段階では訴えの利益が認められない可能性が高いことには留意されたい。

3　紛争を予防するための留意点

(1) 調査と商標出願の検討

　文字・ロゴの使用を開始する際には、前に、似たような文字・ロゴが使用されていないかを調査する。

　他人の登録商標の有無は、J-PlatPat（https://www.j-platpat.inpit.go.jp/）にお

いて検索することが可能であるが、不正競争防止法の観点からは、インターネット等を通じ、広く調査を行うことが望ましい。特にデザイン性の高い図形的なロゴについては、インターネットのみでは他社の使用状況を調査することは難しいため[44]、場合によっては専門の調査会社に調査を依頼することも検討したい。

調査の結果、第三者による使用実態がない表示である場合、費用等が許す限り商標登録することが望ましい。商標登録することによって、自身が権利行使をする側である場合には（周知著名性を立証することなく）商標権に基づく権利行使をすることができる[45]。

なお、海外展開を考えている場合には、少なくとも主要な市場となる国においては、商標等の調査も行うことが望ましい。国によって使用できない表示などがある場合もある。

(2) 譲渡交渉等

外観・観念・称呼・取引の実情から類似すると判断される疑いがある他社の文字・ロゴが見つかった場合には、別の文字・ロゴを使用することも検討すべきであろう（SEO 対策としても、名称等が重複する商品・サービスはない方が望ましい）。類似性や紛争リスクの有無について判断が難しい場合には、早めに専門家に相談することが望ましい。

なお、3 年以上、継続して使用していないと思われる登録商標が障害になる場合には、自らの商標を出願したうえで、不使用取消審判を請求する、という方法もある。

(3) 使用開始後の注意点

自社のロゴ等を積極的に使用して商品・サービスを宣伝広告し、当該商品・

---

44 Google 画像検索で一定程度は対応できるが、限界がある。
45 旧不正競争防止法 6 条は、商標権を含む、工業所有権の権利行使と認められる行為については、形式的に不正競争行為に該当しても適用除外とすることを規定していたが、平成 5 年改正により削除された。商標権を持っていても、その権利行使が権利の濫用とされ、不正競争行為に該当する場合があることには注意が必要である。

サービスに使用している文字・ロゴの認知度を高めることは、ビジネス上優位になるだけではなく、法的な紛争の場面でも周知性・著名性の立証の材料としても使用し得る。

　そのうえで、市場において自社の文字・ロゴに類似した表示等を発見した場合には、積極的に権利行使を検討することが望ましい。これを放置すれば、自社の権利は「希釈化」し、結果として類似する表示が市場にあふれてくることになる。周知性を獲得していることが要件とされているため、ある程度の販売実績や宣伝広告の実績は必要であるが、早い段階から権利意識をもって市場をコントロールすれば、長い期間、その表示を独占することが可能となる。

　さらに、自己の商品等表示が普通名称化しないようにする努力も必要であることは、商標の場合と同様である。普通名称化すれば、適用除外に該当する可能性が出てくる。商標として使用しているのであればTM表示をするとともに、普通名称として使用している事例を発見するたびに、そのような使用態様をやめさせることが必要となる。自ら普通名称として使用しないように注意することも必要である。

〔相良由里子・西村英和〕

第2節

商品のパッケージデザインに関する問題

Ⅰ　はじめに

　第1節では、商品・サービスの名前を示す文字やロゴの表示に関する問題を見たが、例えば商品棚において消費者が最初に目にするのは、商品名だけでなく、あるいは商品名を含めた、パッケージ全体の外観である場合が多い。そのため、文字やロゴ等の商品名表示は非類似であるものの、パッケージデザイン全体が競業他社のヒット商品のパッケージに類似したデザインを採用して、顧客を誘引しようとする事例も多い。典型的には、需要者を一般消費者とし、同種の商品が並べて陳列されるような商品において、競業他社による人気商品のパッケージデザインに類似するデザインを採用して、消費者に誤認混同を生ぜしめるような場合である。

　商品名と異なり、しばしば変更されるパッケージデザインについて、いちいち商標権や意匠権を登録して保護することは難しい場合も多いため、パッケージデザインを模倣される場合には、不正競争防止法による保護を検討することが多い。

　そこで、本節では、文字・ロゴに関する表示を保護する法令と、当該法令において特に問題となる論点を検討するとともに、実務上の留意点について解説する。

　なお、本節において想定する「パッケージデザイン」とは、商品の包装等の表面に描かれる二次元的なデザインである。パッケージデザインといっても三次元的なデザインについては、「商品形態」に該当すると判断される場合もあり、それらの保護については、次節を参照されたい。

II　問題となり得る法令

　自社のパッケージデザインに類似した表示を使用された場合に、不正競争防止法以外に問題となり得る法令には、以下のようなものがある。

1　商標法

　商品のパッケージデザインが商標登録されていれば、登録商標の指定商品又は役務と類似する商品又は役務に使用された場合には、当該登録商標に係る商標権に基づく差止め及び損害賠償を請求することができる（差止めについて商標法 36 条）。

　ただし、前述のとおり、パッケージデザインはしばしば変更されることが想定されている場合が多いため、登録の優先度が低くなるとも考えられる[1]。

　なお、パッケージに採用された色彩を登録すること[2]や、パッケージデザインの中の特定の位置に付されるデザインについて位置商標を登録すること[3]、さらには商品の立体形状とデザインを一体として立体商標を登録すること[4]なども考えられるが、いずれも定番商品として長い期間販売されてきた結果、かなり強い顕著性を獲得している必要があり、商標登録の難易度が高いことは言うまでもない。

　そのため、パッケージデザインの多くは、商標権で保護しきれない場合が多い。

　1　商標登録ができないわけではなく、実際に登録されている事例もある。商品名などが入った実際のパッケージを登録する例もあれば（登録第 4451001 号）、ロゴ等を除いたパッケージデザインのみを登録する例もある（登録第 5462901 号）。商品名を入れたデザインを登録すると、一般的には商品名の部分が強い識別力を持つため、第三者がパッケージデザインを似せた商品を出したとしても、商品名が異なる場合には、当該商標権の権利行使はしにくいと考えられる。

　2　例えば、登録 5930334 号、登録 6534071 号など。

　3　例えば、登録第 5960200 号、登録第 6034112 号など。

　4　例えば、登録第 4251223 号、登録第 5759332 号など。

2 意匠法

パッケージデザインは、平面的なデザインであっても、意匠権による保護は可能であり、実際に登録されている例も見られる[5]。

意匠権については、商標権と異なり、識別力がなくても模様として新規性（及び創作非容易性）があれば登録することができる。また、関連意匠として類似するデザインを複数登録することもできる。

しかし、新規性が必要とされる以上、原則として公表する前に出願しておかなければならず、パッケージデザインが市場に出てから変更されたような場合、変更後のデザインが全く異なるものでない限りは登録を受けることができない[6]。また、存続期間が出願から25年に限定されるため、永続的な保護は受けられない。さらに、商標権に比し、出願費用がかかる場合も多い。

よって、パッケージデザインについても、意匠権で保護される場合は多くないといえる。

3 著作権法

パッケージデザインについては、デザイナーに依頼して制作してもらうような場合も多いものと思われるが、著作物性を有するか否かは、そのデザインの独創性と、商品の形態と区別して鑑賞の対象となり得る美術の著作物と評価できるかどうか、などが問題となろう。

独創性あるデザインで、美術の著作物と評価できる場合には、著作物性を有することになるため、その著作権に基づき[7]、著作権侵害を理由とする差止め及び損害賠償請求も検討し得る場合がある（差止めについて著作権法112条）。

---

5 例えば、登録第1180839号、登録第1626633号など。

6 ただし、関連意匠の出願可能期間が基礎意匠の出願から10年を経過する日前までとなったことから、その期間内に変更された発表前のデザインを、関連意匠として出願する可能性は考えられる。

7 社内の従業員が制作した場合には職務著作となるため、会社が著作者となるが、外部のデザイナーなどに制作を委託した場合には、著作権を譲り受けるとともに、著作者人格権についても不行使の約束をとっておくなどの権利処理が望ましい。

　他方、比較的シンプルであったり、顧客への訴求性等を重視して制作された商業的なパッケージデザインについては、そもそも著作物性が認められない場合もあると思われる。また、仮に著作物性があったとしても、その著作物性が認められる部分が類似していない限り、著作権を行使することはできない。

4　一般不法行為

　一般不法行為による損害賠償請求は、最判平 23・12・8 民集 65 巻 9 号 3275 頁〔北朝鮮映画事件〕が出されてからは、認められにくくなっていることについては、本章第 1 節 II 3 を参照されたい。

III　不正競争防止法に基づく請求

　商品のパッケージデザインについては、前述のとおり商標登録や意匠登録を有していない場合も多く、当初から不正競争防止法に基づく権利行使を検討する場面が多くなる。類似したパッケージデザインの使用行為等が「不正競争行為」に該当すると評価できる場合には、当該使用行為や使用した商品の販売行為等に対して、差止め及び損害賠償を請求することができる（法 3 条、4 条）。

　前節でも検討したとおり、法 2 条 1 項 1 号及び 2 号における「商品等表示」の定義には「商品の包装」も含まれていることから、このような場面では、まず法 2 条 1 項 1 号及び 2 号に基づく請求を検討することになる。さらに、パッケージ全体が「商品の形態」に該当するとして、同条項 3 号を検討すべき場合も考えられる。

　法 2 条 1 項 1 号及び 2 号の各要件の詳細については、前節において述べたとおりであるので本節では割愛し、商品のパッケージデザインにおいて特に問題になる点を中心に説明する。また、商品形態の模倣について規定する 3 号についての各要件の詳細は次節において説明する。

1 不正競争防止法2条1項1号

1号は、「周知な表示」に対する不正競争行為を規定する。その要件は、①他人の商品等表示であって、②周知な表示に、③類似した表示を、④使用、又は使用した商品を譲渡等して、⑤他人の商品又は営業と混同のおそれを生ぜしめること、が要件となる。

(1) 他人の商品等表示

商品等表示とは、「人の業務に係る氏名、商号、商標、標章、商品の容器若しくは包装その他の商品又は営業を表示するものをいう」（法2条1項1号括弧書）とされることから、商品のパッケージデザインも「商品の容器若しくは包装」に該当し、「商品等表示」となり得る。

ただし、「商品等表示」と評価されるためには、「自他識別力又は出所表示機能を有するものでなければならず、表示が、単に用途や内容を表示するにすぎない場合には商品等表示に含まれない」とされる[8]。商品のパッケージデザインの場合、どの部分が自他識別力又は出所表示機能を有するか、という点が重要となる。ありふれたパッケージデザインにすぎない場合には、「商品等表示」には該当しない。

例えば、以下のパッケージデザインが問題となった事例の控訴審[9]において、裁判所は、商品陳列棚においては包装箱の正面のデザインに需要者が着目することを前提に、①一般用医薬品商品の包装に、当該製品の正面部に商品名を、文字のフォント、色、大きさ等を変えた上で、横書きで2段ないし3段に上から下へ、左から右へ向けて表記しているものが多数存在している実情があること、②「正露丸」と「糖衣」は普通名称であるから、ほかに被控訴人商品を識別する表示も見当たらない正面及び右側面では、これに独自のデザインを施して特に大きく表示された「S」の文字に需要者の目が引かれること、③原告商品名である「セイロガン糖衣A」が周知著名であることから、需要者が「正露丸糖衣S」と認識すること、④アンケート結果からも需要者がパッケージか

8　逐条解説69-70頁。
9　大阪高判平25・9・26裁判所ウェブサイト（平24（ネ）2928号）。

原告表示　　　　　　　　被告表示

 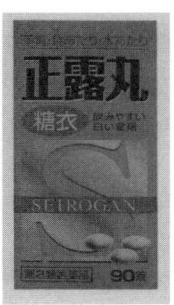

ら「正露丸糖衣Ｓ」と認識すること、などを認定し、被告表示（被控訴人表示）においては、「正露丸糖衣Ｓ」の部分が一連に結合して商品表示となっている、と認定した。

　食品のパッケージデザインの類否が争われた事案[10] では、控訴人が「（ⅰ）背景を濃紺色のグラデーションで彩っていること、（ⅱ）商品名を表示中の上部の白抜きで大きく表示していること、（ⅲ）内容物が一部視認できる透明部を有するポテトサラダ図形の表示中の中央部に大きく表してなるようなものは、控訴人表示が市場に流通前には存在せず、…（中略）…控訴人のものとして自他商品識別力を有する」と主張したのに対し、「以前に控訴人表示のような表示

原告表示　　　　　　　　被告表示

10　知財高判平 28・10・31 裁判所ウェブサイト（平 28（ネ）10058 号）。なお、この事案をはじめ、裁判例の中には、商品等表示性を論ずる前に類否を判断し、類似点が商品等表示性を有するかどうかを後から判断する、という判断手法も見られる。

原告表示	被告表示

がなかったことのみをもって、控訴人表示が自他商品識別力を有するに至るとは考えられない。商品名を表示の上部などの読みやすい位置に大きく表示し、背景色が濃色の場合は白抜きにすることは、ありふれた表示であるといわざるを得ないし、食品において、その包装用袋の一部を透明にして内容物を当該袋の外から見られるようにすることも、ありふれた表示である」として、控訴人の主張する部分は自他商品識別力を有するに至っていない、と認定した。

さらに、インクカートリッジのパッケージデザインの類否が問題となった事例[11]では、原告は、パッケージの配色や文字の配置、インクカートリッジの写真の配置の仕方など、5つの特徴点を主張し、これらの組み合わせが顕著であると主張したが、裁判所は、「原告の主張する特徴点AないしEは、他の商品にもみられるデザイン上の工夫を、配置や色彩を変えて組み合わせたものであり、全体としてみて原告各表示それ自体は顕著な特徴を有するものではない」と認定して商品等表示性を認めず、この判断は控訴審[12]でも維持された。

(2) 周知性

「需要者の間に広く認識されているもの」（周知性）の定義については「当該表示を混同させる行為が営業上の信義則に反するような事態が生ずるほどであればよいという程度に、広く知られたものでよい」[13]とされていること、及びその判断基準等は、前節において述べたとおりである。

商品のパッケージデザインが問題となる場合には、当該デザイン自体の周知

11　大阪地判平28・10・27裁判所ウェブサイト（平27（ワ）10522号等）。

12　大阪高判平29・12・7裁判所ウェブサイト（平28（ネ）3103号）。

13　小野＝松村（上）175頁。

性を立証することが必要になる点に留意したい。商品自体が周知であっても、商品のパッケージデザイン自体が周知であることを立証したことにはならない。

　なお、特に食品などのパッケージデザインは、細かいデザイン変更が頻繁になされることが多いため、例えば、変更したばかりのパッケージデザインの場合には、集中的に宣伝広告を大量に行ったなど、特殊な場合でない限り、周知性を獲得することは容易ではない。

(3)　類似性

　前節において説明したとおり、類似性は、「取引の実情のもとにおいて、取引者、需要者が、両者の外観、称呼、又は観念に基づく印象、記憶、連想等から両者を全体的に類似のものとして受け取るおそれがあるか否かを基準として判断」され[14]、具体的には、「商品等表示」の要部（特徴的な部分）を抽出し、要部を中心に、時と場所を異にして観察するときに（離隔的観察）、需要者が誤認混同を生じるおそれがあるか否か、が判断されることになる。

　文字やロゴと異なり、パッケージデザインについては、その要部をどのように抽出するか、そのパターンが様々にあり得るため、その主張の仕方によって類似性判断を左右する場合もあることに留意する必要がある。

　例えば、以下の商品等表示の類否が問題となった事例[15]では、裁判所は、「黒烏龍茶」の文字部分が要部である、との原告の主張を認めず、被告ら表示Aの外観については、外観、称呼、観念が類似するが、被告ら表示Bについては、いずれも類似しない、と判断した。

　また、やはり食品の包装缶の類否が争われた事例[16]では、周面の色が濃い茶系統の色で、正面の上部にやや横長で下側の長辺が容器正面の真ん中よりやや下方に位置する長方形の幅広金モールによる角形飾り枠が設けられている点で全体的に類似しているうえ、「缶容器正面の下部にミルクティーを満たしたティーカップを配置した図柄自体は前記のとおりありふれたものであるが、これを斜め上方から見る角度や正面下部における左右の位置及び上部の商品名が表

14　最判昭 58・10・7 民集 37 巻 8 号 1082 頁、最判昭 59・5・29 民集 38 巻 7 号 920 頁。

15　東京地判平 20・12・26 判時 2032 号 11 頁〔黒烏龍茶事件〕。

16　大阪地判平 9・1・30 裁判所ウェブサイト（平 7（ワ）3920 号）。

原告表示	被告ら表示 A	被告ら表示 B
		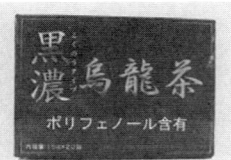

示されている枠との位置関係についてはいろいろなデザインを採用することが可能であるにもかかわらず、被告容器に描かれたティーカップは、正面下部の中央に位置し、その上方は角形飾り枠の下側の長辺中央部の上に重なってこれを隠しており、下方はティーカップの底部及び皿が一部切れているという点まで原告容器と一致」しているとして、商品名やブランド名の違いがあっても、なお「被告容器は、一般消費者に対し全体として原告容器と酷似した印象を与えるといわなければならない」と認定した。

原告缶表示	被告缶表示

(4) 混同

　商品のパッケージデザインについても、混同が生ずるおそれを立証することが必要となり、前節で述べたとおり、「広義の混同」で足りる点に変わりはな

い。パッケージデザインについての混同のおそれについては、混同の判断主体
と判断基準時が問題となる場合が多い。

(a) 混同の判断主体

　混同のおそれがあるか否かは、一般取引者及び需要者が普通に払う注意を基
準になされるべきものとされるが、商品のパッケージデザインの場合において
は、その基準は一般消費者である場合が多い。他人の商品のパッケージデザイ
ンに類似したデザインを採用する目的は、既存の人気商品のイメージを利用し
て、同じような商品であると一般の需要者に思わせて手に取ってもらうこと、
にある場合が多いためである。

　ただし、裁判において争われることの多い、医療用医薬品の PTP シートや
容器の場合、いわゆる一般取引者は専門知識を有する者に限られ、患者はいわ
ゆる取引者には該当しない。また、医師の処方箋に基づいて決定されるのであ
って、商品の外観を見て取引をされることは原則としてないため、混同のおそ
れは生じにくくなる。裁判例[17] においては、処方を受けるか否かの最終決定
をなし得ることから、患者も「需要者」から排除はしないものの、従たる「需
要者」にすぎず、主たる「需要者」は医師又は薬剤師である、としたものがあ
る。

(b) 混同の判断基準時

　前節においても紹介した、需要者が購入する時点で判断するのみならず、購
入後に購入者以外の者に混同が生ずる場合も含む、とする、いわゆる「ポス
ト・セールス・コンフュージョン」の考え方を認めるか否かは、購入後にも需
要者の目に触れ続ける商品のパッケージデザインの場合（及び後節において紹
介する商品形態の場合）には、より重要となる。

　商標権侵害の裁判例で、購入後の需要者の混同を認めた事例が1件あるが[18]、

17　知財高判平 18・9・27 裁判所ウェブサイト（平 18（ネ）10011 号等）、知財高判令 5・10・4 裁
判所ウェブサイト（令 5（ネ）10012 号）。

18　東京地判平 19・5・16 裁判所ウェブサイト（平 18（ワ）4029 号）は、「仮に購入者自身は、被
告ウェブサイト中の説明内容により、被告商品を本件ロックバンドに関連するものであるというこ

控訴審[19]においては否定されている。医療用医薬品のPTPシートや容器の類否が問題とされた事例においても、医薬品の使用者である患者による混同のおそれを権利者側が主張する場合はあるが、認められた事例はない[20]。

2 不正競争防止法2条1項2号

　商品のパッケージデザインが著名になれば、同条同項2号の規定する「著名表示」に対する不正競争行為にも該当することなる。

　ただし、商品のパッケージデザインが著名性を備えることは、文字やロゴなど以上に容易ではない。

　これまでに、商品のパッケージデザインの著名性を原告が主張した事例は多くあるが、裁判所が著名性を認めた例[21]は多くはない。

3 適用除外

　法2条1項1号及び2号に関連する適用除外条項については、前節において説明したとおりであるので、本節では割愛する。

4 効果

　民事上の請求権及び刑事罰についても、前節のとおりである。

とを認識できたとしても、当該商品を身に付けた者を更に他の第三者が見ることも当然あり得るところであり、そのような第三者は、当該商品が本件ロックバンドに関連するものであるとの認識を有することができず、当該商品の出所が原告であると誤認するおそれがあると認められる」と判示した。

19　知財高判平20・3・19裁判所ウェブサイト（平19（ネ）10057号）。

20　ただし、商品形態の類否判断において、実際の使用時の形態をも考慮した裁判例があり、ポスト・セールス・コンフュージョンの主張につながり得る、とする見解もある（西村雅子「ファッション分野における商標権の消尽についての考察——リメイクを題材に」パテント76巻1号59頁、注（9）参照）。

21　例えば、前掲大阪高判平25・9・26は、パッケージデザインの著名性を認めている。

IV 実務上の留意点

1 権利者側の留意点

　前節において言及した、商標の調査、被疑侵害者の特定、侵害態様の特定、使用証拠の保全、早期の警告状、周知性や混同のおそれの立証等、権利行使のためにすべき一般的な事項は、商品のパッケージデザインの場合と、文字やロゴ等の場合とで、大きく変わるものではない。

　ただし、パッケージデザインは、権利者側の権利範囲の外縁が、文字やロゴの場合以上に不明確であることから、権利行使に際しては、より慎重な検討と準備が必要となる。

(1)「商品等表示」該当性について

　前述のとおり、パッケージデザインが「商品等表示」に該当するためには、当該デザインがありふれておらず、識別力を有することを主張立証する必要がある。

　同種商品の市場において、しばしば採用される、「よくあるデザイン」では、他社商品と識別することができないことから、パッケージに大きく採用されていたとしても、「商品等表示」にはなり得ない。自社のパッケージデザインのうち、どの部分に「商品等表示」性が認められるのか、すなわち、どの部分に識別力があるのかを確認するためには、他社の同種商品のパッケージデザインと対比することが重要となる。

　なお、一つ一つの要素に分解すれば、当該要素がありふれていたとしても、それらを組み合わせたデザインはこの世に存在しない、というような場合には、全体として特徴的なデザインとなり識別力を有することもある。デザインの構成要素の全てが特徴的でなければならないわけではないという点にも留意しつつ、他のデザインと対比して、特徴的な点の抽出を行う必要がある。

（2）周知性の立証

　パッケージデザインの周知性を立証する際には、文字やロゴの場合と同様、①商品がよく売れていることを示す証拠、②宣伝広告を積極的に行っていることを示す証拠、③人気商品等として第三者に取り上げられたことを示す証拠、④実際の認知度を示す証拠、が考えられる。

　商品パッケージは、商品を購入した人であれば必ず目にしていることから、①販売数量は当該パッケージデザインを見た人の数であり、これが多ければ周知である、と主張しやすい。ただし、商品パッケージはしばしば細かいデザイン変更がなされることがあり、問題となっている現在のパッケージデザインでの売上データ等であることが必要となることには注意したい。

　他方、②宣伝広告や③第三者による記事等の関係では、単に商品の宣伝広告や、記事で取り上げられた事実では足りず、その中でパッケージデザインが表示されていることが必要となることに注意を要する。

　また、④認知度についても、商品名やロゴではなく、デザイン自体の認知度を立証する必要があるため、容易ではない。

（3）類似性及び混同のおそれの立証

　パッケージデザインに関する権利を行使するに際しては、抽出したデザインの特徴点に番号を付して列挙し、相手方のデザインが各特徴点を有していることを指摘することによって、類似性を示すことが多い。

　なお、各要素を対比して、それぞれが一致することを主張することは重要であるが、実際には、商品棚に陳列された状態で、離隔的観察によって対比するものであるから、そのような状態で見た場合の類似性についての言及も重要となる。

　パッケージデザインに関しては、商品名やロゴ等と異なり、権利の外縁がより不明確であり、混同のおそれの有無も当事者間で激しく争われる余地があるため、需要者が現実に混同したという事実があることは、権利者にとって非常に強力な証拠となる。

　また、混同のおそれの立証が難しいことから、混同を助長するような周辺の事情があれば、これらに言及することも有益である。

（4）自社のパッケージデザインの管理

　他社のパッケージデザインを調査することと同様に、あるいは、それ以上に、自社のパッケージデザインの管理を継続的に行い、デザインの識別力、言い換えれば「ブランド力」を維持することも重要である。

　パッケージデザインが「商品等表示」として、不正競争防止法により保護され得る価値を持つためには、識別力を獲得し、周知になることが必要であることから、特徴的なデザインが変更されず、継続的に使用されていることが望ましい。

　しかし、現実には、パッケージデザインは需要者のニーズや嗜好の変化に応じて変化するものであり、大幅にイメージを刷新してリニューアルする場合もあるが、細かい修正を重ねることにより、デザインが徐々に変遷することも多い。大幅なデザイン変更は社内で情報共有され、意思決定される場合も多いと思われるが、細かい修正は事業部の判断で行われることも多く、知的財産部門がそれまで自社のパッケージデザインの特徴点である、と主張していた点が、いつの間にか変更されてしまう場合もある。変遷が多すぎて、継続的に採用しているデザインが少なく、「自社商品のパッケージデザインの特徴」と言える点を主張しにくい場合すらある。

　また、被疑侵害者が、権利者側のデザイン変更後に、その一代前のデザインに似せてくる事例もある。権利者自身が自社のデザインの価値を正しく認識しておかないと、被疑侵害者にフリーライドされても、権利行使ができないという事態を招きかねない。

　デザインを全く変更しないということは考えにくい以上、変更は前提としながらも、権利者としては、パッケージデザインの特徴点、言い換えれば、自社のデザインが「ブランド力」を有している特徴点を社内で共有し、その点を可能な限り維持し、保護していくことを全社的に意識し、管理していくことが重要である。

2　被疑侵害者側の留意点

　不正競争防止法を根拠とする警告状を送られた被疑侵害者側の留意点につい

ても、前節において言及した、権利行使の対象の特定、周知・著名性の調査・検討、回答方針の決定、債務不存在確認訴訟の検討等、一般的な留意点は特に変わるものではない。

　パッケージデザインをめぐる争いは、よほど酷似している場合でない限り、被疑侵害者側でも権利侵害を容易に認めることはできない場合も多い。

(1) パッケージデザイン選択の経緯

　デザインを決定する際には、通常は、他社のデザインを見た上で、それに類似しないようにデザインを選択するはずであるが、そのデザイン決定の際の様々な過程で、類似するデザインを選択してしまう場合もある。

　いずれにしても、被疑侵害者としては、どのようなコンセプトをもって、どのような経緯でデザインが決定されたのかを確認することは重要である。他社のデザインを参考に、これに類似するような方向で変遷している場合もあり、そのような場合には、反論の仕方も慎重に検討する必要がある。

(2)「商品等表示」該当性に関する反論

　権利者側は、パッケージデザインが類似している点を、権利者側のデザインの特徴的な点であると主張することが多い。そこで、被疑侵害者側としては、権利者が特徴的であると主張する点を一つでも多く否定することが重要となる。

　すなわち、同種商品において、当該デザインがありふれていることを、根拠を示して立証することが重要となる。同種商品の範囲の設定によって、似たようなデザインが多く見つかる場合もある。

　なお、各要素を一つずつ観察して、それぞれの要素がありふれていることを指摘するだけでなく、それらを組み合わせた全体のデザインについても、何ら特徴的ではない、ということを主張することも重要である。

(3) 周知性に関する反論

　周知でないことを立証するのは容易ではないが、パッケージデザインの場合には、商品そのものが周知であっても、現在のパッケージデザインが周知とは言えないという場合もある。宣伝広告においてパッケージデザインが目立つよ

うに表示されていたか、パッケージデザインが実際には時期によって変遷しており、特徴点と言われる点が、ごく最近採用されたデザインであるといった事情はないか等を検証する必要があるであろう。

3　紛争を予防するための留意点

　パッケージデザインの検討に際しては、既存のデザインから離れた斬新なデザインを採用することで、強い識別力を獲得し、市場において独自の地位を獲得することが可能になることから、既存のデザインに類似しないデザインを採用することが大原則である。

　しかし、商品によっては、斬新なデザインを採用するより、既存のものに類似したデザインにする方が、需要者に受け入れられやすい場合もあるため、相互にパッケージデザインが類似していく市場もあるようである。類似させる意図がなくても、類似してしまう場合も考えられる。

　権利者側の留意点の項目でも言及したとおり、いずれにしても、どのような点がありふれたデザインで、どのような点が他社の特徴的な点であるかを見極め、市場において、各当事者がブランド戦略をもってデザイン開発を行い、相互に特徴的な点を持つよう工夫することが、紛争を予防する上で最も重要な点であるように思われる。

〔相良由里子〕

商品形態に関する問題

I　はじめに

　本章第1節では、文字やロゴなど、いわゆる商標登録の対象となるような商品等表示の問題を取り上げたが、実際の市場では、商品名やロゴなどは模倣していないものの、特徴的な商品形態を模倣される場合がある。羽根のない扇風機や肩紐のないブラジャーのようにこれまでにあまりない特徴的な製品やシーズンごとに流行となる衣服やアクセサリー等商品の形態自体が消費者の購買意欲の元となる場合、同業他社に真似され、後追いで発売されることが見られる。そのような場合、後追いの同業他社は（先行する商品を真似ることにより）新たに商品を企画するコストを削減・縮小することができ、先行する商品よりも安く製造・販売する。結果として、先行者は市場の価格競争において不利となる。また、後追いの同業他社は、商品名やロゴを模倣していないため、先行者は文字やロゴなど、いわゆる商標登録の対象となるような表示を模倣したことを理由として権利行使をすることができない。そこで本節では、商品形態を模倣された場合の対応について紹介する。

II　問題となり得る法令

1　意匠法

　商品の形態を直接的に保護する法律は、意匠法である。意匠法は、形状、模様、色彩といった視覚に訴える意匠（デザイン）の創作を保護することを目的

とする法律であり、意匠登録されれば、登録出願から 25 年間保護され、他社による類似の意匠の使用に対して差止請求や損害賠償請求をすることが可能となる。一般に、自動車やゲーム機器、電化製品、家具等商品サイクルが長い製品のデザイン保護を目的として利用されることが多い。オリジナルから独立して創作された製品（オリジナルに依拠していない製品）に対しても侵害が認められ権利行使が可能である。

　ただし、意匠法による保護を受けるためには、意匠登録の要件として「新規性」及び「創作非容易性」が求められる。そのため、例えば、出願前に展示会で公表してしまえば「新規性」が失われて意匠登録は認められないし[1]、商品化はされていないものの意匠登録だけされている類似の意匠があった場合には「創作非容易性」がないとされ、やはり意匠登録が認められない。

　さらに、そもそも様々な商品を取り扱っている企業などの場合には、商品の意匠すべてを出願することは、費用との兼ね合いで現実的ではない場合が多い。また、商品サイクルの非常に短い分野などにおいては、出願から登録までに半年以上かかる場合が多い[2]意匠権による保護は、登録された頃には事実上意味をなさない。

2　商標法

　商品の形態は、商標法の下で立体商標として出願して保護を図ることも可能である[3]。意匠法のように、意匠そのものに「新規性」や「創作非容易性」が求められることはなく、通常の商標と同様、一度登録されれば、更新することにより半永久的な保護が可能となる。また、オリジナルから独立して創作された製品（オリジナルに依拠していない製品）に対しても侵害が認められ権利行使が可能である。

　1　自らの行為に基づいて意匠が公開された場合は、意匠が公開された後、1 年以内に自ら出願した場合であれば、新規性を喪失しないものとして扱われる（新規性喪失の例外（意匠法 4 条 2 項））。
　2　ただし、早期審査を申請すれば、近年は 2 か月程度で登録になるようである。
　3　立体商標として登録されている具体例としては、コカ・コーラのボトル（登録第 5225619 号）、ヤクルトの容器（登録第 5384525 号）、チョコレート菓子の「きのこの山」（登録第 6031305 号）、腕時計の「G-SHOCK」（登録第 6711392 号）などがある。

ただし、立体商標として登録されるには、①商品形態自体に自他商品識別力があり、かつ、②商品が当然に備える立体的形状のみからなる商標ではないこと、が必要とされ（商標法3条1項3号・2項、4条1項18号）、特に①の要件を充足することは、現実には非常に困難である。半永久的な保護が可能となる以上、その登録要件が厳しくなることは当然であるが、特に発売当初の商品形態そのものを商標法に基づいて保護することはできないことを理解しておく必要がある。

3　著作権法

　意匠法や商標法に基づく保護を受けるためには、出願手続が必要になるが、商品形態が「著作物」に該当すると判断されれば、出願手続を経ることなく、著作権法に基づく保護を受けることも可能となる。

　著作権法において保護される「著作物」とは、「思想又は感情を創作的に表現したものであつて、文芸、学術、美術又は音楽の範囲に属するものをいう」と定義されるところ（同法2条1項1号）、大量生産されるような工業製品（応用美術）が「思想又は感情を創作的に表現した」著作物として保護され得るのか、という点については、本来、工業製品のデザインを保護する法律として意匠法が存在すること、著作権法2条2項において「『美術の著作物』には、美術工芸品を含むものとする」と規定されていることなどから、美術工芸品以外の工業製品が著作物として保護され得るのかが議論されてきた。

　この点、日本の裁判例においては、主として意匠法とのすみわけの観点から、著作権法により保護されるのは美術工芸品に限定される、とするものや[4]、美術工芸品以外の工業製品も著作権法による保護の可能性を認めつつ、純粋美術と同視し得る高度の芸術性を要求するもの[5]などが見られたが、純粋美術と同視し得る高度の芸術性を要求する必要はないとして、大量生産されている幼児用の椅子の著作物性を認めた裁判例[6]が出されてから、より積極的な保護が論

　4　東京地判昭54・3・9無体集11巻1号114頁〔ヤギ・ボールド事件〕。
　5　東京高判平3・12・17知的集23巻3号808頁〔木目化粧紙原画事件〕。
　6　知財高判平27・4・14判時2267号91頁〔TRIPP TRAPP事件①〕。

じられるようになった。

　近年は、応用美術の著作権法による保護を認める要件として、実用目的を達成するために必要な機能に係る構成と分離して、美的鑑賞の対象となり得る美的特性である創作的表現を備えている部分を把握できるものについては、美術の著作物として保護され得る、との考え方を示す裁判例が主流となっているが、実際にこの基準に基づき著作物性を認めた裁判例はほとんどない[7]。

　よって、工業製品については、著作権法による保護の可能性について、検討の余地はあるものの、実務上は、著作物性が認められる可能性は決して高くないと考えておく方がよいであろう。

Ⅲ　不正競争防止法に基づく請求

　独自の商品形態について、意匠登録を有しておらず、著作物性が認められそうにない場合などであっても、不正競争防止法に基づく権利行使を検討することができる。

　不正競争行為に該当する形態模倣行為については、不正競争防止法2条1項3号に規定されている。

　ただし、同条同項3号には期間の制限等、限定的な要件が課されており、形態模倣行為であっても、これを充足しない場合も考えられる。そのような場合、商品の形態自体が「商品等表示」に該当すると評価できれば、法2条1項1号又は2号に該当する不正競争行為であるとして、同条項に基づく権利行使を検討することができる。

　以下、同条同項3号の要件について検討した後、特に商品形態について同条同項1号又は2号を主張する場合の要件について検討する。

　7　TRIPP TRAPP事件①後に応用美術の著作物性を認めた裁判例として、東京地判令2・1・29裁判所ウェブサイト（平30（ワ）30795号）、東京地判令5・9・29裁判所ウェブサイト（令3（ワ）10991号）。

1　不正競争防止法2条1項3号

　前述のとおり、商品形態は、本来、意匠法に基づく保護が想定されているが、意匠権の登録には一定の時間と費用を要し、ライフサイクルの短い商品の場合、時間と費用が見合わず、権利取得のモチベーションにつながりにくかった。他方、商品開発者が商品化に当たって資金又は労力を投下した成果が模倣されれば、商品開発者の市場先行の利益は著しく減少する一方、模倣者は、開発、商品化に伴う危険を大幅に軽減して市場に参入できることになり、先行する開発者の商品開発、市場開拓の意欲が阻害される。

　そこで、簡易迅速な保護手段により、事業者間の公正な商品開発競争を促進するべく、平成5年の法改正により本条項が新設された。

> 三　他人の商品の形態（当該商品の機能を確保するために不可欠な形態を除く。）を模倣した商品を譲渡し、貸し渡し、譲渡若しくは貸渡しのために展示し、輸出し、輸入し、又は電気通信回線を通じて提供する行為[8]

　同条同項3号の保護を受けるための要件は、①他人の商品の形態を、②模倣すること、であるが、適用除外条項にも注意を要する。

(1)　商品の形態
(a)　定義

　「商品の形態」とは、需要者が通常の用法に従った使用に際して知覚によって認識することができる商品の外部及び内部の形状並びにその形状に結合した模様、色彩、光沢及び質感をいう（法2条4項）。

　「商品の形態」は、商品の具体的な態様をいうものであり、具体的な商品形態を離れたアイデアや抽象的な特徴は、商品に具体化されていない限り、保護の対象にならない[9]。

8　令和5年第211回通常国会において、不正競争防止法の改正を含む「不正競争防止法等の一部を改正する法律」（法律第51号）が可決成立した。
9　東京地判平9・6・27判時1610号112頁。

52

① 商品の性質

　商品の「形態」であることが必要であるため、有体物が前提とされていた[10]。この点「形態」が有体物に限られるかについて、タブレットに表示される画面や各機能を使用する際に表示される画面の形状、模様、色彩等を「商品の形態」と認めた裁判例があったが、実質的同一性を否定したため、傍論に留まると考えられていた。しかし、近時、インターネット上でデジタル化された商品（模倣される商品は、リアルの商品である場合もあるし、デジタルの商品である場合もある）の取引が活発化する兆しがあるが、デジタル空間における他人の商品形態を模倣した商品を、電気通信回線を通じて提供する行為については、現行の形態模倣商品の提供行為に係る不正競争（法 2 条 1 項 3 号）には該当せず、対応の必要性が指摘されていた[11]。令和 5 年改正により、「商品の形態……を模倣した商品を……電気通信回線を通じて提供する行為」を規制行為として追加し、デジタル空間における商品の形態を保護対象とし、デジタルの商品の形態模倣行為が規制対象とされることとなった[12]。具体的には、デジタルの商品からデジタル商品への模倣のみならず、フィジカルの商品からデジタルの商品の模倣行為も対象となった。

② 商品全体であること

　商品の一部の形態は、本号の「商品の形態」に当たらないが、商品の一部であっても、取引の実情においてそれ自体で取引の対象となる場合は、「商品の形態」となり得る。

③ 認識できるものであること

　商品の内部の形状が保護の対象となるかについて、平成 17 年改正前においては、「商品の形態」に関して明確な定義を設けておらず争いがあった。しか

10　逐条解説 41-42 頁。

11　産業構造審議会知的財産分科会不正競争防止小委員会「デジタル化に伴うビジネスの多様化を踏まえた不正競争防止法の在り方」（令和 5 年 3 月）4 頁参考。

12　経済産業省ウェブサイト（https://www.meti.go.jp/policy/economy/chizai/chiteki/kaisei_archive.html#r5、https://www.meti.go.jp/policy/economy/chizai/chiteki/pdf/Chikujo.pdf（令和 6 年版））。

し、同改正において「商品の形態」の定義が明文化され「商品の外部及び内部の形状……」と規定されたため、「商品の形態」に含まれる。なお、「需要者が通常の用法に従った使用に際して知覚によって認識することができ」ないような商品の内部の形状は、「商品の形態」に含まれないことなる[13]。

④ 使用時の形態に原則として着目すること

「商品の形態」は、「需要者が通常の用法に従った使用に際して知覚によって認識することができる商品の外部及び内部の形状並びにその形状に結合した模様、色彩、光沢及び質感をいう。」と規定しているため、「通常の用法に従った使用」における商品の形態をもって比較することが原則となる。例えば、衣服等でいえば着用時における商品の形態である。ただし、一方向からの商品の写真では、撮影方向が一方向に限定され見え方が左右されるから、限定された写真のみから商品の形態を正確に把握することはできない。そのため、通常の用法に従った使用の際の商品の形態を正確に把握するためには、通常の用法以外の使用における商品の形態を参考にすることが認められる[14]。

⑤ 平面的形態

「商品の形態」は、かならずしも立体的形状に限られない。「模様、色彩、光沢及び質感」も「形状に結合した」ものであれば「商品の形態」に含まれるため、立体的形態だけでなく平面的形態も含まれる[15]。

⑥ 商品の容器や包装

商品の容器や包装は、商品自体と結合して一体となり、商品自体と容易には切り離し得ない態様で結びついている場合には、「商品の形態」に含まれると

13　知財高裁平 28・11・30 判時 2338 号 96 頁〔スティック状加湿器事件〕において、加湿器について、その内部の形状を見ることが物理的には可能となっているが、その取外しは、フィルターや吸水棒を交換するためであり、その交換頻度は半年の 1 回以下の頻度と推認されること、また、需要者が加湿器の内部構造に着目して購入を動機付けられるとは考えにくいことから、不正競争防止法 2 条 1 項 3 号の「商品の形態」には含まれないものと認めるのが相当であると判断された。

14　東京地判平 25・11・13 裁判所ウェブサイト（平 24（ワ）22013 号・平 24（ワ）36288 号）〔星柄ストッキング事件〕。

解される[16]。

⑦ 複数の商品を組み合わせたセット

　複数の商品がかごや収納箱に収納された状態で展示、販売されている場合、収納された状態を中心に捉え、複数の商品を組み合わせたセット全体を商品形態とする[17]。

⑧ ありふれた形態

　「商品の形態」は、必ずしも独創的なものであることを要しないが、商品全体の形態が同種の商品と比べて何の特徴もないありふれた形態である場合には特段の資金や労力をかけることなく作り出すことができるものであるから、このようなありふれた形態は、保護される「（他人の）商品の形態」に該当しない[18]。

　ありふれた形態に該当するか否かの基準は、商品を全体として観察して判断すべきであり、全体としての形態を構成する個々の部分的形状を取り出してそれぞれがありふれたものであるかどうかで判断されない[19]。

　「商品の形態」がありふれた形態であると判断された商品としてオーバーオールのロングスカート、パールの装飾を左肩からウエスト付近に配置する形態[20]、フェイスマスクの外面包装の形状[21]、青汁の包装箱及び銀包の形状並びに包装箱裏面の栄養成分表示と商品説明文[22]、バスケットの形状[23]がある。

15　平面的形態の商品について、商品形態性が認められた裁判例として、大阪地判平 12・10・24 裁判所ウェブサイト（平 11（ワ）3727 号）〔カレンダー事件〕。ただし、この裁判例は、平面的形態であることが争点になっていない。カレンダーという商品においては、その性質上、1 月から 12 月までの各月の暦に表紙を付した形態を採るのが一般的であるといえるが、その条件の下で、各月の暦の記載方法やデザイン、表紙のデザイン等、各カレンダーごとに個別の特徴が存するのであるから、原告商品の形態が「同種の商品が通常有する形態」であるといえるためには、それらの点を含めてもなお「通常有する形態」であるといえるか否かを検討する必要があると判示された。

16　大阪地判平 14・4・9 判時 1826 号 132 頁〔ワイヤーブラシセット事件〕。

17　大阪地判平 10・9・10 判時 1659 号 105 頁〔タオルセット事件〕。

18　東京地判令 5・10・18 裁判所ウェブサイト（令 3（ワ）25324 号）、東京地判平 30・8・30 裁判所ウェブサイト（平 28（ワ）35026 号）〔ZARA コート事件〕。

19　知財高判平 31・1・24 判時 2425 号 88 頁〔サックス用ストラップ事件〕。

20　大阪地判令 5・10・31 裁判所ウェブサイト（令 4（ワ）6582 号）。

21　知財高判平 28・12・22 裁判所ウェブサイト（平 28（ネ）10084 号）。

「ありふれた形態」であることが否定された裁判例として、ボディメイク用下着の形状が問題となった事案[24]、女性用コートの形状が問題となった事案[25] がある。なお、「ありふれた形態」については、後述の「機能を確保するために不可欠な形態」として論じられる場合もある。平成17年に不正競争防止法が改正された際、改正前「当該他人の商品と同種の商品（同種の商品がない場合にあっては、当該他人の商品とその機能及び効用が同一又は類似の商品）が通常有する形態を除く」との規定があり、通常有する形態として除外される範囲が不明瞭であるとの指摘をうけて現行法に改正されたものの、対象となる範囲は変更されないためである。

⑨ 発売前の商品

展示会に出品されたような発売前の商品であっても、商品化が完了した物品、商品としての本来の機能が発揮できるなど販売を可能とする段階に至り、かつ、それが外見的に明らかになっている場合には法2条1項3号の保護が及ぶ[26]。

(b) 機能を確保するために不可欠な形態でないこと

法2条1項3号の「他人の商品の形態」において、「当該商品の機能を確保するために不可欠な形態」は除外されている。「当該商品の機能を確保するために不可欠な形態」は、商品としての機能及び効用を果たすために不可避的に採用しなければならない商品形態であり、特定の者に独占させることは、商品の形態ではなく同一の機能及び効用を有するその種の商品そのものの独占を招くことになり、事業者間の自由な競争を阻害することになりかねないためである[27]。防災用キャリーバッグ事件では、「リュック・キャリーバッグ型の商品において、その機能・効用を発揮するため不可避的に採らざるを得ないような

22　知財高判平28・10・31裁判所ウェブサイト（平28（ネ）10051号）。
23　大阪地判平23・7・14裁判所ウェブサイト（平22（ワ）11899号）。
24　大阪地判令4・12・8裁判所ウェブサイト（令元（ワ）11484号）。
25　前掲東京地判平30・8・30〔ZARAコート事件〕。
26　前掲知財高判平28・11・30〔スティック状加湿器事件〕。
27　東京地判平27・11・11裁判所ウェブサイト（平26（ワ）25645号）〔防災用キャリーバッグ事件〕。

形態は、箱状の本体、本体に取り付けられる取っ手、本体下部の車輪などに係る形態であり、その余は、任意に選択できる。」として、機能を確保するために不可欠な形態に当たらないと判断された。

　同規定は、平成17年の法改正による規定である。平成17年改正前は「当該他人の商品と同種の商品（同種の商品がない場合にあっては、当該他人の商品とその機能及び効用が同一又は類似の商品）が通常有する形態を除く」と規定されていた。平成17年の改正前に「商品の形態」から除外されていたものは、平成17年改正後も除外されると考えられている。

　他人の商品の形態について「（当該商品の機能を確保するために不可欠な形態を除く。）」とかっこ書きされ抗弁のような規定ぶりとなっている。しかし、商品形態そのものは、請求原因事実を構成するもので、その商品形態が上記除外規定に該当するか否かは商品形態自体の評価で決せられる問題であり、単純な抗弁ではなく、被告の指摘を受けて上記除外規定に該当することを根拠付ける積極的事実が抗弁、消極的事実が請求原因として総合判断されるところの一種の規範的要件と理解されるべきとの説明がある[28]。

(2) 模倣行為

　「模倣する」とは、他人の商品の形態に依拠して、これと実質的に同一の形態の商品を作り出すことをいう（法2条5項）。かかる定義規定は、平成17年改正により、「商品の形態」とともに設けられた。「模倣」は、法2条1項1号又は2号の「類似」よりも類似性が高く、いわゆるデッドコピー（dead：完全な、全くの）を意味する。

(a) 依拠性

　「依拠」とは、他人の商品形態を知り、これを形態が同一といえる程に酷似した形態の商品と客観的に評価される形態の商品を作り出すことを認識していることである[29]。依拠性は、単に原告の商品形態にアクセス可能であったこと

28　森崎英二「形態模倣行為」高部眞規子編『著作権・商標・不競法関係訴訟の実務』（商事法務、2015年）409頁。

29　東京高判平10・2・26判時1644号153頁〔ドラゴンキーホルダー事件〕。

のみで認められるのではなく、形態の実質的同一性や商品の企画・開発の経緯等も考慮して判断される。被告が原告の商品形態に依拠せず、独自に開発した場合には、依拠性は否定される。

(b) 実質的同一性

　実質的同一性の判断は、商品の形態を対比的観察により比較することで行われる。他人の商品と作り出された商品を対比して観察した場合に、商品の形態が同一であるか実質的に同一といえる程に酷似していることが必要である。問題とされている商品の形態に他人の商品の形態と相違する部分があるとしても、当該相違部分についての改変の内容・程度、改変の着想の難易、改変が商品全体の形態に与える効果等を総合的に判断した上で、その相違がわずかな改変に基づくものであって、商品の全体的形態に与える変化が乏しく、商品全体から見て些細な相違にとどまると評価されるときには、当該商品は他人の商品と実質的に同一の形態とみとめられる[30]。

　実質的同一性の判断の際に、商品の形態を基本的形態と具体的形態に分けて対比する手法もある[31]。ZARA コート事件では「原告各商品（14FW）と被告商品は、基本的な形態から具体的な細部の形態に至るまで多数の共通点が認められる一方、相違する点は需要者が通常の用法に従った使用に際してこれらの違いを直ちに認識することができるとまではいえないものであって、原告各商品（14FW）と被告商品の形態は実質的に同一であると認められる。」と判示された。

　色の違いについて、同一商品の色違いであるとの印象を与えるにすぎないと判断する裁判例[32]がある。すなわち、女性用ボディメイク下着の事件において、原告商品は、ブラックであるのに対し、被告商品には、ブラック及びベージュの２色であったが、裁判所は、「色彩において明らかな外観上の差異を生じるが、ブラックやベージュは、原告商品及び被告商品のような女性用下着において一般的なカラーバリエーションであり、……同一の商品名で複数のサイズが

30　東京地判令３・９・３裁判所ウェブサイト（令１（ワ）11673 号）〔ナイトブラ事件〕。
31　前掲東京地判令５・10・18、前掲東京地判平 30・８・30〔ZARA コート事件〕。
32　前掲東京地判令５・10・18、前掲大阪地判令４・12・８。

選択可能に用意されているのと同様にブラックとベージュが選択可能なもの（いわゆる色違い）として用意されていることがしばしばあると認められるのであって、このように一般的に用意されている色彩は、原則として、その相違が形態の実質的同一性の判断に強い影響を与えないものと考えられる。」と判断した。また、素材の違いについて、同裁判例は、原告商品はナイロン70％、ポリエステル25％、ポリウレタン5％であるのに対し、被告商品はナイロン95％、ポリウレタン5％であることが認められたが、需要者が認識可能な具体的な形態の差異を認めるに足りる証拠はないとして実質的同一性を否定しなかった[33]。

(3) 規制対象行為

　規制対象となる行為は、他人の商品の形態を模倣した商品を譲渡し、貸し渡し、譲渡若しくは貸渡しのために展示し、輸出し、輸入し、又は電気通信回線を通じて提供する行為である。他人の商品の形態を模倣する行為まで規制することは過度であるため、模倣行為自体は規制対処にならない[34]。

(4) 適用除外

(a) 保護期間（約3年間）

① 趣旨

　不正競争防止法19条1項6号イは、「日本国内において最初に販売された日から起算して三年を経過した商品について、その商品の形態を模倣した商品を譲渡し、貸し渡し、譲渡若しくは貸渡しのために展示し、輸出し、又は輸入する行為」には法3条、4条の規定は適用しないと規定する。この趣旨は、形態模倣が、先行開発者に投下資本の回収の機会を提供するものである一方、形態模倣が商品形態の創作的価値の有無を問うことなく模倣商品の譲渡等を禁止していることから、禁止期間が長期にわたった場合には、知的創作に関する知的財産法が厳格な保護要件を設けている趣旨を没却しかねず、また、後行開発者

33　前掲大阪地判令4・12・8。

34　逐条解説94頁。

の同種商品の開発意欲を過度に抑制してしまう。そこで、両者のバランスをとり、先行開発者が投下資本の回収を終了し通常期待し得る利益を上げられる期間として定められたものである。

② 保護期間の終期の起算点

　保護期間の終期の起算点は、商品が日本国内で販売開始された日である。「日本国内で販売開始された日」は、開発、商品化を完了し、販売を可能とする段階に至ったことが外見的に明らかになった時であり[35]、サンプル出荷日を販売開始された日とした裁判例もある[36]。

　金型を発注した時点や現物がない段階で契約を締結したというだけでは、まだ「最初に販売された」とはいえない[37]。

③ モデルチェンジした場合の「最初に販売された日」

　「最初に販売された日」の対象となる「他人の商品」とは、保護を求める商品形態を具備した最初の商品を意味し、若干の変更を加えた後続商品を意味するものではない。一般に、ライフサイクルの長い商品になると、最初に発売された後、モデルチェンジとして部分的に形態を変更して販売が継続されることがある。モデルチェンジ後の形態がモデルチェンジ前の形態と実質的に同一であることが否定されれば、モデルチェンジ後の商品の発売日を保護期間の終期の起算点と考えて良いとされる[38]。

④「日本国内で販売」

　インターネットを通じた通信販売やカタログ販売の場合に「日本国内で販売」したと認められるか否かは、仕向地が日本国内であることや広告が日本語でされていること等を勘案して実質的に、国内市場に向けた販売といえるか否かを判断することになる[39]。

35　前掲知財高判平 28・11・30〔スティック状加湿器事件〕。
36　神戸地決平 6・12・8 知的集 26 巻 3 号 1323 頁〔ハートカップ事件〕。
37　逐条解説 255 頁。
38　同上。

（b）善意無重過失で商品を譲り受けた者

　不正競争防止法 19 条 1 項 6 号ロは、「他人の商品の形態を模倣した商品を譲り受けた者（その譲り受けた時にその商品が他人の商品の形態を模倣した商品であることを知らず、かつ、知らないことにつき重大な過失がない者に限る。）がその商品を譲渡し、貸し渡し、譲渡若しくは貸渡しのために展示し、輸出し、又は輸入し、又は電気通信回線を通じて提供する行為」には法 3 条、4 条の規定は適用しないと規定する。商品形態には、特許や商標等のような公示制度がないため、知らずにデッドコピー商品の譲渡を受けた者が差止請求を受けると取引の安全が害されるためである。

　重過失は、商品の譲り受け時に、取引上当然払うべき通常の注意義務を尽くした場合に模倣の事実を容易に知り得たか否かにより判断する。重過失の判断の基礎となる事情には商品の周知性、商品形態の特殊性、譲渡人の業態等がある[40]。特に、原告商品の周知性が認められる場合、被告である事業者の重過失なしとされることは難しいといえる。東京地判平 23・6・17 裁判所ウェブサイト（平 22（ワ）15903 号）では「原告商品（「peb（ペブ）TW600」）は、被告が被告商品を輸入する前の平成 21 年 10 月当時には、デジタル歩数計分野のヒット商品として、取扱業者、歩数計に関心のある消費者等の需要者の間において広く知られていたものであることに照らすならば、被告が被告商品を輸入した時点において、仮に被告が被告商品が原告商品の形態を模倣したものであることを知らなかったとしても、知らないことにつき重大な過失がなかったものと認めることはできない。」と判断されている。

　善意・無重過失の判断の基準時は、所有権移転時と解される[41]。また、継続的取引でデッドコピー商品を仕入れた場合、取引開始時に善意・無重過失であっても、後に悪意・重過失になった後は本号の適用除外は受けられない[42]。

39　逐条解説 255 頁。
40　東京地判平 11・6・29 判時 1692 号 129 頁。
41　金井ほか編・コンメ 445 頁〔町田健一〕。
42　大阪地判平 12・7・27 裁判所ウェブサイト（平 7（ワ）2692 号）。

2 不正競争防止法2条1項1号又は2号

　商品の形態は、原則としては、商標のように、出所表示を目的とするものではないため、上述のとおり法2条1項3号で保護される場合以外は、類似した形態の商品に対して権利行使はできない。例外的に、商品形態が商品の出所表示機能を有するに至る場合には、法2条1項1号又は2号の「商品等表示」に該当するとして、同条項による保護も考えられる。

　よって、法2条1項3号による保護の要件を充足しない場合（日本国内で最初に販売された日から3年以上経過している場合等）であっても、同条項1号又は2号による保護の可能性を検討する余地がある。

(1) 概要

　法2条1項1号の保護を受けるための要件は、①他人の商品等表示であって、②周知な表示に、③同一又は類似した表示を使用して、④混同のおそれを生ぜしめることである。2号の保護を受けるための要件は①他人の商品等表示であって、②著名な表示に、③同一又は類似した表示を使用することである。各要件の詳細な説明は、本章第1節Ⅲ1を参照いただきたい。

　ここでは、商品形態がどのような場合に、法2条1項1号又は2号の保護を受けられる「商品等表示」に該当するか、について述べる。

(2) 商品形態の商品等表示性

　商品の形態は、実用性や機能性の追求や、装飾性などの美観を消費者にアピールし購買意欲を刺激する等の目的で選ばれることが一般的であり、当初から商品の出所を示す目的で選ばれるものではない。しかし、後に商品形態自体が、特定の出所を表示する二次的意味が認められた場合には「商品等表示」として保護の対象となる。

　商品形態が法2条1項1号又は2号の「商品等表示」として保護の対象となるための要件は、①特定の商品の形態が他の同種の商品と識別し得る独自の特徴を有すること（特別顕著性）及び②その形態が長期間継続的かつ独占的に使用されるか、または短期間であっても強力な宣伝等を伴って使用されることに

より、その形態が特定の者の商品であることを示す表示であると需要者の間で
広く認識されるようになったこと（周知性）と解されており、裁判例でもこの
2 つを挙げるものが多い[43]。他方、複数の商品形態を含む場合の表示について、
その一部の商品形態が商品等表示に該当しない場合は、全体として商品等表示
に該当しない、と解する裁判例もある[44]。

(a) 特別顕著性について

特別顕著性とは、商品の形態が客観的に他の同種商品とは異なる顕著な特徴
を有していることを意味する。特定の商品の形態が独自の特徴を有することは、
同じ特徴を備える同種商品の有無を考慮して判断される（同じ特徴を備える同
種商品がある場合には、特別顕著性なしと判断されやすい）。

特別顕著性が認められた例として、東京地判令 1・12・18 裁判所ウェブサイ
ト（平 30（ワ）8414 号）、知財高判令 5・11・9 裁判所ウェブサイト（令 5（ネ）
10048 号）、前掲知財高判平 27・4・14〔TRIPP TRAPP 事件①〕、知財高判平
28・7・27 判時 2320 号 113 頁〔エジソンのお箸事件〕、知財高判平 29・2・23
ジュリ 1509 号 8 頁〔吸水パイプ事件〕、知財高判令 1・6・27 裁判所ウェブサ
イト（平 31（ネ）10004 号）〔レッグウォーマー事件〕等がある。

特に、前掲知財高判令 5・11・9 では、以下の写真の商品について、被控訴
人商品は、その大半のモデルにおいて、黄色のウェルトステッチ（形態（ア））、
ソールエッジ（形態（イ））、ヒールループ（形態（ウ））、ソールパターン（形態
（エ））、アウトソール踵部分の傾斜（形態（オ））、丸みを帯びた靴の前部（形態
（カ））、ピューリタンステッチ（形態（キ））及び 8 ホール（形態（ク））という形
態上の特徴を備えており、特に形態（ア）、（イ）及び（ウ）の 3 点において、
他の同種商品とは異なる顕著な特徴を有し、強い出所識別力を発揮している。
さらに、個別にみればさほど特徴的な形態とまではいえない形態（エ）〜（ク）と

43　柵木澄子「混同惹起行為・著名表示冒用行為」高部眞規子編『著作権・商標権・不競法関係訴
訟の実務』（商事法務、2015 年）392 頁、東京地判平 17・2・15 判時 1891 号 147 頁〔マンホール
用ステップ事件：第一審〕、東京地判平 29・6・28 裁判所ウェブサイト（平 27（ワ）24688 号）。
44　東京地判令 5・9・28（令 3（ワ）31529 号）〔TRIPP TRAPP 事件②〕、東京地判令 4・3・11
判時 2523 号 103 頁〔ルブタン事件〕。

被控訴人商品    控訴人商品1    控訴人商品2

も組み合わせて全体的に観察すれば、他の同種商品には全く見られない顕著な特徴を有する。よって、形態（ア）〜（ク）の特徴を全て備える被控訴人商品は、いわゆる特別顕著性を備えるものと認められる、と判断した。

　他方、特別顕著性について、原告商品が複数の形態の組み合わせであり、そのうち数個を従前の同種商品が備えている場合、特別顕著性が否定されることがある。例えば、前掲東京地判令3・9・3〔ナイトブラ事件〕では、原告商品は、7つの形態を組み合わせたものとして主張されたが、そのうちの3つ又は4つを備える商品AないしGが存在していたとして、原告商品の販売開始時点では、既に、原告商品の形態に似通った商品が複数販売されていたと認定され、特別顕著性が否定された。

（b）周知性について

　周知性は、特定の形態が長期間継続的かつ独占的に使用されるか、または短期間であっても強力な宣伝等を伴って使用されることにより、その形態が特定の者の商品であることを示す表示であると需要者の間で広く認識されるようになった場合に認められる。法2条1項1号の「需要者の間に広く認識されている」と重複するとも思われるが、長年にわたる宣伝広告、メディアの報道、販売実績の増大をもって「長期間継続的かつ独占的に使用されるか、または短期間であっても強力な宣伝等を伴って使用され」たことの証明が肝要である。

　周知性の立証については、特に、宣伝広告で原告商品の写真が掲載されていたか、すなわち商品の形態自体が宣伝広告で掲載・訴求されたかどうかを考慮する裁判例の傾向がみられる[45]。

（3）技術的機能に由来する商品の形態

　商品の形態は商品の機能性を合理的に追求して選択される場合もあるが、技術的機能に由来する商品の形態は商品等表示にはなり得るか否かという論点がある[46]。商品の形態が商品の技術的な機能及び効用を実現するため他の形態を選択する余地のない不可避な構成に由来するときは、特許権等によることなく、永久にその商品の形態によって実現されるのと同一の機能及び効用を奏する同種の商品の販売が禁じられ、第三者の市場への参入を阻害し、これを特定の事業者に独占させることになる。その結果、出所表示機能を保護するだけでなく、商品の技術的な機能及び効用を第三者が商品として利用することを許さず、対象となる商品について事業者間の公正な競争を制約することになるため、近時は商品の形態が商品の技術的な機能及び効用を実現するために他の形態を選択する余地のない不可避的な構成である場合、「商品等表示」に当たらないとする裁判例が多い[47]。

3　効果

（1）概要

　不正競争防止法2条1項3号及び2条1項1号又は2号の不正競争行為に該当する場合、当該「不正競争」によって「営業上の利益を侵害され、又は侵害されるおそれがある者」は、差止請求権（法3条）、「不正競争」による営業上の利益の侵害の保護を受けた者は損害賠償請求権を有する（法4条）。

---

[45]　前掲知財高判平27・4・14〔TRIPP TRAPP 事件①〕、前掲知財高判平29・2・23〔吸水パイプ事件〕、大阪高判平29・12・7裁判所ウェブサイト（平28（ネ）3103号）〔インクカートリッジ事件〕等。

[46]　従前の技術的機能に関する裁判例及び学説の流れについて、叶鵬「技術的形態につき他に選択の余地があり知的財産権の独占状態の影響が払拭されたことを理由に不正競争防止法2条1項1号の保護を認めた事例〔不規則充填物事件〕」知的財産法政策学研究59号（2021年）255頁。

[47]　前掲東京地判平17・2・15〔マンホール用ステップ事件：第一審〕、前掲知財高判平28・7・27〔エジソンのお箸事件：控訴審〕のほか、東京地判平29・6・28裁判所ウェブサイト（平27（ワ）24688号）、東京地判平30・12・26裁判所ウェブサイト（平30（ワ）13381号）〔携帯用ディスポーザブル低圧持続吸引器事件〕。

(2) 差止対象の行為

　法2条1項1号及び2号には、不正競争行為の定義として商品等表示の「使用」が含まれる。これに対し、同条同項3号では「他人の商品の形態（当該商品の機能を確保するために不可欠な形態を除く。）を模倣した商品を譲渡し、貸し渡し、譲渡若しくは貸渡しのために展示し、輸出し、輸入し、又は電気通信回線を通じて提供する行為」と規定され、「使用」は含まれていない。すなわち、3号については、模倣行為自体は規制せず、模倣行為の結果物を譲渡等する行為を規制対象としている。模倣行為自体（商品等表示の使用）を「不正競争」としない理由は、模倣行為自体を対象とすると試験研究のための模倣行為まで対象とされる等規制が過度になり、妥当でないためである[48]。

(3) 差止請求・損害賠償請求の主体となりうる者
(a) 商品開発に資金・労力を提供した者

　前述のとおり、法2条1項3号の趣旨は、他に選択肢があるにもかかわらず、他人が資金や労力を投下して開発・商品化した商品の形態をことさらに模倣し、これを自らの商品として市場に置くことは、先行者の開発成果にいわばただ乗りする行為であって、競争上不公正と評価されるべきものであるばかりか、このような行為を許容すると、新商品の開発に対する社会的意欲を減殺しかねないことから、上記行為を規制することによって、先行者の開発利益を模倣者から保護することにある。この趣旨に照らすと、差止請求・損害賠償請求の主体となりうる者は、商品開発に資金・労力を投下した者、具体的には、商品を自ら開発・商品化して市場に投入したものである[49]。他方、単に開発資金を提供しただけの者は、請求主体として認められない[50]。また、法2条1項3号は単なるアイデアを保護の対象とするものではないから、発想を得たものであるとしても、商品の形態として具体化するための労力、時間や資本を投下していない場合、アイデアを提供しただけの者は請求の主体となり得ない[51]。

---

[48]　高部・実務詳説181頁、経済産業省知的財産政策室編著『平成23・24年改正版逐条解説不正競争防止法』（有斐閣、2012年）68頁。

[49]　大阪地判平12・7・27裁判所ウェブサイト（平7（ワ）2692号）。

[50]　東京地判平16・2・24裁判所ウェブサイト（平13（ワ）26431号）。

　なお、複数の者が当該商品開発に資金・労力を分担して投入した場合、第三者の模倣行為に対しては、両者とも保護を受けることができる立場にあるため、当事者間で相互に「他人の商品」に該当せず、法2条1項3号の不正競争行為に当らない[52]。

(b) 独占的販売権者

　他人の商品について独占的販売権を有する者による差止め及び損害賠償請求できるかについては、請求を認めなかった裁判例がある[53]。他方、先行者から独占的な販売権を与えられている者（独占的販売権者）のように、自己の利益を守るために、模倣による不正競争を阻止して先行者の商品形態の独占を維持することが必要であり、商品形態の独占について強い利害関係を有する者も、法2条1項3号による保護の主体となり得ると解する裁判例もある[54]。東京地裁は、ゴルフ用キャディバッグについて、米国のゴルフ用品メーカーから独占的販売権を許諾されていた原告について、「ここで原告が主張する資金と労力の投下及びリスクの負担は、スーパーラップ型キャディバッグの形態を開発・商品化することに関してではなく、キャロ社によって開発・商品化されたスーパーラップ型キャディバッグを自らが日本国内で販売するに当たっての販路の開拓・拡大に関してされたものというべきである。前記1で述べたとおり、不正競争防止法二条一項三号は、商品形態の開発・商品化に関わる営業上の利益を保護する趣旨の規定であるところ、右によれば、原告が右のような利益を有するということはできない」と判断した。

(c) 他社商品の模倣者

　他社の商品形態を模倣した商品を製造・販売した者は、自ら費用、労力を投下して、商品を開発して市場に置いた者ということはできない。よって、第三者に当該商品の形態を模倣されても、差止め・損害賠償請求はできない[55]。

51　東京地判平14・7・30裁判所ウェブサイト（平13（ワ）9310号）。
52　東京地判平12・7・12判時1718号127頁。
53　東京地判平11・1・28判時1677号127頁。
54　大阪地判平16・9・13判時1899号142頁。

（4）税関における水際差止制度

　法2条1項3号に該当する不正競争行為について、輸出入ともに差止申立てができる（関税法69条の4第1項（同法75条において準用する場合を含む）又は69条の13第1項）[56]。不正競争差止請求権者に係る商品の形態が当該商品の機能を確保するために不可欠な形態でなく、かつ、当該商品が日本国内において最初に販売された日から起算して3年を経過していないものであること、不正競争差止請求権者が税関長に提出しようとする証拠が申立てに係る法2条1項3号違反の事実を疎明するに足りると認められるものであること等が要件となる。令和5年の税関における知的財産侵害物品の差止状況[57]の統計結果では、あまり利用されていないようである。

Ⅳ　実務上の留意点

1　権利者（請求者）側の留意点

（1）不正競争防止法2条1項3号について
（a）警告前に検討・用意すべきこと

　警告状を送付する前には、自分の商品形態と相手方の現物の商品形態を比較し、相手方商品が「他人の商品の形態を模倣した商品」に当たるかを検討する。意匠権は類似の範囲まで権利が及ぶが、法2条1項3号については、実質的同一といえるか慎重に検討する必要がある。

　また、自らの商品形態が「ありふれた形態」や「商品の機能を確保するために不可欠な形態」に該当しないかを確認するため、同種の商品の形態や機能と形態の関連性について調査を行う。

55　東京地判平13・8・31判時1760号138頁。
56　「不正競争防止法第2条第1項第1号、第2号及び第3号に関する申請手続について」（令和3年7月）（https://www.meti.go.jp/policy/economy/chizai/chiteki/pdf/20160525oshirase123.pdf）。
57　財務省ウェブサイト（https://www.mof.go.jp/policy/customs_tariff/trade/safe_society/chiteki/cy2023/index.html）。

　さらに、自らの商品を販売してから3年が経過していると保護の対象外となるため、商品の販売時期も確認する。

　また、警告状を送付すると、相手方が商品を販売しているウェブサイトを削除することがあるため、相手方の販売状況や販売開始時期等に関する資料やウェブサイトを、警告状を送付する前にPDF等や紙媒体で印刷し証拠を確保する。

（b）依拠性の立証について

　前述のとおり、「模倣する」とは、他人の商品の形態に依拠して、これと実質的に同一の形態の商品を作り出すことをいい（法2条5項）、「依拠」とは、他人の商品形態を知り、これを商品の形態が同一といえる程に酷似した形態の商品と客観的に評価される形態の商品を作り出すことを認識していることである。依拠性は、模倣行為を行った者の主観が問題となるが、かかる主観を直接証明することは困難であるため、推認させる間接事実を主張立証することになる。間接事実として、アクセスし得たこと（アクセス可能性）、商品形態の実質的同一性及び被告商品の開発過程が考えられる。まず、アクセス可能性について、具体的には、被告の商品の開発よりも原告商品が先に販売開始していたことや、ウェブサイトや新聞、雑誌等に掲載されていたこと（しかも、大々的にメディアが取り上げていたこと）、展示会に出品していたこと、被告社員が原告商品を購入した記録があること、地理的に近接していること等が重要となる。

　次に、商品形態の実質的同一性は、被告商品の商品全体の形態が原告商品の形態と酷似し、被告商品の形態が原告商品の形態と実質的に同一であることを立証すれば、その類似性が偶然である可能性が低いため、被告が商品開発にあたり、原告商品の形態に依拠したことが推認されるため、この点の立証は重要である。

　さらに、被告商品の開発が原告商品の販売開始後、不自然に短期間である場合等は、原告商品に依拠したことが推認される事情として主張立証すべきである。

（c）実質的同一性の主張・立証について

　法2条1項3号による保護は、形態が実質的に同一であることが求められるため、類似点をできるだけ多く指摘すると共に相違点は商品全体から見て些細な相違にとどまることが重要である。前掲東京地判令3・9・3〔ナイトブラ事件〕において、裁判所は、原告商品と被告商品の相違点（装飾のリボンの有無、前身ごろの最下部の生地がレースか否か）であるリボンの有無について、ごく小さな装飾にすぎず、そのようなリボンを取り外すという改変については、その程度はわずかであり、着想することが困難とはいえず、商品全体の形態に与える効果もほとんどない、最下部の生地については最下部にある生地が被告商品全体に占める面積はそれほど大きいものではないとして、いずれもわずかな改変に基づくものであり、商品の全体的形態に与える変化は乏しく、商品全体から見て些細な相違にとどまるといえるから、被告商品1は原告商品と実質的に同一の形態であると判断した。

（2）不正競争防止法2条1項1号又は2号について

（a）特別顕著性の主張・立証について

　一般に、商品形態は、複数の特徴に分けて主張される。原告の立場からは、原告商品の形態が特別顕著性を有するかどうかは、個別の形態ではなくそれらを組み合わせた全体がありふれているかどうかにより判断されるべきと主張する。また、同種商品と異なる特徴を主張するために、原告商品の特徴を詳細に主張することで、同種商品との類似範囲が狭いことを主張する。

　特別顕著性が認められるために参考になる裁判例として、イッセイ・ミヤケのプリーツ・プリーズ事件[58]、無印良品のユニットシェルフ事件[59]、BAOBAO事件[60]をあげる。まず、プリーツ・プリーズ事件では、原告商品の形態的特徴をもたらすプリーツ加工の方法は、原告が特許出願した、特許に係る方法であり右プリーツ加工の方法は、原告がこれを実施する権利を専有するとされるものであることも要素として、他の業者の同種商品には見られない独自の形態で

58　東京地判平11・6・29判時1693号139頁〔プリーツ・プリーズ事件〕。
59　東京地判平29・8・31裁判所ウェブサイト（平28（ワ）25472号）〔ユニットシェルフ事件〕。
60　東京地判令1・6・18裁判所ウェブサイト（平29（ワ）31572号）〔BAOBAO事件〕。

あったと認定された。次に、ユニットシェルフ事件では、複数の特徴は組合せが様々であり、選択の余地がある中で、原告の商品形態は多くの選択肢から選択された形態であり、同種の商品の中でそのような特徴を備えた他社商品はない、と判断された。

　また、BAOBAO 事件では、原告商品の特徴をまとめた上で、一般的な同種の商品と明らかに異なる特徴であることにより特別顕著性が認められた[61]（原告商品は、前記（1）ア（イ）で述べたとおり、わずかな例外を除いて本件形態 1´ を備え、メッシュ生地又は柔らかな織物生地に、相当多数の硬質な三角形のピースが、2 mm ないし 3 mm 程度の同一の間隔を空けて敷き詰めるように配置されることにより、中に入れる荷物の形状に応じてピースに覆われた表面が基本的にピースの形を保った状態で様々な角度に折れ曲がり、立体的で変化のある形状を作り出す。一般的な女性用の鞄等の表面は、布製の鞄のように中に入れる荷物に応じてなめらかに形を変えるか、あるいは硬い革製の鞄のように中に入れる荷物に応じてほとんど形が変わらないことからすれば、原告商品の形態は、従来の女性用の鞄等の形態とは明らかに異なる特徴を有していたといえる。）。

　権利者は、自社商品が販売された後に同種の類似品が多数市場に流れた場合にこれを放置すると、自社商品の商品形態の特別顕著性が失われるおそれがある。これを防止するため、自社商品発売後に登場した同じ特徴を備える同種商品に対して権利行使をするべきといえる。

(b) 周知性の主張・立証について

① メディア等の活用

　周知性を立証する手段は、一般消費者向けの商品の場合、売上実績、テレビ番組、雑誌・新聞記事、宣伝広告、受賞歴等が一般的である。広告の掲載された宣伝広告を書証として提出する場合には、当該宣伝広告の媒体の種類（新聞広告、雑誌広告、チラシ類、フリーペーパー等）、配布地域や配布（発行）部数、配布時期といった点を明確にした上で、当該宣伝広告が掲載された箇所や掲載

---

[61]　東京地決平 11・9・20 判時 1696 号 76 頁〔iMac 事件〕でも「債権者商品は、パーソナルコンピュータとしては、従前、類似の形態を有する商品がなく、形態上、極めて独創性の高い商品ということができる。」と判示された。

サイズの把握が可能な形で書証として提出すべきである。

　ただし、商品形態自体を周知な商品等表示として主張するのであるから、新聞記事、雑誌、宣伝広告物から商品形態が確認できることが重要である。

　成功例として、東京地判令1・12・18裁判所ウェブサイト（平30（ワ）8414号）では、商品名がテレビで紹介されるより前にTwitter（現X）等で（Twitterは投稿時間が特定できるから、テレビで商品名が紹介される前に投稿されていることが立証できる）ツイートされた事実等から周知性が認定されている。また、前掲東京地判平11・6・29〔プリーツ・プリーズ事件〕においても「業界新聞のほか、全国的に広く発行されている婦人向けファッション雑誌や一般新聞において、紹介記事や広告が頻繁に掲載されてきた。そして、これらの多くにおいては、原告商品を平置きにした状態あるいはモデルに着用させた状態の写真が掲載されている。」と商品形態が分かる状態で雑誌、新聞記事等に掲載されていたことが着目されている。他方、東京地判平27・12・10裁判所ウェブサイト（平27（ワ）2587号・平27（ワ）7096号）〔吸水パイプ事件：第一審〕では、原告は、総合カタログの頒布、情報誌の発行、専門誌への広告掲載、インターネットサイトの開設等の宣伝広告活動を行っていた事実を証拠と共に主張したが、写真等により原告各製品の形態が示されているのはわずかであるとして、原告各製品の形態上の特徴を強調した宣伝広告ないし販売活動がされたと認められず、原告各製品の形態が需要者の間においてその出所を表示するものとして認識されていたとは認められないと判断された。

② 市場（地理的範囲、需要者等）の設定

　周知性については、周知である地理的範囲や需要者の設定が重要である。原告の商品の種類や営業実態等に照らして検討するが、市場を狭く設定すると、同じ特徴を備える同種商品が現れにくいため、シェアは大きくなる。反面、市場を狭くし過ぎてしまうと、被告商品と需要者が共通するかという問題が生じるため、注意が必要である。

2　被疑侵害者側の留意点

(1) 不正競争防止法2条1項3号について
(a) 販売開始日のチェック

　前述のとおり法2条1項3号による商品形態の保護期間は、日本国内におい
て最初に販売された日から3年であるため、3年以上前から販売された事実が
ないか、インターネット上等で調査する。

(b) 依拠性・模倣について

　被疑侵害者側は、独自にその形態を開発した経緯を詳細かつ、具体的に、ま
た自然に説明することができれば、商品形態の類似性から生じる依拠の推認が
妨げられる。そのため、自社製品の開発の経緯に関し、時系列を追って、商品
開発の企画書や他社との打ち合わせ議事録、サンプルの作成等客観的証拠と共
に説明することが重要である。

(c) 実質的同一性について

　法2条1項3号による保護は形態が実質的に同一であることが求められるこ
とから、相違点をできるだけ多く指摘するとともに、相違点は商品全体から見
て些細な相違にとどまるものではなく、商品全体の形態に与える影響が大きい
ことを主張することが重要である。他方、類似点はいずれもありふれた形態で
あるか、機能を確保するために不可欠な形態であることも主張することが重要
である。

(d) 善意無重過失者の介在の有無

　前述のとおり、善意無重過失で商品を譲り受けた者に対しては法3条、4条
の規定が適用されないため、自社で企画・製造しておらず、単に他社から仕入
れて販売していたような場合、善意無重過失であった主張が可能か、また、商
品の流通過程に善意無重過失者が介在していないか、調査する。東京地判平
20・7・4裁判所ウェブサイト（平19（ワ）19275号）では、他社が企画、製造
した商品を仕入れて販売した被告について、被告における商品の仕入れは商品

の仕入れを担当する部門に所属するバイヤーが、仕入先が行う多数の企画提案の中から、特定の商品の企画提案を採用し、その販売数量や価格等を決定して行うこと、被告商品の仕入れを担当する部門が1年間に取り扱う商品数だけでも約12万点に及び仕入先が被告に対して行う企画提案の数も極めて多数に及ぶものと推測されること、被告は被告商品の企画や生産の過程に関与することはなく被告商品の選定やその販売数量及び価格等の決定のみを行っていたこと、膨大な数量の商品すべてについて、その開発過程を確認するとともに、形態が実質的に同一である同種商品がないかどうかを調査することは、著しく困難であるということ、原告商品の販売数量も330個にとどまり、その宣伝、広告も、原告ベストエバージャパンのウェブページや商品カタログに写真が掲載されている程度で一般に広く認知された商品とは認められないこと等から、取引上要求される通常の注意を払ったとしても原告商品の存在を知り、被告商品が原告商品の形態を模倣した事実を認識することはできなかったと判断した。

(2) 不正競争防止法2条1項1号について

(a) 特別顕著性を否定する主張・立証

　被疑侵害者は、商品の形態それぞれについて、個別に取り上げた上で、各形態が他社の商品に見られるため、原告の商品形態は特別顕著性を有するものではないと主張する。例えばナイトブラ事件において、裁判所は「原告商品の販売開始時点では、既に、原告商品の形態に似通った商品が複数販売されていたということができる。しかも、前記（ア）のとおり、原告商品の形態①ないし⑦は、いずれも他の商品とは異なる顕著な特徴とは認められないから、当該商品には認められないが原告商品には認められる形態上の特徴により、需要者であるブラジャー又はナイトブラの購入に関心がある一般消費者が出所の違いを識別することができるとはいえない」として特別顕著性を否定している[62]。

　また、原告商品がメディア等で取り上げられた内容が原告商品の特徴的形態の周知性に直ちに結びつくような内容ではないことを主張する。

---

[62]　前掲東京地判令3・9・3〔ナイトブラ事件〕。

(b)　周知性を否定する主張・立証

　原告商品が発売開始からさほど時間が経過していないこと、各形態が他社の商品に見られることは、周知性を否定する主張として有効である。ナイトブラ事件において、「原告商品は平成28年9月12日に販売が開始されたところ、原告商品の形態につき周知性が確立したと原告が主張する平成29年12月までに約1年4か月、被告商品1の販売が開始された平成30年10月まででも約2年1か月しか経過していない。そして、……原告商品の販売が開始される前から、原告商品が備える形態①ないし⑦のうち複数を有するブラジャー又はナイトブラが販売されており、原告商品の形態が原告によって長期間独占的に利用されたとは認められない。」として周知性が否定されている。また、周知なように見えても、よく知られているのは商品形態自体ではなく、ロゴや商標が周知であるにすぎないという反論も有効である。例えば、前掲東京地判平27・12・10〔吸水パイプ事件：第一審〕において、原告は、総合カタログの頒布、情報誌の発行、専門誌への広告掲載、インターネットサイトの開設等の宣伝広告活動を行っていた事実を証拠と共に主張したが、写真等により原告各製品の形態が示されているのはわずかであるとして、原告各製品の形態上の特徴を強調した宣伝広告ないし販売活動がされたと認められず、原告各製品の形態が需要者の間においてその出所を表示するものとして認識されていたとは認められないと判断された。

〔外村玲子〕

店舗デザインに関する問題

I　はじめに

　店舗のデザイン（店舗の外装、店内構造及び内装を含む。以下同じ）は、現在、マーケティングやブランディングにおいて重要な役割を果たしている。このため、企業は、店舗デザインをオリジナリティある優れたものとすべく、多くのコストを投じたり、創意工夫を凝らしている。

　しかしながら、オリジナリティある店舗デザインの模倣により、当該店舗の営業主体に誤認混同が生じ、当該営業主体の業務上の信用が害されたり、需要者の利益が害されたりするおそれがある。また、多くのコストを投じたり、創意工夫を凝らしたりした店舗デザインが保護されないと、創作意欲が減殺されるなどして、産業の発達や文化の発展が阻害されかねない。

　このため、オリジナリティある店舗デザインを法的に保護できないかが問題となる。そこで、本節では、店舗デザインを模倣された場合の不正競争防止法に基づく請求について、意匠権や商標権等に基づく請求と比較しつつ説明を加える。

II　問題となり得る法令

　店舗デザインを模倣された場合、意匠権、商標権及び著作権等に基づく請求をすることが考えられる。以下、これらについて概観する。

1　意匠法

特許法等の一部を改正する法律（令和元年 5 月 17 日法律第 3 号）が施行され、新たに画像、建築物、内装の意匠を意匠登録することが可能になった（意匠法 2 条 1 項参照）。

そして、店舗については、例えば、以下の二つの意匠登録事例がある（左図は意匠登録第 1673492 号（飲食店）、右図は意匠登録第 1684617 号（店舗））。

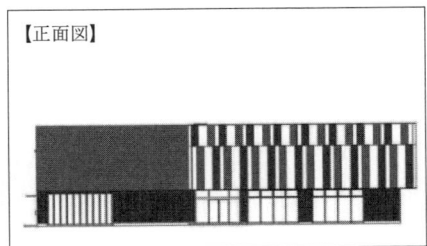

下図は、意匠登録第 1686175 号（カフェの内装）の意匠登録事例である。

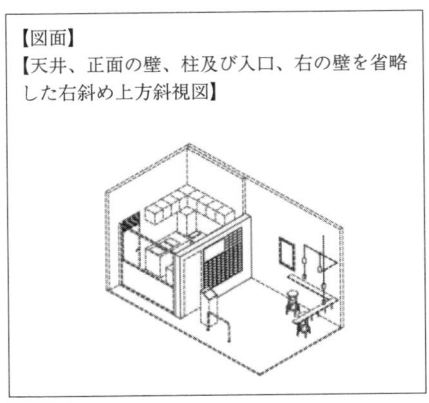

オリジナリティある店舗デザインについては、上記のような意匠登録をした上で、相手方が実施している意匠が、登録意匠と同一又は類似するものである場合に、意匠権に基づき、差止請求や、損害賠償請求をすることができる。

2 商標法

　オリジナリティある店舗デザインについては、立体商標として商標登録をした上で、相手方が使用している商標が登録商標と同一又は類似し、相手方が使用している商標に係る商品又は役務が登録商標の指定商品又は役務と同一又は類似する場合に、商標権に基づき、差止請求や損害賠償請求をすることもできる。

　下図は、商標登録第6021151号の立体商標であり、第43類の「飲食物の提供」が指定役務である。このうち、同じ指定役務について、文字商標として先に商標登録された「磯丸水産」が取引者・需要者の注意をひきやすい要部であると考えられる。このように、当該指定役務について、識別力のある文字と組み合わせ、これが要部となる場合、当該立体商標も商標法3条1項各号に該当せず、登録されやすい。

　これに対し、下図は、商標登録第5916693号の立体商標である。これについて、「商業用・販売促進用及び広告用のイベント・展示会・見本市及びショーの運営」等多数のサービスが指定役務とされている。識別力のある文字と組み

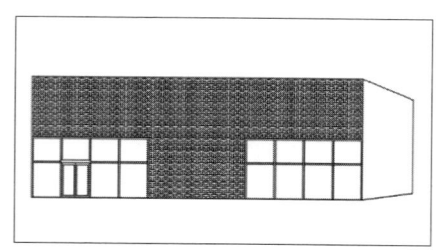

合わされていない立体商標は、商標法 3 条 1 項各号に該当し、登録されない可能性が高いものの、このように商標登録が認められる例もある。このため、オリジナリティある店舗デザインについて、商標登録を検討する意義がある。

3　著作権

店舗のデザインや外観は、著作権によっても保護され得るところ、著作権は、意匠権や商標権とは異なり、権利を登録しなくても保護を受け得る。

もっとも、建築物が著作権に基づき保護されるためには、「客観的、外形的に見て、それが一般住宅の建築において通常加味される程度の美的創作性を上回り、居住用建物としての実用性や機能性とは別に、独立して美的鑑賞の対象となり、建築家・設計者の思想又は感情といった文化的精神性を感得せしめるような造形芸術としての美術性を備えた場合と解するのが相当である。」（大阪地判平 15・10・30 判時 1861 号 110 頁参照、大阪高判平 16・9・29 裁判所ウェブサイト（平 15（ネ）3575 号）参照）と説示した裁判例がある。

店舗デザインが、上記のような美術性を備えている場合は、「複製又は翻案」等の侵害行為が認められれば、著作権に基づき、模倣に対して差止め・損害賠償請求の法的措置を講じることができる。

4　一般不法行為

その他、店舗デザインの模倣については、一般の不法行為に基づく損害賠償請求をすることも一応考えられる。この場合も、権利の登録を要しないが、損害の推定規定がない上に、過失や違法性等の認定も容易ではない。

Ⅲ 不正競争防止法に基づく請求

1 不正競争防止法2条1項1号又は2号

　上記Ⅱで述べた権利に基づいて店舗デザインを保護することが難しい場合であっても、不正競争防止法2条1項1号又は2号の要件を充足する場合は、同法に基づき、差止請求や損害賠償請求をすることが可能である。

　この場合、1号又は2号の要件のうち、特に、他人の商品等表示（営業表示）に該当するかどうか、換言すれば、「商品等表示（営業表示）」該当性が特に問題となるところ、東京地決平28・12・19裁判所ウェブサイト（平27（ヨ）22042号）〔コメダ珈琲事件〕において、裁判所は、「『店舗の外観』は、通常それ自体は営業主体を識別させること（営業の出所の表示）を目的として選択されるものではないが、場合によっては営業主体の店舗イメージを具現することを一つの目的として選択されることがある上、①店舗の外観が客観的に他の同種店舗の外観とは異なる顕著な特徴を有しており、②当該外観が特定の事業者（その包括承継人を含む。）によって継続的・独占的に使用された期間の長さや、当該外観を含む営業の態様等に関する宣伝の状況などに照らし、需要者において当該外観を有する店舗における営業が特定の事業者の出所を表示するものとして広く認識されるに至ったと認められる場合には、店舗の外観全体が特定の営業主体を識別する（出所を表示する）営業表示性を獲得し、法2条1項1号及び2号にいう『商品等表示』に該当する」とした上で「コメダ珈琲店」について、客観的に他の同種店舗の外観とは異なる顕著な特徴を有していると説示して、周知性、債務者店舗外観との類似性も認め、差止請求を認容した（模倣店の看板には「マサキ珈琲」と記載されていた）。コメダ珈琲事件決定は、店舗の外観が営業表示性を取得するのは特別な場合に限られることを前提とした上でもなお、当該事案において、店舗外観の営業表示性を肯定した点で注目される。すなわち、「看板」に相違がある場合であっても、コメダ珈琲事件のように、①店舗の外観が顕著な特徴を有し、②需要者において当該外観を有する店舗における営業が特定の事業者の出所を表示するものとして広く認識されるに至ったと認

められるときは、商品等表示に該当すると判断される可能性があり、今後の裁判例の動向に注意を払いたい。

　これに対し、大阪地判平22・12・16判時2118号120頁〔西松屋事件〕において、裁判所は、「原告商品陳列デザイン1ないし3が顧客に認識記憶されるとしても、それは、売場全体に及んでいる原告店舗の特徴に調和し、売場全体のイメージを構成する要素の一つとして認識記憶されるものにとどまると見るのが相当であり、顧客が、これらだけを売場の他の構成要素から切り離して看板ないしサインマークのような本来的な営業表示（原告における「西松屋」の文字看板や、デザインされた兎のマーク）と同様に捉えて認識記憶するとは認め難いから、原告商品陳列デザイン1ないし3が、いずれもそれだけで独立して営業表示性を取得するという原告の主張は採用できないといわなければならない。」「原告商品陳列デザインを不正競争防止法によって保護するということは、その実質において、原告の営業方法ないしアイデアそのものを原告に独占させる結果を生じさせることになりかねないのであって、そのような結果は、公正な競争を確保するという不正競争防止法の立法目的に照らして相当でない」などとして、商品陳列デザインの使用差止請求及び損害賠償請求を棄却した。西松屋事件判決の説示によれば、商品の陳列デザインは、本来的な営業表示である文字看板とは異質なものであり、これによって需要者が営業主体を識別・記憶するとは考え難い上に、これを独占させることは相当でないことに照らし、不正競争防止法に基づく差止請求や損害賠償請求を容易に受けられるものではないとされたのではないかと考えられる。

　上記各請求を行うためには、①他人の商品等表示の周知性（法2条1項1号）又は著名性（同項2号）、②他人の商品等表示と使用に係る商品等表示の同一若しくは類似性（同項1号及び2号）、③他人の商品又は営業と混同を生じさせること（同項1号）など、同項1号又は2号の他の要件や、差止請求（法3条）や損害賠償請求（法4条）の各要件も充足する必要がある。なお、法2条1項2号については、「著名性」が求められる一方、「混同」は要件とされていない。また、その「類似」性については、2号の目的が、フリーライドやダイリューション、ポリューション等の防止であるため、1号の「類似」性よりも認められる範囲が広いと考えられることに留意して各号該当性を検討するのが相当で

ある。

　これらに関し、大阪高判平19・12・4裁判所ウェブサイト（平19（ネ）2261号）〔まいどおおきに食堂事件〕では、店舗外観についても、予備的に、原告の店舗外観に類似する外観を使用する行為が不正競争防止法2条1項2号又は1号所定の不正競争行為に当たり、差止め及び廃棄請求が認められるかどうかが争われた。

　大阪高裁は、「前記引用にかかる原判決の認定・説示のとおり（原判決第4・2（5））、控訴人店舗外観全体について周知性・著名性が認められるか否かはともかくとして、店舗外観全体の類否を検討するに、両者が類似するというためには少なくとも、特徴的ないし主要な構成部分が同一であるか著しく類似しており、その結果、飲食店の利用者たる需要者において、当該店舗の営業主体が同一であるとの誤認混同を生じさせる客観的なおそれがあることを要すると解すべきであるところ、双方の店舗外観において最も特徴がありかつ主要な構成要素として需要者の目を惹くのは、店舗看板とポール看板というべきであるが、いずれも目立つように設置された両看板に記載された内容（控訴人表示又は被控訴人表示）が類似しないことなどにより類似せず（前記（1）参照）、かかる相違点が、控訴人店舗外観及び被控訴人店舗外観の全体の印象、雰囲気等に及ぼす影響はそもそも大きいというべきであ」ることなどに照らし、「需要者が被控訴人店舗と控訴人店舗の営業主体を誤認混同するおそれがあるとも認められない」として、控訴人の上記請求を棄却した一審判決を維持した。

　上記のような説示を前提とすると、店舗の外観における主要な構成要素として、需要者の目を惹きやすく、本来的な営業表示である文字看板に相当程度の相違がある場合には、営業主体を誤認混同する客観的なおそれはないとされる可能性が高いと考えられる。

2　適用除外

　不正競争防止法2条1項1号又は2号の不正競争行為に係る請求については、法19条1項1号ないし4号に適用除外の規定があり、これらや、同条2項の誤認防止措置についての検討も行う必要がある。

3　効果

　不正競争防止法 2 条 1 項 1 号又は 2 号の不正競争行為に該当する場合には、差止請求や損害賠償請求が認められる（法 3 条、4 条）。その他、法 21 条 3 項 1 号又は 2 号の刑事罰が科されることもある。

Ⅳ　実務上の留意点

　実際に請求を行う場面においては、典型的な商品等表示であり、需要者の目をひきやすい「文字看板」等の相違点を踏まえても、なお、他に人目をひく点の相違や、全体的な外観、長年の使用を経た需要者の認識等を必要に応じてアンケートを実施して証拠化したり、他者の店舗デザインと比較においてどの部分が特徴的であるかを示す対照表を作成したりするほか、当該店舗デザインが、長年、継続的に使用されてきたことについての宣伝広告や売上規模、メディアでの露出などの多くの証拠を収集するなどして、店舗の外観が顕著な特徴を有することや、需要者において当該店舗の外観を有する店舗における営業が特定の事業者の出所を表示するものとして広く認識されるに至ったことを基礎づける各事実を丁寧に拾って言語化することなどにより、裁判所の理解を促し、説得を試みる必要があろう。

　この点、アンケートの実施は、相当な費用がかかる一方で、対象者の選定、質問や回答方法等によって、信用性が左右されることに鑑み、実施する際には、信用性を確保するための十分な検討が必要となる。他方、売上資料等や、広告宣伝等によれば、ある程度客観的な事実を立証できるものの、これらのみでは、他社の店舗デザインとの相違の程度はわからず、需要者の認識が直接立証されるわけでもない。さらに、上記対照表等に接した際における特徴の有無や程度に関する評価は、人によって異なり得ることから、実際に請求を行う場合には、多角的かつきめ細やかな分析や主張立証が求められよう。

〔小松香織〕

第 5 節

ドメイン名（URL）に関する問題

I　はじめに

1　ドメインとは何か

　ドメインとは、URL（Uniform Resource Locator）の一部であり、インターネット上での住所を示すものである。インターネット上のウェブサイトにアクセスするためには、IP アドレスが使用されるが、IP アドレスは数字の列であり、人間が覚えたり入力したりするのには不便である。そのため、人間が使用しやすいように URL では IP アドレスに対応するドメイン名が使用されている。ドメイン名と IP アドレスの対応付けは、DNS（Domain Name System）によって行われている[1]。

　勁草書房のウェブサイトを例に解説すると、（狭義の）ドメイン名とは、以下の①～③の部分をいう。

① トップレベルドメイン（TLD）：上記の例では .jp
② サブレベルドメイン：上記の例では .co
③ サードレベルドメイン：上記の例では .keisoshobo
④ ホスト名：上記の例では www

　1　詳しくは、一般社団法人日本ネットワークインフォメーションセンター（JPNIC）の『インターネット 10 分講座：DNS』等を参照（https://www.nic.ad.jp/ja/newsletter/No22/080.html）。

⑤ スキーム：上記の例では https:// [2]

なお、勁草書房のサイトの下位の階層である https://www.keisoshobo.co.jp/files/tushin/tuushin2010.pdf における「files」「tushin」部分はディレクトリを示し、「tuushin2010.pdf」の部分はファイル名を示す。ディレクトリやファイル名の部分は通常はドメイン名としては扱わないことが多い [3]。

2　ドメイン名に関する法律上の問題

ドメイン名は原則として先着順で取得でき、かつ、登録にあたっては実質的な審査が行われていない [4]。他方で、人間にも意味のある言葉として読むことができるドメイン名は、消費者などにも強い印象を与えるものであり、インターネット上のビジネスにおいて重要な意味を持つこともある。

その結果、第三者が他者の商品・役務の名称をドメイン名として登録した上で、そのサイトでビジネスを行うことにより、他社の築き上げた知名度や信頼にフリーライドしたり、取得したドメイン名を他者に買い取らせようとする行為等（サイバースクワッディング）の問題が世界的に生じるようになった [5]。

かかる問題を解決するために、ICANN（the Internet Corporation for Assigned Names and Numbers）の「ドメイン名統一紛争処理方針（Uniform Domain Name Dispute Resolution Policy＝UDRP）」が制定された。また、国内においても、「.jp」ドメイン名を管理する一般社団法人日本ネットワークインフォメーションセンター（JPNIC）がUDRP を日本にローカライズした JP ドメイン名紛争処理方針（JPDRP）[6] を策定し、日本知的財産仲裁センターが、JPDRP に基づく JP ドメイン名に関する紛争の処理を行っている [7]。

2　なお、https の部分はプロトコルと呼ばれる。
3　ディレクトリに関係する事案としては、大阪地判平 18・4・18 判時 1959 号 121 頁〔ヨーデル事件〕がある。
4　逐条解説 142-143 頁。
5　逐条解説 143 頁。
6　「JP ドメイン名統一紛争処理方針」と「JP ドメイン名紛争処理方針のための手続規則」の 2 つの文書を合わせて JPDRP と呼ぶこともあるが、本節では「JP ドメイン名統一紛争処理方針」を指して JPDRP という。

II 問題となり得る法令

1 商標法

登録権を有している場合には、商標法に基づく請求（差止め・損害賠償等）も考え得る。商標権に基づく請求を行う場合、商標の類否や商品役務の類否といった通常の論点に加えて、商標的使用であるか否かが問題となる[8]。

狭義のドメイン名ではなくディレクトリにおける使用の事案ではあるが、前掲大阪地判平 18・4・18〔ヨーデル事件〕では、「http://www.esuroku.co.jp/under/goods/yodel_a.html」等の URL の使用について、「被告に与えられたドメイン名（例えば、『esuroku.co.jp』）が割り振られたサーバーにアクセスし、そこで『under』などというディレクトリ内にある『goods』などというディレクトリの中の『yodel_a.html』などというファイルを取得してブラウザに表示するための文字列の表示であり、その画面上の表示もごく小さなものである」こと等を理由に、商標的使用に該当しないと判断している[9]。

他方で、大阪地判平 23・6・30 判時 2139 号 92 頁〔モンシュシュ事件〕は、「上記ドメイン名は、被告商品の保冷バッグ（甲 9）や包装用紙袋（甲 132）に表記されているほか、被告のテーマカラーであるオレンジとブラウンで（乙 168）、被告商品の包装箱風に着色されたトラックの車体広告に、被告自身が商標的使用であること（役務標章であること）を認めている被告標章 1 と共に記載されており（甲 32）、被告商品ないし被告の営む洋菓子販売業に係る広告的機能を発揮しているといえる。

……そして、社名を冠したドメイン名を使用して、ウェブサイト上で、商品の

7　逐条解説 143 頁。

8　東京地判平 17・3・31 裁判所ウェブサイト（平 15（ワ）21451 号・平 15（ワ）27464 号）〔たびたま事件〕は、商標権に基づく請求をした事案であるが、商標の類似性が否定されたため、商標的使用の有無を判断せずに棄却されている。

9　原告の商標は「YODEL」の英文字と「ヨーデル」のカタカナ文字とを 2 段に横書きしたもの。控訴審である大阪高判平 18・10・18 裁判所ウェブサイト（平 18（ネ）1569 号・平 18（ネ）2054号）でも商標的使用に関する判断は維持された。

販売や役務の提供について、需要者たる閲覧者に対して広告等による情報を提供し、あるいは注文を受け付けている場合、当該ドメイン名は、当該ウェブサイトにおいて表示されている商品や役務の出所を識別する機能を有しており、商標として使用されているといえるところ、被告は、ウェブサイト上で、被告商品の情報を提供し、注文を受け付けている……

　そうすると、被告のドメイン名は、単にホームページアドレスの一部として使用されているものではなく、出所識別標識としても使用されているといえる。」などとして、商品等表示としての使用に該当すると判断した。

　その後、大阪地判令3・1・12裁判所ウェブサイト（平30（ワ）11672号）〔Re就活事件〕は、商標権侵害に基づいて、ドメイン名の使用差止め及び抹消登録手続請求を認めている[10]。

2　パネルによる解決

(1) JPDRP に基づく場合（.jp の場合）

　トップレベルドメインが .jp の場合においては、JPDRP に基づいて、日本知的財産仲裁センターで手続を行うことになる。

　JP ドメイン名紛争処理方針の4条 a 項によれば、申立人は以下の三項目の全てを立証しなければならない。

(i) 登録者のドメイン名が、申立人が権利または正当な利益を有する商標その他表示と同一または混同を引き起こすほど類似していること
(ii) 登録者が、当該ドメイン名に関係する権利または正当な利益を有していないこと
(iii) 登録者の当該ドメイン名が、不正の目的で登録または使用されていること

　これらの項目の内、(i) 及び (iii) は19号の要件（特定商品等表示との類似性、図利加害目的）と近いものであるが、(ii) については19号には規定されていな

10　同訴訟では、原告は不正競争防止法2条1項19号に基づく被告標章6のドメイン名としての使用差止め及び同ドメイン名の抹消登録手続も請求していたが、裁判所は、選択的請求であることを前提として、商標権侵害により同請求が認められると判示した。

い。

　ドメイン名に関係する権利または正当な利益を有していると認められる場合（すなわち、4条a項(ii)を満たさない場合）としては、以下のような事情が認められる場合がある（4条c項）。

(i) 登録者が、当該ドメイン名に係わる紛争に関し、第三者または紛争処理機関から通知を受ける前に、商品またはサービスの提供を正当な目的をもって行うために、当該ドメイン名またはこれに対応する名称を使用していたとき、または明らかにその使用の準備をしていたとき
(ii) 登録者が、商標その他表示の登録等をしているか否かにかかわらず、当該ドメイン名の名称で一般に認識されていたとき
(iii) 登録者が、申立人の商標その他表示を利用して消費者の誤認を惹き起こすことにより商業上の利得を得る意図、または、申立人の商標その他表示の価値を毀損する意図を有することなく、当該ドメイン名を非商業的目的に使用し、または公正に使用しているとき

　また、不正の目的で登録または使用されていること（4条a項(iii)）を満たす場合としては、以下のような事情があるとされている（4条b項）。

(i) 登録者が、申立人または申立人の競業者に対して、当該ドメイン名に直接かかった金額（書面で確認できる金額）を超える対価を得るために、当該ドメイン名を販売、貸与または移転することを主たる目的として、当該ドメイン名を登録または取得しているとき
(ii) 申立人が権利を有する商標その他表示をドメイン名として使用できないように妨害するために、登録者が当該ドメイン名を登録し、当該登録者がそのような妨害行為を複数回行っているとき
(iii) 登録者が、競業者の事業を混乱させることを主たる目的として、当該ドメイン名を登録しているとき
(iv) 登録者が、商業上の利得を得る目的で、そのウェブサイトもしくはその他のオンラインロケーション、またはそれらに登場する商品及びサービスの出所、スポンサーシップ、取引提携関係、推奨関係などについて誤認混同を生ぜしめることを意図して、インターネット上のユーザーを、そのウェブサイトまたはその他

のオンラインロケーションに誘引するために、当該ドメイン名を使用していると
き

　日本知的財産仲裁センターの裁定は、同センターのサイトに掲載されてい
る[11]。申立ての前には、他の事例においてどのような裁定がなされているか確
認しておくことが望ましい。

(2) UDRP に基づく場合（.com 等）

　トップレベルドメインが .com 等の場合には、UDRP に基づいて WIPO（世
界知的所有権機関）等に申し立てることになる。

　UDRP の要件は JPDRP と若干異なるので、この点に留意しておくことが重
要である。

　たとえば、申立ての根拠となる権利は、UDRP では trademark or service と
なっているが（4条 a 項(i)）、JPRDP では「商標その他表示」（4条 a 項(i)）と
して、商標法上の「商標」に限定されず、営業表示等も対象とし得ることを明
示している。また、UDRP では、「your domain name has been registered **and**
is being used in bad faith」（4条 a 項(iii)）と規定されており、不正の目的が登
録時と使用時の双方に必要であるのに対して、JPDRP では、「登録者の当該ド
メイン名が、不正の目的で登録**または**使用されていること」とされており、い
ずれかの時点で不正の目的があれば足りる（4条 a 項(iii)）[12]。

　UDRP に基づく裁定もウェブサイト上で公開されているため、申立ての際
には他の事例を参考にすることができる[13]。

(3) パネルによる裁定後の手続

　パネルによる裁定に不服がある場合、訴訟を提起することになる（JPDRP 4

11　日本知的財産仲裁センター「JP ドメイン名紛争処理の事件・裁定一覧」（https://www.ip-adr.
gr.jp/business/domain/list/）。

12　一般社団法人日本ネットワークインフォメーションセンター「UDRP との違い」（https://www.
nic.ad.jp/ja/drp/jpdrp-difference.html）。

13　ICANN「List of Proceedings Under Uniform Domain Name Dispute Resolution Policy」（https://
archive.icann.org/en/udrp/proceedings-list.htm）。

条 k 項、UDRP 4 条 k 項参照）。この場合の具体的な請求については JPDRP 等には明示されていないが、JPNIC によれば登録ドメイン名使用権確認請求やドメイン名使用差止請求権不存在確認請求等の実例があるとされている[14]。

　もっとも、確認の訴えを提起するためには、確認の利益があることが必要である。そして、確認の利益は、判決をもって法律関係の存否を確定することが、その法律関係に関する法律上の紛争を解決し、当事者の法律上の地位の不安、危険を除去するために必要かつ適切である場合に認められる（最判昭 47・11・9 民集 26 巻 9 号 1513 頁）。

　この点について、東京地判平 25・2・13 裁判所ウェブサイト（平 24（ワ）2303号）〔CITIBANK 事件〕によれば、申立人が差止請求等をしていない場合等には、ドメイン名の使用差止請求権の不存在確認は確認の利益を有しない場合があり得る[15]。このような場合には、ドメイン名を使用する権利があることの確認を求めることが考えられる[16]。

　なお、パネルにより移転請求が成り立たない旨の裁定がなされた場合におい

14　https://www.ip-adr.gr.jp/business/domain/qa/
　東京地判令 5・4・13 裁判所ウェブサイト（令 3（ワ）18318 号）〔VENOSAN 事件〕及び東京地判令 5・4・28 裁判所ウェブサイト（令 3（ワ）14272 号）〔venosanshop 事件〕はドメイン名の使用権を有することの確認を求めている。

15　もっとも、理由中では実質的な判断もされている。控訴審である知財高判平 25・7・17 裁判所ウェブサイト（平 25（ネ）10024 号）も原判決の判断を維持。

16　この他、パネルによる認容する旨の裁定を不服として訴訟を提起した事案として、以下の裁判例がある。
・東京地判平 13・11・29 裁判所ウェブサイト（平 13（ワ）5603 号）〔ソニーバンク事件〕（ドメインの「所有権」確認を求めたため却下されたが、実質的な判断もしている）
・東京地判平 14・4・26 裁判所ウェブサイト（平 13（ワ）2887 号）〔goo 事件〕（ドメイン名を使用する権利を有することの確認を求めたものの棄却。控訴審である東京高判平 14・10・17 裁判所ウェブサイト（平 14（ネ）3024 号）も同様）
・東京地判平 14・5・30 裁判所ウェブサイト（平 13（ワ）25515 号）〔IYBANK 事件〕（「原告の同意なしに、登録を移転することはできないことと原告が登録・保有し続けることができる権利を持つことの確認」を求めたものの棄却）
・東京地判平 14・7・15 判時 1796 号 145 頁〔mp3 事件〕（「不正競争防止法 3 条 1 項に基づく使用差止請求権を有しないこと」の確認を求めて認容）
・東京地判平 29・3・14 裁判所ウェブサイト（平 28（ワ）11379 号）〔WYNN 事件〕（不正競争防止法に基づく使用差止請求権を有しないことの確認を求めて棄却。控訴審である知財高判平 29・9・27 裁判所ウェブサイト（平 29（ネ）10051 号）も同様）

て、訴訟において差止請求をした事案として、東京地判平 26・5・23 裁判所ウェブサイト（平 24（ワ）19272 号）〔モーゲージプランナー事件〕がある（結論は棄却）。

Ⅲ　不正競争防止法に基づく請求

1　不正競争防止法 2 条 1 項 1 号又は 2 号

　ドメイン名に関連する問題は、従来は不正競争防止法 2 条 1 項 1 号又は 2 号によって処理されてきた。これらの規定によって処理する場合、ドメイン名が「商品等表示」に該当するかや、商品等表示の「使用」に該当するかという問題が生じる。

　この点についてのリーディングケースである富山地判平 12・12・6 判時 1734 号 3 頁〔JACCS 事件〕は「不正競争防止法二条一項一号、二号所定の『商品等表示』の『使用』に当たるか否かは、当該ドメイン名の文字列が有する意味（一般のインターネット利用者が通常そこから読みとるであろう意味）と当該ドメイン名により到達するホームページの表示内容を総合して判断するのが相当である」と判示している（結論は肯定。控訴審である名古屋高金沢支判平 13・9・10 裁判所ウェブサイト（平 12（ネ）244 号、平 13（ネ）130 号）でも判断維持）。

　また、東京地判平 13・4・24 判時 1755 号 43 頁〔J-PHONE 事件〕は、「ドメイン名の登録者がその開設するウェブサイト上で商品の販売や役務の提供について需要者たる閲覧者に対して広告等による情報を提供し、あるいは注文を受け付けているような場合には、ドメイン名が当該ウェブサイトにおいて表示されている商品や役務の出所を識別する機能をも有する場合があり得ることになり、そのような場合においては、ドメイン名が、不正競争防止法二条一項一号、二号にいう『商品等表示』に該当することになる。

　そして、個別の具体的事案においてドメイン名の使用が『商品等表示』の『使用』に該当するかどうかは、当該ドメイン名が使用されている状況やウェブサイトに表示されたページの内容等から、総合的に判断するのが相当であ

る。」と判示した（結論は肯定。東京高判平 13・10・25 裁判所ウェブサイト（平 13
（ネ）2931 号）で判断維持）。

　法 2 条 1 項 1 号又は 2 号の主張をするにあたっては、上記の裁判例において
示された判断基準を参考にして、ドメイン名が商品等表示として使用されてい
ることを主張する必要がある[17]。

　その他の 1 号又は 2 号に関する論点については、本章第 1 節参照。

2　不正競争防止法 2 条 1 項 19 号

　上記のように、不正競争防止法 2 条 1 項 1 号又は 2 号及び商標法に基づく請
求は、商品等表示としての使用ではない（商標的使用ではない）場合には使用
できないという問題がある[18]。

　このような事態に対処するために制定されたのが現法 2 条 1 項 19 号である。
19 号に基づく請求は、周知性が要求されず、商標登録も不要であるという点
でもメリットがある。以下では、19 号の各要件について検討していく。

第二条　この法律において「不正競争」とは、次に掲げるものをいう。
（中略）
　十九　不正の利益を得る目的で、又は他人に損害を加える目的で、他人の特定
　　　　商品等表示（人の業務に係る氏名、商号、商標、標章その他の商品又は役
　　　　務を表示するものをいう。）と同一若しくは類似のドメイン名を使用する
　　　　権利を取得し、若しくは保有し、又はそのドメイン名を使用する行為

17　この他、商品等表示の使用に該当すると判断した事案として、大阪地判平 21・4・23 裁判所ウ
ェブサイト（平 19（ワ）8023 号）〔アークエンジェルズ事件〕が、商品等表示の使用に該当しない
と判断した事案として、前掲東京地判平 14・7・15〔mp3 事件〕がある。その他、不正競争防止法
2 条 1 項 1 号・2 号に関連する事案として、東京地判平 23・11・30 判時 2140 号 72 頁〔書写検事件〕、
大阪地判平 28・7・21 裁判所ウェブサイト（平 27（ワ）2505 号・平 27（ワ）6189 号）〔zenshin 事
件〕、東京高判令 5・1・26 裁判所ウェブサイト（令 2（ネ）10009 号・令 2（ネ）10037 号）〔2ch 事
件〕等。
18　小野編著・新注解（下）634 頁〔鈴木將文〕、茶園編 109 頁。

(1) 不正の利益を得る目的で、又は他人に損害を加える目的[19]

　不正の利益を得る目的とは、「公序良俗、信義則に反する形で自己又は他人の利益を不当に図る目的」をいい、他人に損害を加える目的とは、「他者に対して財産上の損害、信用の失墜といった有形無形の損害を加える目的」を指すと解されている[20]（これらをまとめて図利加害目的ということがある）。

　裁判例においては、大阪地判平 16・2・19 裁判所ウェブサイト（平 15（ワ）7208 号・平 15（ワ）7993 号）〔自由軒事件〕が「『不正の利益を得る目的』とは、公序良俗に反する態様で、自己の利益を不当に図る目的をいい、『他人に損害を与える目的』とは、他人に対して財産上の損害や信用失墜などの有形無形の損害を加える目的を指す」と判示し、「不正の利益を得る目的」を認定している。

　また、大阪地判平 16・7・15 裁判所ウェブサイト（平 15（ワ）11512 号）〔maxell 事件〕も「『不正の利益を得る目的』とは、公序良俗に反する態様で、自己の利益を不当に図る目的をいうと解すべきである。」とした上で、不正の利益を得る目的を認定している。

　図利加害目的を認定する際の考慮要素については、前掲東京地判平 29・3・14〔WYNN 事件〕が、「本件において、原告が不正競争防止法 2 条 1 項 13 号〔筆者注：現 19 号〕所定の『不正の利益を得る目的』ないし『他人に損害を加える目的』を有していたか否かについては、他人の特定商品等表示（Wynn ブランド）の性質、その周知性・著名性の程度、本件ドメイン名についての原告の権利や正当な利益の有無、原告による本件ドメイン名の登録の経緯・使用状況など、本件における諸般の事情を踏まえて総合的に判断すべきである。」と判示したものが参考になる。

　図利加害目的を認定するにあたっては、これらの裁判例を参考にしつつ、相手方が混同を生じさせて利益を得ようとしていることや、相手方がドメイン名を高額で売却しようとしたこと等を主張していくことになる[21]。

19　図利加害目的に関する近時の裁判例の分析は、高部眞規子編『最新裁判実務大系　知的財産権訴訟Ⅱ』867 頁以下（青林書院、2018 年）〔田邉実〕が詳しい。
20　逐条解説 145 頁。

(2) 特定商品等表示

　特定商品等表示とは「人の業務に係る氏名、商号、商標、標章その他の商品又は<u>役務</u>を表示するものをいう」（19号括弧書）。

　1号・2号における商品等表示が「人の業務に係る氏名、商号、商標、標章、商品の<u>容器若しくは包装</u>その他の商品又は<u>営業</u>を表示するものをいう」（1号括弧書）とされていることと対比すると、①容器若しくは包装が除かれていること、②営業ではなく役務として規定されていることが異なる[22]。

　1号・2号と同じく、特定商品等表示に該当するためには、表示が自他識別機能又は出所識別機能を備えていることが必要であるとされる[23]。

(3) 類似性

　類似性の判断基準については、基本的には1号等で判例等が示してきたものが妥当すると考えられる[24]。なお、トップレベルドメイン（.comや.jpなど）は通常は要部にはならない。また、スキーム（https://）及びホスト名（www.）は、そもそもドメイン名ではないか、ドメイン名であるとしても要部ではないと考えるべきだろう[25]。

　類似性に関係する裁判例としては、次のようなものがある。まず、名古屋地判平18・1・11裁判所ウェブサイト（平17（ワ）3957号〔スズケン事件〕）は、「suzuken-fc.com」のうち、「-fc」の部分も、製薬会社を意味する英語の頭文字を組み合わせたものと推測されるものであり、それ自体には有意性がないとし

---

[21]　損害を加える目的を認定した事案としては、大阪地判平28・3・15裁判所ウェブサイト（平27（ワ）7540号）〔アクシスフォーマー事件①〕、大阪地判平29・3・21裁判所ウェブサイト（平28（ワ）7393号）〔アクシスフォーマー事件②〕がある。

　他方で、前掲東京地判平14・7・15〔mp3事件〕は「不正の利益を得る目的」及び「他人に損害を加える目的」を否定している。また、前掲東京地判平26・5・23〔モーゲージプランナー事件〕は不正の利益を得る目的を否定している。

[22]　(2)の差異の意義については田村270-271頁参照。

[23]　逐条解説147頁。

[24]　逐条解説148頁。なお、田村272頁は「混同のおそれを要件としない2号の類似性に関する議論が参考になろう」とする。

[25]　前掲J-PHONE事件は、1号・2号との関係でhttp://www.の部分も一応ドメイン名として扱っているが、近年の裁判例ではこの部分はドメイン名ではないと考えるものが多いと思われる。

て、識別力を有する要部は「suzuken」の部分であると認定している（類似性
を肯定）。

　東京地判平 27・11・13 判時 2313 号 100 頁〔DHC 事件〕は、「dhc」と「dhc-ds.
com」の類似性が問題となった事案である。同判決は、外観・称呼が全体と
して異なるとしたうえで、「DHC-DS」等から観念される営業主体が原告だけに
限られるとまではいうことができないという取引の実情も考慮して類似性を否
定した[26]。

(4) ドメイン名

　ドメイン名とは、「インターネットにおいて、個々の電子計算機を識別する
ために割り当てられる番号、記号又は文字の組合せに対応する文字、番号、記
号その他の符号又はこれらの結合をいう」（法 2 条 10 項）。

　近年は、アルファベットだけではなく日本語のドメインが利用可能になって
いる（例えば、「勁草書房 .co.jp」等でも登録し得る）。この点については、前掲大
阪地判平 28・3・15〔アクシスフォーマー事件①〕が「『個々の電子計算機を識
別するために割り当てられる番号、記号又は文字の組合せ』とは、いわゆる IP
アドレスを指しているのであり、本件日本語ドメイン名は、Punycode 変換に
よって変換される本件ドメイン名を介して IP アドレスに対応しているのであ
るから、同条 9 項〔筆者注：現 10 項〕にいう『対応する』と解することは妨
げられない」と判示している[27]。

(5) 取得・保有・使用

　「取得」には、「ドメイン名の登録機関に対する登録申請によってドメイン名
を使用する権利を自己のものとする場合の他、登録機関からドメイン名の登録
を認められた第三者から移転を受けることによってドメイン名を使用する権利

---

[26]　この他、類似性に関係する裁判例としては、東京地判平 19・3・13 裁判所ウェブサイト（平 19
（ワ）1300 号）〔dentsu 事件〕、前掲大阪地判令 3・1・12〔Re 就活事件〕等がある。
[27]　この他、日本語ドメインに関する裁判例としては、東京地判平 26・12・18 裁判所ウェブサイ
ト（平 26（ワ）18199 号）〔ケノン事件〕、前掲大阪地判平 29・3・21〔アクシスフォーマー事件②〕
がある。

を自己のものとする場合、登録機関からドメイン名の登録を認められた第三者からドメイン名の使用許諾を受ける場合も含まれる」。

　また、「保有」とは、「ドメイン名を使用する権利を継続して有することを指す」。

　さらに、「使用する行為」とは、「ドメイン名をウェブサイト開設等の目的で用いる行為を指す」[28]。

3　効果

　不正競争防止法2条1項1号、2号又は19号に該当する場合には、差止請求（法3条）、損害賠償請求（法4条）及び信用回復措置請求（法14条）をなし得る[29][30]。

　差止めの内容としては、ドメイン名の使用（特定の使用方法又は使用全般の）禁止[31]や、ドメイン名の登録抹消をなし得る[32]。ドメイン名の移転については、

28　以上について逐条解説148-149頁。

29　東京地判平25・7・10裁判所ウェブサイト（平24（ワ）7616号）〔センチュリー21事件〕は、現19号に該当するとして、ドメイン登録抹消済みまで、1か月5万円の割合による損害賠償を認めている。

30　公示送達となり被告から反論がなされなかった事案ではあるが、東京地判平28・11・28裁判所ウェブサイト（平28（ワ）2363号）〔yonetsubo事件〕は、現19号違反の事案において、本件ドメイン名の使用によって原告が受けるべき金銭の額（法5条3項5号）は、対象期間中の被告の売上の1%と認めるのが相当であると判示している。

31　相手方の使用態様によっては過剰差止めの問題も生じうる。

　この点について、東京地判平30・9・27裁判所ウェブサイト（平29（ワ）6293号）〔マリカー事件〕は「原告文字表示マリカーは、日本語を解しない者の間では周知性が認められず、原告に生じる前記営業上の利益侵害は、被告会社が本件各ドメイン名を外国語のみで記載されたウェブサイトのために使用する場合には認められない」として、主文では「外国語のみで記載されたウェブサイトのために使用する場合を除き」との限定を付して差止請求を認容した。これに対して、控訴審である知財高判令2・1・29裁判所ウェブサイト（平30（ネ）10081号、平30（ネ）10091号）は過剰差止めの問題は生じないとして、特に限定を付さず、「一審被告会社は、原判決別紙ドメイン名目録記載1～4の各ドメイン名を使用してはならない。」と命じた。

32　東京地判平19・9・26裁判所ウェブサイト（平19（ワ）12863号）〔エーザイ事件〕は、ドメイン名の登録名義人（被告の前代表取締役）でない被告に対するドメイン名の登録抹消申請手続はできないとする（差止めは認容）。

明文の規定を置くことを見送ったという経緯があるが、明文がなくとも認められる可能性があるとする見解もある[33]。

　また、損害賠償請求については、損害額の推定が適用される（5条）。ただし、法2条1項19号に関しては、法5条1項の対象には含まれていない。

　19号の不正競争行為に該当する場合においても、刑事罰の適用はない（21条・22条参照）。法2条1項1号・2号に該当する場合の罰則については、本章第1節参照。

4　適用除外

　法2条1項19号に関する適用除外は規定されていない（法19条参照）。法2条1項1号又は2号の適用除外については、本章第1節参照。

Ⅳ　実務上の留意点

1　手続の選択

　ドメイン名に関する不正な行為があった場合には、訴訟による請求の他、パネル[34]による救済を求めることもできる[35]。

　パネルによる救済は、ドメイン名登録の取消請求又は当該ドメイン名登録の申立人への移転請求に限られ、損害賠償請求はできない（UDRP 4条ⅰ項、JPDRP 4条ⅰ項）。訴訟とパネルによる救済手段を比較すると、次の図表のようになる。

　訴訟とパネルのいずれを選択するかは具体的な事案にもよるが、UDRP やJPDRP の要件を満たす可能性が高そうな場合には、一般的には、迅速性や費

33　小野編著・新注解（上）648頁〔鈴木〕。

34　パネル（panel）は、合議体や、仲裁人の名簿等を指す言葉であるが、UDRP や JPDRP 等に沿った裁定を指して、パネルによる裁定などということがある。

35　ドメイン名を登録する際の契約においては、紛争処理方針に従った処理を行うことに同意する旨が定められている。前掲東京地判平25・2・13〔CITIBANK 事件〕は、かかる同意が有効であるとしている。

図表　解決手段による救済措置の違い

	訴訟	パネル
損害賠償	○	×
差止め（使用禁止・登録抹消）	○	○ ※取消請求
移転	△ （少なくとも明文はない）	○

用の観点から、パネルによる手続を選択することが合理的な場合も多いと思われる。

2　調査方法

　いわゆる「怪しい」ドメイン名のサイトについては、閲覧することでマルウェアに感染する可能性も否定できない。このようなドメイン名のサイトを確認する場合には、まずは aguse gateway[36] を利用して閲覧することが有用である。もっとも、aguse では正確に表示されないこともあるため、最終的には実際の表示態様を確認せざるを得ないことも多い。

　ウェブサイト上の表示からはドメイン名を使用等する主体が分からない場合には、発信者情報開示をすることもあり得る[37]。ただし、通常はウェブサイト上に何らかの連絡先が記載されていることが多い。損害賠償請求まで求めないのであれば、こうした連絡先から警告を送付すれば任意に使用が中止されることも少なくない。

　前掲東京地判平 19・9・26〔エーザイ事件〕では、相手方の営業実態を確認するために、原告代理人の家族が相手方に対して商品の問い合わせを行った旨が認定されており、証拠収集の一事例として参考になる。

〔西村英和〕

36　https://www.aguse.jp
37　前掲大阪地判平 28・3・15〔アクシスフォーマー事件①〕。

第 **6** 節

代理人等の商標冒用行為に関する問題

Ⅰ　はじめに

　ある国（A 国）において商標に関する権利を有している主体（X）が日本でも事業展開しようとする場合、日本での実際の事業活動は、代理人や代表者（Y）に委任することも多いだろう。しかしながら、XY 間の委任関係が終了したことを契機として（あるいは、X との委任関係が続いていたまま）Y が、X に無断で、日本で X の商標を用いて勝手に活動してしまうことがあり得る。不正競争防止法 2 条 1 項 22 号は、このような状況において、Y の行動に対処するために有用な規定である[1]。

　X が日本で商標権を取得していれば商標権侵害を主張し得るし、X の表示が周知著名となっていれば不正競争防止法 2 条 1 項 1 号又は 2 号を主張し得るが、本号は、これらとは別の要件で権利行使できる点に意義がある。

　本号は、パリ条約 6 条の 7 第 2 項に対応するために制定された規定である[2]。同じくパリ条約 6 条の 7 に対応する規定としては、商標法 53 条の 2（不正使用取消審判）がある。

　知的財産権については、原則として属地主義が採用されているが、本号はかかる原則を拡張するものとして規定されたものである[3]。

　1　なお、不正競争防止法上の責任とは別に、Y に対して契約上の責任を追及することもあり得る。

　2　逐条解説 164 頁。パリ条約の制定経緯や各文言の解釈については、ボーデンハウゼン『注解パリ条約〔改訂版〕』（AIPPI・日本部会、1983 年）、後藤晴男『パリ条約講話〔第 13 版〕』（発明協会、2007 年）、茶園成樹編『知的財産関係条約〔第 2 版〕』（有斐閣、2023 年）、荒木好文『図解パリ条約』（発明協会、1999 年）等を参照。不正競争防止法 2 条 1 項 22 号は適用例が多い条文ではないので、具体的な事例への適用の有無の判断については、パリ条約の解釈も参考になると思われる。

　3　逐条解説 164-165 頁、小野編著・新注解（上）808 頁〔茶園成樹〕。

パリ条約（※参考）

第6条の7　代理人、代表者による商標の登録・使用の規制

(1) 同盟国において商標に係る権利を有する者の代理人又は代表者が、その商標に係る権利を有する者の許諾を得ないで、1又は2以上の同盟国においてその商標について自己の名義による登録の出願をした場合には、その商標に係る権利を有する者は、登録異議の申立てをし、又は登録を無効とすること若しくは、その国の法令が認めるときは、登録を自己に移転することを請求することができる。ただし、その代理人又は代表者がその行為につきそれが正当であることを明らかにしたときは、この限りでない。

(2) 商標に係る権利を有する者は、(1) の規定に従うことを条件として、その許諾を得ないでその代理人又は代表者が商標を使用することを阻止する権利を有する。

(3) 商標に係る権利を有する者がこの条に定める権利を行使することができる相当の期間は、国内法令で定めることができる。

Article 6septies

Marks: Registration in the Name of the Agent or Representative of the Proprietor Without the Latter's Authorization

(1) If the agent or representative of the person who is the proprietor of a mark in one of the countries of the Union applies, without such proprietor's authorization, for the registration of the mark in his own name, in one or more countries of the Union, the proprietor shall be entitled to oppose the registration applied for or demand its cancellation or, if the law of the country so allows, the assignment in his favor of the said registration, unless such agent or representative justifies his action.

(2) The proprietor of the mark shall, subject to the provisions of paragraph (1), above, be entitled to oppose the use of his mark by his agent or representative if he has not authorized such use.

(3) Domestic legislation may provide an equitable time limit within which the proprietor of a mark must exercise the rights provided for in this Article.

Ⅱ　不正競争防止法に基づく請求

以下、法 2 条 1 項 22 号の各要件について検討する。

第二条　この法律において「不正競争」とは、次に掲げるものをいう。

（中略）

　二十二　パリ条約（商標法（昭和三十四年法律第百二十七号）第四条第一項第
　　二号に規定するパリ条約をいう。）の同盟国、世界貿易機関の加盟国又は
　　商標法条約の締約国において商標に関する権利（商標権に相当する権利に
　　限る。以下この号において単に「権利」という。）を有する者の代理人若
　　しくは代表者又はその行為の日前一年以内に代理人若しくは代表者であっ
　　た者が、正当な理由がないのに、その権利を有する者の承諾を得ないでそ
　　の権利に係る商標と同一若しくは類似の商標をその権利に係る商品若しく
　　は役務と同一若しくは類似の商品若しくは役務に使用し、又は当該商標を
　　使用したその権利に係る商品と同一若しくは類似の商品を譲渡し、引き渡
　　し、譲渡若しくは引渡しのために展示し、輸出し、輸入し、若しくは電気
　　通信回線を通じて提供し、若しくは当該商標を使用してその権利に係る役
　　務と同一若しくは類似の役務を提供する行為

1　商標に関する権利

　「商標に関する権利」との文言が用いられた理由は、単に商標権というと狭
く解釈されるおそれがあるためであるとされる[4]。「商標に関する権利」に外国
における商標権が含まれることは明らかであるが、学説上はこれに限らず、英
国法のパッシングオフ等の未登録商標の使用者に与えられる保護も含まれると
解されている[5]。

　また、括弧書の「商標権に相当する権利に限る」との文言は、質権等を除外
する趣旨であるとされる[6]。

4　逐条解説 165 頁。
5　小野編著・新注解（上）808 頁〔茶園〕。

2　行為の日前1年以内に代理人・代表者であった者

(1)　代理人又は代表者

　代理人又は代表者は「広く商標に関する権利の商品・役務の取引をなす者を指す」[7] と解されている。

　この点について、大阪地判平12・12・14裁判所ウェブサイト（平9（ワ）11649号等）〔マイタケ事件〕[8] は「同号の趣旨が、外国の商標所有者の信頼を広く保護するところにあることを考慮すれば、同号にいう『代理人』の意義は、法律上の代理権の存否を要件とすることなく広く解されるべきであり、同盟国商標権者との間に特定商品の包括的な代理店関係を有する者に限ることなく、何らかの基礎となる代理関係があれば足りるものと解するのが相当である。」と判示している。

　また、商標法53条の2との関係での判示ではあるが、知財高判令3・12・15裁判所ウェブサイト（令2（行ケ）10100号）〔Reprogenetics事件〕は、「商標法53条の2の『代理人若しくは代表者』とは、商標に関する権利を有する者から代理権を与えられた者、又は商標に関する権利を有する法人の代表者に限られず、商標に関する権利を有する者との間で、契約に基づき継続的な法的関係があるか、あるいは少なくとも、継続的な取引から慣行的な信頼関係が形成され、商標に関する権利を有する者の事業遂行の体系に組み込まれている者であれば足りると解すべきである。」と判示している[9]。異なる条文についての判示ではあるものの、近時の知財高裁の判断として参考になると思われる[10] [11]。

(2)　行為の日前1年以内に代理人若しくは代表者であった者

　旧法が、「行為開始ノ日前一年以内ニ代理人又ハ代表者ニ非ザリシモノ」と規定していたところ、改正に伴い「開始」との文言が削除されたため、代理人

6　逐条解説165頁。
7　小野編著・新注解（上）809頁〔茶園〕。
8　控訴審は大阪高判平13・9・27裁判所ウェブサイト（平13（ネ）198号・平13（ネ）199号）。いずれの審級も類似性を否定して旧14号（現22号）が適用されないと判断したため、傍論である。
9　なお、同判決は、正当な理由についての審決の判断について誤りであるとも判示している。

等の関係が終了してから 1 年間の使用行為しか規制対象にならないと解する余
地もある。

　裁判例においても、前掲マイタケ事件：第一審は、「原告らとの代理関係を
終了させた平成九年一〇月から一年に達する時期までの行為」が現 22 号に該
当する可能性があると判示した上で、「原告マイタケプロダクツは、同号にい
う『一年以内』とは、代理人関係が消滅してから一年以上を経過してから、元
代理人が同盟国登録商標と類似の商標を用いて競争行為を始める場合を除外す
る趣旨であると主張する。しかし、同号が『一年以内』という期間を定めた趣
旨は、代理人等の関係が終了した後も余りにも長くこれらの代理人等を拘束す
ることは、代理人等でなかった者が商標の選定について何らの拘束を受けない
のに比して酷である上、法的安定性を害することにもなりかねないとの理由に
よるものと解されるから、同号にいう『一年以内』の意義について、同原告の
主張のような解釈を採ることはできない。」と判示している[12]。

　しかしながら、通説は旧法と同じく、代理関係終了日から 1 年以内に使用を

10　なお、商標法 53 条の 2 に関する裁判例である、東京高判昭 58・12・22 無体集 15 巻 3 号 832
頁〔CASITE 事件〕は、「マクドナルド社は、昭和三九年八月一日本件商標の登録出願当時、アメ
リカにおけるケーサイト製品の一手輸出店であるゼオン社の顧客でありケーサイト製品の単なる輸
入販売業者であつたというにとどまり、それ以上に、マクドナルド社とゼオン社又は被告との間に、
マクドナルド社が被告の代理人としてケーサイト製品を販売する法律上の関係ないしは特約店、輸
入総代理店等日本においてケーサイト製品を販売するについての特別の契約上慣行上の関係が存し
たものと到底認めることはできず、その間に格別の信頼関係が形成されていたものともいえない。
商標法第五三条の二は、商標に関する権利を有する者の代理人若しくは代表者がその権利者との間
に存する信頼関係に違背して正当な理由がないのに同一又は類似の商標登録をした場合にその取消
について審判を請求できる旨の規定であつて、以上認定の事実及び法律関係のもとにおいては、マ
クドナルド社は本件商標の登録出願当時又はその登録出願の日前一年以内に商標法第五三条の二に
規定する『被告の代理人若しくは代表者であつた者』と認めることはできない。」と判示している。
11　この他、商標法 53 条の 2 の「代理人」に該当しないと判断した事例として、知財高判平 23・
1・31 裁判所ウェブサイト（平 21（行ケ）10138 号・平 21（行ケ）10264 号）〔アグロナチュラ事
件〕がある。
12　控訴審も、「ハ号及びニ号表示について原告表示との類似性を認めることができない以上、こ
の点の判断によって結論が左右されるわけではない（ただし、原告らの主張は現行法の文言から乖
離していることは否めず、『開始』なる文言が除かれた以上、引用に係る原判決（108 頁 5 行目〜
109 頁 2 行目）説示のように解する方が自然であって、原告らの主張に直ちに左袒することはでき
ない。）。」と指摘している。

開始しさえすれば、その使用行為が継続する限り、代理関係の終了から1年が経過してもなお不正競争行為に該当すると解している[13]。

　代理関係が終了してから1年が経過した後に使用を開始した場合には、本号の対象とはならない。この場合には、不正競争防止法2条1項1号又は2号等によって対応することがあり得る。

　なお、代理人が本人の承諾を得て本人商標と同一又は類似の商標について商標登録を受けていた場合には、契約終了後は、明示又黙示の義務に基づいて、商標権の移転義務を負わせることがあり得る[14]。また、代理人が本人の承諾を得て取得した商標権を本人等に対して行使することは、権利濫用になる可能性がある[15]。

3　同一・類似商標の同一・類似の商品役務への使用

　商標の類否や商品役務の類否については、基本的には法2条1項1号等と同様に考えることができると思われる[16]。

　権利者との契約がある場合には、「承諾を得ないで」との文言に該当しない可能性がある。このような場合には、代理人等の商標の使用については契約で規律されることになる[17]。

4　正当な理由

　正当な理由とは、「代理人又は代表者がその行為を行うにつき、社会通念上肯認し得るような理由をいう」[18]と解されている。どの程度の事情があれば正

13　小野編著・新注解（上）811頁〔茶園〕、金井ほか編・コンメ215-216頁〔町田健一〕、茶園編138頁。

14　渋谷達紀『不正競争防止法』（発明推進協会、2014年）284頁。

15　渋谷・前掲（注14）284頁。

16　マイタケ事件の一審判決は外観が著しく相違することをもって商標の類似性を否定している。また、同控訴審判決は、観念・称呼を検討してもなお商標が類似しないと判示している。

17　茶園編138頁。

18　山本庸幸『要説 不正競争防止法〔第4版〕』（発明協会、2006年）241頁。

当な理由を肯定するかは論者により異なるが、「代理人の側に保護すべき事情がある場合に限られる」とするもの[19]、「商標に関する権利者がわが国の権利に無関心であったという事情に加えて、代理人の側に、その類似商標の使用を行う必要性やかかる使用を社会的に是認することのできる利益が備わっていなければならない」[20]とするものなどがある。

　また、商標法 53 条の 2 との関係で正当な理由を否定した事案としては、知財高判平 24・1・19 判時 2148 号 121 頁〔Chromax 事件〕がある[21]。

5　効果

　本号に該当する場合には、差止請求（法 3 条）、損害賠償請求（法 4 条）及び信用回復措置請求（法 14 条）をなし得る。また、損害賠償請求については、損害額の推定が適用される（法 5 条）。

　本号の不正競争行為に該当する場合においても、刑事罰の適用はない（法 21 条・22 条参照）。

6　適用除外

　本号は、法 19 条 1 項 1 号又は 2 号に該当する場合には適用されない。本章第 1 節参照。

Ⅲ　おわりに

　本号の適用が直接検討された裁判例は、前掲マイタケ事件以外には見当たら

19　金井ほか編・コンメ 216 頁〔町田〕。

20　小野編著・新注解（上）814 頁〔茶園〕。

21　この他、知財高判令 3・12・15 裁判所ウェブサイト（令 2（行ケ）10100 号）〔Reprogenetics 事件〕は、商標法 53 条の 2 に関する審決取消訴訟であるが、審決の判断が誤りであると指摘する中で、正当な理由がないとはいえないことを暗に示す判断をしている。その後、審決（取消 2017-300733）では、正当な理由がないとはいえないとして、審決不成立の判断が確定している。

ない。実務上、本号に関係する事案に遭遇することはそれほど多いとは思われないが、そうであるからこそ、本号の適用を見落とすことがないように心がけたい。

〔西村英和〕

第 **2** 章

信用に関する諸問題

　企業が自社の商品を販売し、あるいはサービスを提供する場合、消費者に対しその商品やサービスをアピールするため、商品の原産地、品質、内容や、サービスの質、内容などについて様々な表示を行う。ここで、当該表示が消費者を誤認させるようなものである場合、誤認表示をした企業を不当に利する一方で、当該誤認表示をした企業と競争関係にある企業が不利益を被る結果となってしまう。さらに、このような誤認表示を信頼した消費者は、商品やサービスについて正しい選択ができなくなり、その利益が損なわれることになる。このように商品やサービスに係る表示の信用を害する行為がなされた場合、公正な競争が阻害され、消費者の利益が損なわれることから、一定の規制が必要となる。

　また、企業が、競争関係にある企業の営業上の信用を害する虚偽の事実を告知・流布し、不当に自らの競争条件を有利にした場合、公正な競争を阻害することは明らかであるから、このような行為も規制の必要がある。

　そこで、本章では、商品やサービスに係る「表示の信用を害する行為」及び「他人の営業上の信用を害する行為」を規制する法令と、当該法令において問題となる論点を検討するとともに、実務上の留意点について解説する。

表示の信用を害する行為

I　はじめに

　例えば、ある企業（A 社）が、真実は「中国産」であるにもかかわらず「国産」という表示を付した食品を販売し、あるいは、真実はポリエステルを含むにもかかわらず「カシミア100％」という表示を付して衣類を販売したような場合、当該企業（A 社）は、競合企業（B 社）よりも有利な条件で商品を販売することができてしまう。このような表示が許されれば、公正な競争が阻害されてしまう。

　そこで、このような表示の信用を害する行為、すなわち、自己の商品やサービス等に関する情報を誤認させるような表示をする行為は、不正競争防止法により規制される。具体的には、商品の原産地・品質・内容・製造方法・用途・数量、又は、役務の質・内容・用途・数量について誤認させるような表示をする行為（誤認惹起行為）は不正競争防止法 2 条 1 項 20 号の不正競争に該当し、誤認惹起行為によって営業上の利益を侵害され、または侵害されるおそれがある者は、法 3 条及び 4 条に基づき、当該行為の差止め及び損害賠償を請求することができる。

　したがって、先ほどの例でいえば、B 社は、不正競争防止法に基づき、A 社による当該表示が付された商品の販売行為の差止めや損害賠償を請求することが可能である。

　また、表示の信用を害する行為を規制する法令は不正競争防止法のみにとどまるものではない。例えば、消費者保護の観点から不当景品類及び不当表示防止法（景品表示法）の適用が問題となり得るなど、適用され得る法令は種々存在する。

　そこで、以下においては、初めに、不正競争防止法以外に問題となり得る法令を簡単に紹介した後、不正競争防止法 2 条 1 項 20 号について述べることとする。

Ⅱ　問題となり得る法令

1　景品表示法

　表示の信用を害する行為については、「景品表示法」の適用も問題となり得る。景品表示法は消費者保護の観点から商品役務の内容や価格について消費者に誤認される表示を不当表示として規制している。

　具体的には、「商品又は役務の品質、規格その他の内容について、一般消費者に対し、実際のものよりも著しく優良である」と示す表示（優良誤認表示）、あるいは、「商品又は役務の価格その他の取引条件について、実際のもの又は当該事業者と同種若しくは類似の商品若しくは役務を供給している他の事業者に係るものよりも取引の相手方に著しく有利であると一般消費者に誤認」されるなど、「不当に顧客を誘引し、一般消費者による自主的かつ合理的な選択を阻害するおそれがある」と認められる表示（有利誤認表示）等は不当表示として禁止されている（5 条）。

　優良誤認表示とは、実際のものよりも著しく優良であると一般消費者に示す表示や事実に相違して競争業者に係るものよりも著しく優良であると一般消費者に示す表示をいい、例えば、前者の例としては、カシミヤ混用率が 80% 程度のセーターに「カシミヤ100%」と表示したような場合をいい、後者の例としては、「この技術を用いた商品は日本で当社のものだけ」と表示していたが、実際は競争業者も同じ技術を用いた商品を販売していたような場合をいう[1]。

　有利誤認表示とは、実際のものよりも取引の相手方に著しく有利であると一般消費者に誤認される表示や競争業者に係るものよりも取引の相手方に著しく

1　消費者庁ホームページ（https://www.caa.go.jp/policies/policy/representation/fair_labeling/representation_regulation/）。

有利であると一般消費者に誤認される表示をいい、例えば、前者の例としては、当選者の100人だけが割安料金で契約できる旨表示していたが、実際には、応募者全員を当選とし、全員に同じ料金で契約させていたような場合をいい、後者の例としては、「他社商品の2倍の内容量です」と表示していたが、実際には、他社と同程度の内容量にすぎなかったような場合をいう[2]。

　これら不当表示に対しては、措置命令（消費者庁長官等から、不当表示行為の差止め、再発防止措置、一般消費者に対する周知措置などが命じられる。7条1項）や課徴金納付命令（消費者庁長官等から、当該事業者に対し、対象となった商品・役務の売上額の3％を課徴金として国庫に納付することが命じられる。8条）といった厳しい行政上の命令が出される可能性がある。

　したがって、商品役務の内容や価格について消費者に誤認される表示（不当表示）がなされている場合、行政に対し、当該不当表示の存在を知らせて、措置命令や課徴金納付命令といった行政処分の発動を促すことが可能である。

　もっとも、景品表示法による規制は、上記のとおり、行政庁による処分にとどまることから、企業の立場からすれば、行政に対し、行政処分の発動を促すことはできるものの、不当表示を行った企業に対し、直接に差止めや損害賠償を請求することができるわけではなく、上述したとおり行為者に対し直接に差止めや損害賠償を請求することが可能な不正競争防止法による規制とは異なるものである。

　なお、景品表示法は消費者保護を目的とするものであり、事業者間の公正な競争の確保を目的とする不正競争防止法とは、その目的を異にすることから、表示の信用を害する行為を規制するという意味では同じであるが、それぞれ要件を充足すれば、両法について、違反行為・侵害行為が成立し得る。

2　その他の法令

　表示の信用を害する行為、すなわち、自己の商品やサービス等に関して、虚偽の事実に基づく表示、あるいは誤認を生じさせる表示をする行為は、景品表

2　消費者庁ホームページ（https://www.caa.go.jp/policies/policy/representation/fair_labeling/representation_regulation/）。

示法の他にも種々の法令によって規制されている。

(1) 原産地表示についての規制法令

　例えば、自己の商品の原産地を偽り、あるいは、誤認させる表示をする行為を規制する法令としては、「関税法」、「輸出入取引法」、及び「輸出貿易管理令」などがある。

　関税法 71 条 1 項は「原産地について直接若しくは間接に偽った表示又は誤認を生じさせる表示がされている外国貨物については、輸入を許可しない。」として、原産地を偽り、あるいは誤認を生じさせる表示がされている外国貨物の輸入を不許可としている。

　輸出入取引法は、「不公正な輸出取引」の一類型として「虚偽の原産地の表示をした貨物の輸出取引」を指定しており（2 条 2 号）、「不公正な輸出取引」（3 条）を行った輸出業者に対し一定の制裁が科される旨規定している（4 条）。

　外国為替及び外国貿易法に基づき制定された輸出貿易管理令は、「原産地を誤認させるべき貨物」の輸出をしようとする者は、経済産業大臣の承認を受けなければならない旨規定する（2 条 1 項 1 号・別表第 2 の 44 項）。承認を受けなかった場合 3 年以下の懲役[3]等の罰則が科される（外国為替及び外国貿易法 70 条 33 号・53 条 2 項）。

(2) 品質等表示についての規制法令

　また、自己の商品や役務の品質や内容等について、事実に反した、あるいは、誤認させる表示をする行為を規制する法律としては、「特定商取引に関する法律（特定商取引法）」、「消費者契約法」、「健康増進法」、「食品衛生法」、「医薬品、医療機器等の品質、有効性及び安全性の確保等に関する法律（薬機法）」などがある。

(a) 特定商取引法

　特定商取引法は、販売業者等が、訪問販売に際し、「商品の種類及びその性

3　刑法改正に伴い、改正法施行後は「拘禁刑」となる。以下同じ。

能若しくは品質」等について、不実のことを告知する行為を禁止し（6条1項1号）、販売業者等が、通信販売の際の広告において、商品の性能等について、「著しく事実に相違する表示をし、又は実際のものよりも著しく優良であり、若しくは有利であると人を誤認させるような表示」をすることを禁止し（12条）、販売業者等が、電話勧誘販売に際し、「商品の種類及びその性能若しくは品質」等について、不実のことを告知する行為を禁止し（21条1項1号）、販売業者等が、連鎖販売取引に際し、「商品の種類及びその性能若しくは品質」等について、不実のことを告知する行為を禁止し（34条1項1号）、役務提供事業者等が、特定継続的役務提供等契約に際し、「役務又は役務の提供を受ける権利の種類及びこれらの内容又は効果」等について、不実のことを告知する行為を禁止し（44条1項1号）、販売業者が、業務提供誘引販売取引に際し、「商品の種類及びその性能若しくは品質」等について、不実のことを告知する行為を禁止し（52条1項1号）、購入業者が、訪問購入に際し、「物品の種類及びその性能又は品質」等について、不実のことを告知する行為を禁止している（58条の10第1項1号）。

(b) 消費者契約法

　消費者契約法は、事業者が、消費者との間で契約を締結するに際し、消費者に対し、「重要事項」について事実と異なることを告げ、消費者が当該告げられた内容が事実であると誤認して契約をした場合、消費者に当該契約の取消権を与えている（4条1項1号）。ここでいう「重要事項」とは、物品の質、用途その他の内容であって、消費者の当該消費者契約を締結するか否かについての判断に通常影響を及ぼすべきもの等と規定されている（4条5項1号）。

(c) 健康増進法

　健康増進法は、「食品として販売に供する物に関して広告その他の表示をするとき」において、「著しく事実に相違する表示をし、又は著しく人を誤認させるような表示をしてはならない」旨規定している（65条1項）。

（d）食品衛生法

　食品衛生法は、「食品、添加物、器具又は容器包装に関しては、公衆衛生に危害を及ぼすおそれがある虚偽の又は誇大な表示又は広告をしてはならない」旨規定している（20条）。

（e）薬機法

　薬機法は、「医薬品、医薬部外品、化粧品、医療機器又は再生医療等製品の名称、製造方法、効能、効果又は性能」に関して、「虚偽又は誇大な記事を広告し、記述し、又は流布してはならない」旨規定している（66条1項）。

（3）効果

　もっとも、上述した種々の法令は、税関手続や輸出入の適正、公衆衛生の保護、保健衛生の向上、消費者保護等を目的とする規制にとどまり、不当表示によってその活動を不当に妨げられた企業が、当該不当表示を行った企業に対し、直接に差止めや損害賠償を請求することを認めるものではない。

　このような場合に、当該企業が、当該不当表示を行った企業に対し、直接に差止めや損害賠償を請求したい場合、以下に説明する不正競争防止法によることとなる。

Ⅲ　不正競争防止法に基づく請求

1　はじめに

　不正競争防止法2条1項20号（誤認惹起行為）は、商品と役務それぞれについて、不正競争となる行為類型を定めているが、条文の構造がやや複雑である。

> 二〇　商品若しくは役務若しくはその広告若しくは取引に用いる書類若しくは通信にその商品の原産地、品質、内容、製造方法、用途若しくは数量若しくはその役務の質、内容、用途若しくは数量について誤認させるような表示をし、又

はその表示をした商品を譲渡し、引き渡し、譲渡若しくは引渡しのために展示し、輸出し、輸入し、若しくは電気通信回線を通じて提供し、若しくはその表示をして役務を提供する行為

　商品と役務それぞれについて 20 号の不正競争に該当する行為を整理すれば、以下のとおりとなる。

商品：「商品、その広告、その取引に用いる書類若しくは通信」に「その商品の原産地、品質、内容、製造方法、用途、数量」について「誤認させるような表示をし、又はその表示をした商品を譲渡し、引き渡し、譲渡若しくは引渡しのために展示し、輸出し、輸入し、若しくは電気通信回線を通じて提供する行為」

役務：「役務、その広告、その取引に用いる書類若しくは通信」に「その役務の質、内容、用途、数量」について「誤認させるような表示をし、又はその表示をして役務を提供する行為」

　したがって、20 号（誤認惹起行為）成立の要件としては、
①－1（商品の）「原産地」について誤認させるような表示であること、
①－2（商品の）「品質、内容、製造方法、用途若しくは数量」について誤認させるような表示であること、又は、
①－3（役務の）「質、内容、用途、数量」について誤認させるような表示であること、
②「誤認」させるような表示であること、
③－1「商品」に誤認させるような表示をすること、
③－2「役務」に誤認させるような表示をすること、又は、
③－3「その広告、その取引に用いる書類若しくは通信」に誤認させるような表示をすること、
である。
　以下、20 号の不正競争行為の各要件及び効果について説明する。

2　各要件について

(1)（商品の）「原産地」について誤認させるような表示であること（①－1）

　商品の「原産地」について誤認させるような表示（原産地誤認惹起表示）である。

　「原産地」とは、商品が生産、製造又は加工され商品価値が付与された地のことをいう[4][5]。役務については「原産地」は問題とならない。

　この点、東京高判昭53・5・23刑月10巻4・5号857頁〔原石ベルギーダイヤ事件〕は、「天然の産物であってもダイヤモンドのように加工のいかんによって商品価値が大きく左右されるものについては、その加工地が一般に『原産地』と言われている」と述べ、商品価値が付与された地が「原産地」である旨述べている。

　また、東京地判平6・11・30判時1521号139頁〔京の柿茶事件〕は、「京の柿茶」という表示を付した行為について、「京の」の部分は「被告商品の製造地あるいはその原材料の生産地が京都市及びその周辺あるいは京都府であることを表示するものと理解する者が多いと認められるところ、被告商品は、京都で製造、加工されたものでなく、またその原料も京都で産出されたものではないから、被告標章を被告商品やその宣伝広告に使用する行為は、商品及びその広告にその商品の原産地、品質を誤認させるような表示」であるとして、原産地の誤認表示があった旨認定している。

　なお、原産地が普通名称化した場合は原産地誤認惹起行為にはならないことに注意が必要である（例えば、「瀬戸物」など）[6]。

　4　逐条解説152頁。

　5　なお、景品表示法では「商品の原産国に関する不当な表示」が禁止されているが（景品表示法5条3号の規定に基づき、「昭和48年10月16日公正取引委員会告示第34号」では「商品の原産国に関する不当な表示」が不当な表示として指定されている）、ここでいう「原産国」とは、「その商品の内容について実質的な変更をもたらす行為が行なわれた国をいう」とされている（告示の備考1）。

　6　前述した景品表示法5条3号の規定に基づく「商品の原産国に関する不当な表示」の告示の運用基準である「昭和48年10月16日事務局長通達第12号」は、原産国の普通名称の例として、「和文による『フランスパン』、『ロシアケーキ』、『ボストンバッグ』、『ホンコンシャツ』、などの表示」を挙げている（通達の三）。

また、原産地名称とともに、例えば、「made in Japan」といった打消表示を表示した場合であれば、虚偽の原産地表示とはならないと考えられる[78]。

(2) （商品の）「品質、内容、製造方法、用途若しくは数量」について誤認させるような表示であること（①－2）

　商品の「品質、内容、製造方法、用途若しくは数量」について誤認させるような表示（品質等誤認惹起表示）である。

　「品質」の誤認表示の例としては、清酒に「清酒特級」のラベルを付した行為について「級別の審査・認定を受けなかったため酒税法上清酒二級とされた商品であるびん詰の清酒に清酒特級の表示証を貼付する行為は、たとえその清酒の品質が実質的に清酒と特級に劣らない優良のものであっても」品質誤認表示行為に該当するとした事例（最決昭53・3・22刑集32巻2号316頁〔清酒特級事件〕）、酒税法上の「本みりん」とは認められない液体調味料の容器に「本みりん」の表示の下に「タイプ」と「調味料」を二行に分けて表示した行為について商品の品質を誤認させる行為であるとした事例（京都地判平2・4・25判時1375号127頁〔本みりんタイプ事件〕）、ろうそくに「燃焼時に発生するすすの量が90%減少している、火を消したときに生じるにおいが50%減少している」などの表示をしたことについて、実験結果を前提としてもそのような効果を認めることはできないとして品質誤認表示に当たるとした事例（大阪高判平17・4・28裁判所ウェブサイト（平16（ネ）2208号）〔ろうそく事件〕）などがある。

　「内容」の誤認表示の例としては、そのような事実がないにもかかわらずピアノの小売価格について値上げの予定があるかのような表示をした行為について内容誤認表示に該当するとした事例（名古屋地判昭57・10・15判タ490号155頁〔ヤマハ特約店事件〕）、自動車補修用スプレー塗料の広告にウレタンが含有されており品質が優れている旨の表示をした行為について、当該製品のウレタン含有量は、米国材料試験協会規格で求められているウレタン含有料の10分の1

　7　小野編著・新注解（上）673頁〔小松陽一郎〕。
　8　前述した「昭和48年10月16日事務局長通達第12号」は、「国産」、「日本製」などと明示した場合や、目立つようにして「Made in Japan」と表示した場合には、不当表示に該当しないとしている（通達の七（1）、（4））。

未満の含有量にすぎず、ウレタンが含有されているから品質が優れている旨を表示することは、内容を誤認させることになるとした事例（大阪高判平 13・2・8 裁判所ウェブサイト（平 11（ネ）2847 号・平 11（ネ）3293 号）〔スプレー塗料事件〕）、インクカートリッジを装着するとプリンターに表示される「シテイノトナー」との表示の意味するところについて、原告であるプリンターメーカーが原告のプリンターに用いられるべきものと定めたトナーカートリッジであると理解するものと考えられるところ、「プリンターメーカーが純正品と非純正品がその品質により異なるものであると取り扱っている実態からすれば、需要者は、原告プリンターに用いられるべきものとは、プリンターメーカーの原告……が原告プリンターに相応しい一定の品質、内容を有するものとして定めたトナーカートリッジであると理解するものと認められる」として、「シテイノトナー」との表示が内容の表示であると認められた事例（大阪地判平 29・1・31 判時 2351 号 56 頁）などがある。

　「製造方法」とは、商品の製造に用いられる方法をいう[9]。例えば、食塩の流下式製塩法などである[10]。

　「用途」とは、商品の特徴に応じた使い途をいい、例えば、燃料であれば、自動車用やジェット推進航空機用などである[11]。

　「数量」とは、商品の数、容積及び重量をいう[12]。

(3)（役務の）「質、内容、用途、数量」について誤認させるような表示であること（①−3）

　商品については「品質」という用語を使用しているものを、役務については「質」という用語としているが、その実質は同じであり、前記（2）の「品質」において述べたところと同様である。

　また、役務の「内容」、「用途」、「数量」についても、商品のそれと同じであるから、前記（2）の「内容」、「用途」、「数量」に関して述べたところと同様

　9　小野編著・新注解（上）705 頁〔小松〕。
10　逐条解説 154 頁。
11　逐条解説 154 頁。
12　小野編著・新注解（上）705 頁〔小松〕。

である。

(4)「誤認」させるような表示であること（②）

　「誤認」させるような表示であるかどうかは個別具体的に判断されるが、その判断に際しては、表示の内容や取引の実情など諸般の事情が総合考慮され、取引者、需要者等に誤認を生じさせるおそれがあるかどうかという観点で判断される。

　例えば、前掲京都地判平2・4・25〔本みりんタイプ事件〕は、「本件表示は、『本みりん』の部分が、『タイプ』と『調味料』の部分とは分離され、『本みりん』の部分がことさらに強調されているうえ、『本みりんタイプ調味料』をこのように分けて構成しなければならないデザイン上の特段の理由もないので、本件表示を案出し、使用した被告らには、消費者をして、本件商品を本みりんであると誤認させる意図があったものと推認される」と述べ、表示の内容を考慮して、誤認の有無を判断している。

　また、東京地判昭36・6・30下民集12巻6号1508頁〔ライナービヤー事件〕は、酒税法上発泡酒に該当する商品に付された「ライナービヤー」という表示について、「炭酸ガスを含有する清涼飲料をビールと称する例が外国」に存在するものの、このような用語例は日本においては通用していないとしたうえで、「我国においては、『ビール』と『ビヤー』とが同意義に使用されること前認定のとおりであるから、ビールと異質のものであることを示す為の表示としては不十分であるばかりでなく甚だしくまぎらわしいものといわなければならない。」と述べ、日本における実情を基準に誤認の有無を判断している。

(5)「商品」に誤認させるような表示をすること（③−1）

　20号における「商品」とは、動産のみならず、不動産や無体財産を含むと一般に解されている[13]。

　この点、東京高決平5・12・24判時1505号136頁〔モリサワタイプフェイス事件〕は、「無体物であっても、その経済的な価値が社会的に承認され、独

13　小野編著・新注解（上）692頁〔小松〕。

立して取引の対象とされている場合には」、「商品」に該当し得るとして、フロッピーディスクに記録された書体（タイプフェイス）も「商品」に該当すると述べている。

(6)「役務」に誤認させるような表示をすること（③－2）

「役務」とは、他人のために行う労務又は便益であって、独立して取引の目的たり得べきものをいう[14]。

(7)「その広告、その取引に用いる書類若しくは通信」に誤認させるような表示をすること（③－3）

商品や役務そのものではなく、商品や役務の「広告」、「取引に用いる書類」、又は「取引に用いる通信」に誤認させるような表示をした場合も 20 号に該当する。

そして、「広告」とは、公衆に対してなされる表示のうち営業目的をもってなされたものをいい、「取引に用いる書類」とは、注文書、見積書、送り状、計算書、領収証等を指し、「取引に用いる通信」とは、メール、FAX、インターネット注文、電話等の取引上現れる表示行為中、書類以外の通信形態の一切のものをいう[15]。

3　適用除外

法 2 条 1 項 20 号は、普通名称又は慣用表示を普通に用いられる方法で表示する場合には適用されない（法 19 条 1 項 1 号、本書第 1 章第 1 節を参照）。

4　効果

同項 20 号の誤認惹起行為は不正競争行為に該当することから、同行為によって営業上の利益を侵害され、又は侵害されるおそれがある者は、同行為の差

14　逐条解説 155 頁。
15　逐条解説 152 頁。

止め及び侵害行為組成物の廃棄等を求めることができる（法3条）。

　また、誤認惹起行為を行った者に故意・過失がある場合、同行為によって生じた損害賠償を請求することができる（法4条）。

　「不正の目的をもって」誤認惹起行為を行った者、及び、不正の目的はなくとも本号で挙げたような誤認させるような「虚偽の表示」をした者は、5年以下の懲役若しくは500万円以下の罰金に処せられる（法21条3項1号及び5号）。法人については、3億円以下の罰金刑が併科される（法22条1項3号）。

Ⅳ　実務上の留意点

1　請求主体について

　不正競争防止法2条1項20号に基づく差止請求が可能な者（請求主体）は、誤認惹起行為によって「営業上の利益を侵害され、又は侵害されるおそれがある者」である（法3条）（なお、20号に基づく損害賠償請求が可能な者は、誤認惹起行為によって、営業上の利益を侵害された者である（法4条））。

　この「営業上の利益を侵害され、又は侵害されるおそれがある者」とは、通常、競争関係にある事業者であると解されており[16]、一般消費者や消費者団体はこれに該当しない。

　したがって、誤認惹起行為がなされた場合、20号に基づく差止請求や損害賠償請求ができるのは、競争関係にある事業者のみであって、一般消費者や消費者団体が直接当該誤認惹起行為をした者に対して請求できるわけではないことには注意が必要である。

2　損害賠償額の立証について

　不正競争防止法2条1項20号の不正競争行為（誤認惹起行為）については、

16　逐条解説 158-159 頁。

他の不正競争行為の場合とは異なり、明文上、損害額の推定規定のうち法 5 条 1 項（被侵害者の単位数量当たりの利益額に侵害の行為を組成した物の譲渡数量を乗じた額、及び、使用許諾料相当額による推定）及び同条 3 項（使用許諾料相当額による推定）の適用は認められていないものの、同条 2 項（侵害者が得た利益による推定）の適用は排除されていない[17]。

　この点、20 号の誤認惹起行為の事案において、法 5 条 2 項の推定規定の適用を認めた裁判例がある（東京地判平 16・9・15 裁判所ウェブサイト（平 14（ワ）15939 号）〔自動車用コーティング事件〕、名古屋高金沢支判平 19・10・24 判時 1992 号 117 頁〔氷見うどん事件〕等）。

　したがって、侵害者による誤認惹起行為に基づく表示を信じた消費者が侵害者の商品を選択し、その結果、被侵害者の商品の購入が差し控えられ、被侵害者は本来であれば、侵害者が得た利益と同程度の利益を得られたはず、といった関係が認められる場合は、積極的に同条 2 項の適用を主張すべきであろう。

3　品質誤認の主張立証について

　訴訟において、品質誤認の惹起を根拠に 20 号を主張立証しようとする場合、対象となる商品の品質が、実際に商品に表示された品質と異なることを主張立証することになるが、具体的には、原告から当該商品について行った実験報告書が証拠として提出され、これに対し、被告からこれを争う内容の実験報告書が提出されるなど、実験合戦となることがある。被告において、原告が行った実験報告書に反論し、対象商品が表示された品質を備えていることを自ら提出する実験報告書で裏付けることができなければ、20 号の品質誤認惹起行為となるリスクは否定できないことから、商品の品質に関する表示を行う場合には、事前に実験等を行って裏付けをとっておくことが重要となるであろう。

〔佐竹勝一〕

17　立法過程では、誤認惹起行為や信用毀損行為を行った者の得た利益の額を被害者の損害の額とみなし得る場合が必ずしも多くないと考えられていることから、20 号や 21 号について法 5 条 2 項の推定規定の適用を認めることは適当ではないとされていたが、最終的には、法 5 条 2 項の適用対象からは排除されず、具体的な適用の可否については具体的事案における裁判所の判断に委ねることとされた（逐条解説 180-181 頁）。

第 2 節

他人の営業上の信用を害する行為

I　はじめに

　例えば、ある企業（C社）が、事実とは異なるにもかかわらず、競合企業（D社）の製品からは不良品が多数出ているといった虚偽の事実をD社の取引先に伝え、C社の製品を購入するように営業活動を行ったような場合、C社は不当にD社の営業上の信用を毀損し、競争を有利にすることができてしまう。このような行為が許されれば、公正な競争が阻害されてしまう。

　そこで、このように虚偽の事実を広めて、他人の営業上の信用を害する行為は、不正競争防止法により規制される。具体的には、競争関係にある他人の営業上の信用を害する虚偽の事実を告知し、又は流布する行為（信用毀損行為）は不正競争防止法2条1項21号の不正競争に該当し、信用毀損行為によって営業上の利益を侵害され、または侵害されるおそれがある者は、不正競争防止法3条及び4条に基づき、当該行為の差止め及び損害賠償を請求することができる。また、信用毀損行為は他人の「営業上の信用」を害することが要件となっていることから、法14条に基づき、謝罪広告等の信用回復措置を求めることも可能である。

　実務上は、権利侵害の警告が21号の信用毀損行為に該当するかどうかが争いになることが多い。これは、特許権等の知的財産権を保有する権利者が被疑侵害者の取引先に対し、被疑侵害者の製品等が自らの知的財産権を侵害する旨を警告するという形で顕在化するものであり、後日、被疑侵害者の製品が当該知的財産権を侵害しないことが判明した場合において、虚偽の事実を告知流布したといえるかどうかが問題となる。権利侵害警告における信用毀損行為については後述する。

　したがって、先ほどの例でいえば、C社が虚偽の事実を告知流布したことにより、D社の営業上の信用が害された場合、D社は、不正競争防止法に基づき、C社による虚偽事実の告知行為の差止めや損害賠償を請求し、また謝罪広告等の信用回復措置を求めることが可能である。

　なお、このような虚偽の事実を広めて、他人の営業上の信用を害する行為については、民法上の一般不法行為に基づく請求や名誉毀損（不法行為）に基づく請求も可能である。

　以下、初めに、民法上の請求について簡単に触れた後に、不正競争防止法2条1項21号について述べることとする。

Ⅱ　問題となり得る法令

　虚偽の事実を広めて、他人の営業上の信用を害する行為がなされ、これにより損害が生じた場合、当該営業上の信用を害され、損害を受けた者は、一般不法行為の規定である民法709条に基づき、行為者に対し、損害賠償を請求することができるが、709条では差止請求は認められない。

　また、営業上の信用毀損行為が同時に名誉毀損にも該当する場合、損害賠償に加え、民法723条に基づき、謝罪広告の掲載等の名誉を回復するのに適当な処分を行うことを請求することができるが、営業上の信用と名誉とは全く同一というわけではないから、営業上の信用を毀損する行為が、必ずしも人の社会的評価を毀損する名誉毀損やその他人格権の侵害に該当するとは限らない。

　そこで、虚偽の事実を広めて、他人の営業上の信用を害する行為がなされた場合、これにより営業上の利益について損害を受けた者は、損害賠償に加えて、差止請求も可能な不正競争防止法2条1項21号に基づく主張が可能かどうか検討することが重要となってくる。

Ⅲ　不正競争防止法に基づく請求

1　はじめに

> 二一　競争関係にある他人の営業上の信用を害する虚偽の事実を告知し、又は流
> 布する行為

　不正競争防止法 2 条 1 項 21 号（信用毀損行為）成立の要件としては、
① 「競争関係」にある他人の営業上の信用を害すること
② 「他人」の営業上の信用を害すること
③ 「営業上の信用を害する」こと
④ 「虚偽の事実」を告知し、又は流布すること
⑤ 虚偽の事実を「告知」し、又は「流布」すること
である。
　以下、21 号の不正競争行為の各要件及び効果について説明する。

2　各要件について

(1)「競争関係」にある他人の営業上の信用を害すること（①）

　「競争関係」が存在することが必要である。「競争関係」とは、必ずしも双方
が販売競争を行っているというような現実の商品販売上の具体的競争関係があ
ることは要せず、広く同種の商品を扱い、あるいは同種の役務を提供するとい
う業務関係であれば足りる[1]。
　東京地判平 18・8・8 裁判所ウェブサイト（平 17（ワ）3056 号）〔ハンガーク
リップ事件〕は、「『競争関係』とは、双方の営業につき、その需要者又は取引
者を共通にする可能性があることで足り」、具体的競争関係が必要である必要
はない旨述べている。

1　小野編著・新注解（上）745 頁〔木村修治〕。

　流通段階を異にするのみでは、「競争関係」がないということにはならない。すなわち、ある製品の製造業者が、同種の製品の販売業者の営業を誹謗する場合であっても、当該製造業者と販売業者は「競争関係」にあるということができる。

(2)「他人」の営業上の信用を害すること（②）

　「他人」は特定されていることが必要であるが、氏名や名称が明示されていなくとも、告知した相手において、誰を指しているのか分かる程度であれば十分であり、それで足りると解されている。

　この点、前掲東京地判平 18・8・8〔ハンガークリップ事件〕は、「当該信用毀損行為を組成する文書等を受け取った者に特定の者の商品等を想起させる内容が記載されていれば足り、当該文書等に『他人』の氏名又は名称が明示されている必要はない。けだし、当該文書等に『他人』の氏名等が明示されていなくとも、当該文書等を受け取った者に特定の者の商品、役務等について事実に反する受け止め方を生じさせるのであれば、『他人』の営業上の信用に対する毀損が生じるおそれがあるからである」旨述べている。

　例えば、業界に A 社と B 社しか該当製品を取り扱う者がいない中で、A 社が自社製品以外は模造品であると告知する行為は、B 社の名称を明示していなかったとしても、B 社の製品のことを指していることは自明であるから、「他人」として特定されていることとなる。

(3)「営業上の信用を害する」こと（③）

(a) 総論

　「営業上の信用」とは、人の経済的方面における価値、すなわち人の財産上の義務履行について受ける社会的信頼をいう[2]。

　また、「害する」とは文字どおり、他人の信用を損ねる行為をいい、他人に信用を失わせ、あるいは低下させるおそれのある行為であり、現実に信用が低下したことは必要ではない[3]。

2　小野編著・新注解（上）751 頁〔木村〕。
3　小野編著・新注解（上）751 頁〔木村〕。

名古屋地判平 15・10・23 裁判所ウェブサイト（平 16（ワ）855 号）〔パーソナルダイアリー事件〕は、「『営業上の信用を害する』とは、当事者が営業活動を行うについて有する経済上の外部的評価を低下させ、あるいは低下させるおそれを生じせしめることを指すところ、その者の有する商品供給能力や当該商品の持つ社会的信頼（他者の権利を侵害するものでないとの法的評価を含む。）などが営業上の信用に含まれることはいうまでもないし、現実に上記評価が低下したことの認定を要するものでもない。」旨述べている。

(b) 比較広告

自己と競争関係にある他人とを比較するいわゆる比較広告の場合、広告の内容に虚偽の事実が含まれ、それにより当該他人の営業上の信用を害するおそれがある場合、その虚偽の内容が、自己の製品等の優位性に言及する場合であれ、他人の製品等の劣位性に言及する場合であれ、比較の内容に虚偽が含まれているのであれば、21 号の信用毀損行為が成立し得る [4]。

例えば、東京地判平 20・12・26 判時 2032 号 11 頁〔黒烏龍茶事件〕は、被告が、自らのウーロン茶製品を原告のウーロン茶製品と比較する広告において、原告商品のウーロン茶製品に含まれる重合ポリフェノールの濃度が被告のウーロン茶製品に含まれるそれに比して相当薄いことを示す内容を表示して、当該比較広告をウェブサイトに掲載した行為について、単位量当たりのウーロン茶重合ポリフェノール含有量を比較した場合、原告商品の方が多く、原告商品の方が濃いことから、当該比較広告は、客観的真実に反する虚偽の事実を述べるものであり、原告の社会的評価を低下させるとして、原告の営業上の信用を害

4　比較広告については、「比較広告に関する景品表示法上の考え方」と題するガイドラインが公表されている。同ガイドラインでは、比較広告について、景品表示法 4 条の不当表示に該当するものではないのが原則ではあるものの、次の①〜③のような比較広告は、商品の特徴を適切に比較することを妨げ、一般消費者の適正な商品選択を阻害するとして、不当表示に該当するおそれがある旨述べている。

　① 実証されていない、又は実証され得ない事項を挙げて比較するもの
　② 一般消費者の商品選択にとって重要でない事項を重要であるかのように強調して比較するもの及び比較する商品を恣意的に選び出すなど不公正な基準によって比較するもの
　③ 一般消費者に対する具体的な情報提供ではなく、単に競争事業者又はその商品を中傷し又はひほうするもの

する虚偽の事実を告知、流布する行為に該当すると述べ、被告による信用毀損
行為の成立を認めた。

(4)「虚偽の事実」を告知し、又は流布すること（④）

(a) 総論

「虚偽の事実」とは、客観的真実に反する事実のことをいう[5]。「虚偽の事実」
は誹謗者の創作に係るものに限られない[6]。したがって、真実の事実の告知・
流布によって、第三者の営業上の信用を毀損したとしても、21 号の不正競争行
為は成立しない（ただし、一般不法行為の成立の可能性はある）。

例えば、特許権者が被疑侵害者に対し、特許権侵害訴訟を提起後、そのホー
ムページにおいて、特許権侵害訴訟を提起した旨を掲載する行為について考え
ると、特許権侵害訴訟を提起したことは客観的事実であり、提訴の事実のみを
掲載するにとどまっている限りは、「虚偽の事実」には該当せず、21 号の信用毀
損行為とはならない。しかしながら、提訴の事実を超えて、被疑侵害者が特許
権侵害を行ったことを断定するような表現を含むような内容のプレスリリース
を行った場合、後日、特許権侵害ではないことが確定すれば、当該プレスリリー
スの内容は「虚偽の事実」を含むこととなるので、表現には注意が必要である。

また、単なる主観的な見解・意見の表明や学術上の批判のような価値判断は
事実ではないことから、21 号の不正競争行為は成立しない。

東京地判平 27・9・25 裁判所ウェブサイト（平 27（ワ）31864 号）は、「『虚偽
の事実』とは客観的事実に反する事実をいうところ、そこにいう事実は証拠等
により虚偽か否かが判断可能な客観的事項をいい、事実ではない主観的な見解
ないし判断、証拠等による証明になじまない物事の価値、善悪、優劣について
の批評や論議ないし法的な見解の表明は、事実を摘示するものではなく、意見
ないし論評の表明の範ちゅうに属すると解すべきである」旨述べている。

「虚偽の事実」であるかどうかの判断基準について、東京高判平 14・6・26 判
時 1792 号 115 頁〔パチスロ機製造業者信用毀損行為事件：控訴審〕は、「『虚
偽』であるかどうかは、その受け手が、陳述ないし掲載された事実について真

5　逐条解説 161 頁。
6　小野編著・新注解（上）761 頁〔木村〕。

実と反するような誤解をするかどうかによって決すべきであり、具体的には、受け手がどのような者であって、どの程度の予備知識を有していたか、当該陳述ないし掲載がどのような状況で行われたか等の点を踏まえつつ、当該受け手の普通の注意と聞き方ないし読み方を基準として判断されるべきである。」として、受け手が真実と反するような誤解をするかどうかで判断されるべき旨述べている。

(b) 権利侵害の警告と信用毀損行為

　特許権者等の知的財産権者が、被疑侵害者の取引先に対し、被疑侵害者の製品等が自らの知的財産権を侵害している旨を警告した場合、実務上、21 号の信用毀損行為の成否がしばしば問題となる。

　なぜなら、警告後、訴訟や特許庁の審判において、権利範囲に含まれない、あるいは権利が無効となるなどの理由により、権利非侵害であることが確定した場合、権利侵害であるとの警告行為は「虚偽の事実」の告知流布行為に該当することとなるからである。

　もっとも、権利侵害の警告は、侵害の成否が不確定の段階においてなされることが多く、また、警告行為は知的財産権の権利行使の一環としてなされるものであるから、合理的な判断に基づき、真に侵害であると信じて行った警告行為を全て不正競争行為とすることは妥当ではないのではないか、といった点が問題となる。

　この問題については、権利侵害であると警告したにもかかわらず、結果的に権利非侵害であった場合、形式的には、虚偽の事実を告知流布していることになるから、21 号の信用毀損行為が成立し（この場合、差止めの対象となる）、権利者側の事情（侵害であると考えるに至った理由や、警告の目的などの個別的事情から、警告行為が相当であったか言えるかどうか）は、損害賠償請求がなされた場合における故意・過失の中で考慮されるべきであるという考え方と、権利者による警告行為に相当の理由があり、正当な権利行使の一環としてなされたものと認められる場合は、違法性を阻却するなどとして、21 号の信用毀損行為そのものが成立しないとする考え方がある。

　この点、初期の裁判例は前者の考え方を採用していたが、平成 13 年ころか

ら後者の考え方を採用する裁判例が複数見られるようになった。例えば、東京高判平 14・8・29 判時 1807 号 128 頁〔磁気信号記録用金属粉末事件：控訴審〕は、「競業者が特許権侵害を疑わせる製品を製造販売している場合において、特許権者が競業者の取引先に対して、競業者が製造し販売する当該製品が自己の特許権を侵害する旨を告知する行為は、後日、特許権の無効が審決等により確定し、あるいは、当該製品が侵害ではないことが判決により判断されたときには、競業者との関係で、その取引先に対する虚偽事実の告知に一応該当するものとなるものの、この場合においても、特許権者によるその告知行為が、その取引先自身に対する特許権等の正当な権利行使の一環としてなされたものであると認められる場合には、違法性が阻却されると解するのが相当である」と述べ、結論として、信用毀損行為の成立を否定している。

　また、同判決は、「競業者の取引先に対する警告が、特許権の権利行使の一環としてされたものか、それとも特許権者の権利行使の一環としての外形をとりながらも、社会通念上必要と認められる範囲を超えた内容、態様となっているかどうかについては、当該警告文書等の形式・文面のみならず、当該警告に至るまでの競業者との交渉の経緯、警告文書等の配布時期・期間、配布先の数・範囲、警告文書等の配布先である取引先の業種・事業内容、事業規模、競業者との関係・取引態様、当該侵害被疑製品への関与の態様、特許侵害争訟への対応能力、警告文書等の配布への当該取引先の対応、その後の特許権者及び当該取引先の行動等の、諸般の事情を総合して判断するのが相当である。」として、諸般の事情を総合考慮したうえで、正当な権利行使の一環としての行為か否かが判断されるべき旨を述べている。

　平成 13 年以降平成 18 年ころまでは、前掲東京高判平 14・8・29 と同様の考え方を示す裁判例が多く見られたが、その後は、再び、かつての考え方、すなわち、形式的には虚偽の事実の告知であるから、信用毀損行為は成立し、権利者側の事情は、損害賠償請求における故意・過失の判断要素として考慮されるべきという考え方を採用する裁判例が多く見られるようになっており（もっとも、いくつかの裁判例では、故意・過失の判断に際し、前掲東京高判平 14・8・29 で述べられているような事情を考慮するものも見られる）、裁判例の考え方は定まっていない状況にある。

裁判例の採用する考え方は分かれているものの、実務上は、前掲東京高判平14・8・29で述べられているような個別事情（警告文書等の形式・文面、警告に至るまでの競業者との交渉の経緯、警告文書等の配布時期・期間、配布先の数・範囲、警告文書等の配布先である取引先の業種・事業内容、事業規模、競業者との関係・取引態様、当該侵害被疑製品への関与の態様、特許侵害争訟への対応能力、警告文書等の配布への当該取引先の対応、その後の特許権者及び当該取引先の行動等）は重要な要素である。すなわち、これら個別事情を基に、正当な権利行使の一環であったといえるのかどうかが実質的に判断され、結論に影響を及ぼすことは否定できない（21号該当性のところで考慮されるのか、あるいは、損害賠償請求における過失の認定のところで考慮されるのか、という点が異なるにすぎない）。

　具体的には、例えば、①直接の侵害者に対して警告後に、その取引先に警告したのか、あるいは、直接の侵害者に警告することなく、いきなり取引先に警告したのか、②警告文書の内容として、訴訟を提起した事実のみを指摘するなど客観的な事実を述べたのか、あるいは、勝訴は明らかであるなど不確定な見込みを述べたのか、③取引先1社のみに警告したのか、あるいは複数社に対して警告したのか、といった、正当な権利行使の一環として警告がなされたかどうかの判断の際に考慮される個別事情は、21号の営業誹謗行為の成立（あるいは損害賠償における過失の有無）に影響することとなる。

　また、過失の有無の判断においてしばしば問題となるのが、特許権侵害の警告の場合における特許権の有効性の問題である。具体的には、警告段階において特許権の有効性を否定するような公知資料の存在を知らず、特許権者において当該特許権には無効理由は存在しないと考えていたにもかかわらず、後日、被疑侵害者側による調査の結果、公知資料が発見され、無効審判が請求され、特許庁において当該特許権が無効となったという場合に、特許権者に過失が認められるかどうかという問題である。特許権については、潜在的に有効性の問題が生じ得る可能性があることから、特許権者側において、事前に弁護士や弁理士といった専門家による有効性の検討を経ていた、あるいは、無効資料の調査を行っていた、ということもなく、漫然と侵害の警告を行っていたような場合については、少なくとも特許権者に過失が認められる可能性が高いであろうと考える。この点、知財高判平23・2・24判時2138号107頁〔雄ねじ部品特

許事件：控訴審〕は、「本件特許の無効理由については、本件告知行為の時点において明らかなものではなく、新規性欠如といった明確なものではなかったことに照らすと、前記認定の無効理由について1審被告が十分な検討をしなかったという注意義務違反を認めることはできない」として、過失を否定した事案である。同判決は、特許が進歩性欠如を理由として無効であると認定された事案に係るものであるが、無効理由の種類（新規性欠如か進歩性欠如か）によって、事前に無効となる可能性を認識できるかどうかの程度が異なることを前提として判断を行っているようであり、実務上参考になる。

　なお、初期の裁判例ではあるが、取引先に権利侵害警告を行った場合における注意義務について、名古屋地判昭59・8・31無体集16巻2号568頁〔マグネット式筆入れ事件〕は、「競争関係に立つ者が、営業者の営業上の信用を害する行為を陳述し、流布する行為は、競争関係に立つ者が虚偽の事実をあげて営業者にとり最も重要な営業上の信用を直接的に攻撃するものであつて、営業を誹謗された営業者にとつては、ときに致命的な打撃ともなることもあり得るのであるから、これは典型的な不正競争行為であって、典型的な違法行為である。したがつて、実用新案権の権利者が、当該実用新案権を侵害するものと思料する物品の製造者に対して警告をなす行為と、その製造者以外の取引先等の第三者に右物品が当該実用新案権を侵害する旨告知する行為とは、その行為の性質において大きく異なるというべきであって、その製造者以外の取引先等の第三者に対する場合には、その製造者に対して警告をなす場合に要求される注意義務に比して、当該物品が当該実用新案権を侵害するか否かの判断には、より一層の慎重さ、すなわち高度の注意義務が要求されることは明らかである。」として、高度の注意義務が求められる旨言及している。同判決は、権利者において、対象権利に無効理由があったことを知らなかったことについて過失はないものの、対象製品が構成要件の一部を充足しないことを知らなかったことについて、弁理士の事前の見解を得ていたとしても、過失なしとはいえないと判断しており、実務上参考となる。

(5) 虚偽の事実を「告知」し、又は「流布」すること（⑤）

　「告知」とは、自己の関知する事実を、特定の人に対して個別的に伝達する

行為をいい、「流布」とは、事実を不特定の人又は多数の人に対して知られるような態様において広める行為をいう[7]。

　例えば、特定の人に対して警告状を送付する行為は「告知」に該当し、新聞紙上に広告を掲載する行為は「流布」に該当する。

3　効果

　21号の信用毀損行為は不正競争行為に該当することから、同行為によって営業上の利益を侵害され、又は侵害されるおそれがある者は、同行為の差止め及び侵害行為組成物の廃棄等を求めることができる（法3条）。

　また、信用毀損行為を行った者に故意・過失がある場合、同行為によって生じた損害賠償を請求することができる（法4条）[8]。

　さらに、信用毀損行為は他人の「営業上の信用」を害することが要件となっていることから、信用毀損行為を行った者に故意・過失がある場合、損害賠償に代えて、または、損害賠償とともに、営業上の信用を回復するのに必要な措置（例えば、謝罪広告の掲載等）の信用回復措置を求めることも可能である（法14条）。

　なお、20号の誤認惹起行為とは異なり、刑事罰は定められていない。

IV　実務上の留意点

1　侵害訴訟における被告の対抗手段としての21号に基づく反訴

　実務上、21号の信用毀損に基づく差止め・損害賠償請求は、特許権等の侵害訴訟における被告の対抗手段として、反訴という形でしばしば顕在化する。

　例えば、特許権者である原告が被疑侵害者である被告の製品が原告の特許権

7　逐条解説162頁。

8　損害賠償額の立証については、本章第1節IVの「2　損害賠償額の立証について」で述べたところと同様に、法5条2項の適用は排除されていないことから同項の適用を主張することが可能である。

を侵害する旨を被告の取引先に告知・流布していたような場合、被告としては、特許権侵害訴訟において、被告の製品が原告の特許権を侵害するものではないことを主張立証するとともに、原告の特許権を侵害しないにもかかわらず被告の製品が原告の特許権を侵害するとの原告による告知・流布行為は虚偽の事実を告知・流布して被告の営業上の信用を毀損する 21 号の信用毀損行為であると主張し、原告に対し、原告による告知・流布行為の差止め、及びこれによって被った損害の賠償を求めて、反訴を提起するということがしばしば行われる。

　侵害訴訟において被疑侵害者側になった場合、特許権者による虚偽事実の告知流布がなされていないかどうかを調査し、対抗手段として 21 号に基づく反訴が可能かどうか検討することは、訴訟戦略上重要である。

　なお、特許権者による取引先への告知・流布行為によって取引先を失うなどの現実の損害が生じている場合、特許権者からの提訴を待たずに、被疑侵害者側から、特許権者に対し、特許権に基づく差止請求権等の不存在確認の訴えとともに、21 号の信用毀損に基づく差止め・損害賠償請求訴訟を提起するといったこともしばしば行われている。

2　告知・流布行為の立証について

　21 号の成立には、告知・流布行為について、具体的な事実を主張し、立証する必要がある。

　例えば、自己の取引先に対する特許権者による権利侵害の警告がなされたような場合（特定の人に対する伝達行為なので、「告知」行為に該当する）、特許権者からの警告文書を当該取引先から入手できるような場合は、具体的な事実の主張、立証は容易であるが、警告文書などの物証が入手できない場合（例えば、特許権者が取引先に対し口頭で権利侵害であるとの事実を伝えていたような場合）、その立証は容易ではない。

　このような場合、特許権者から取引先に対し権利侵害であるとの事実が伝えられていたことを、取引先の担当者からの陳述書等で立証することになるであろう。取引先からの協力が得られない場合（自社の従業員が取引先から話を聞いていたが、取引先から陳述書を出すことは拒まれたような場合）、自社の従業員に

よる陳述書によって立証するしかないが、伝聞証拠であり、証明力は弱いことから、可能な限り取引先からの協力を求めることが望ましいであろう。

3 信用毀損行為とならないように気を付けるべき点について

　競合する企業との間で特許権の紛争を抱えている場合、自社の従業員において、競合する他社の製品が自社の特許権を侵害する可能性が高い、といった内容を不用意に当該他社の取引先に伝えることがないよう気を付けるべきである。後日特許権非侵害が訴訟等で確定した場合、当該他社から、21号の信用毀損行為であるとして損害賠償請求を受けるリスクがある。特に、不正競争防止法について精通しているわけではない自社の従業員が、営業活動の中で、取引先に対して不用意に発言してしまう、という事態は十分あり得ることであり、注意が必要である。したがって、日頃から、法務部や知財部のみならず、営業部やその他の従業員に対する注意喚起を徹底しておく必要がある。

　また、侵害訴訟を提起した後に出すプレスリリースの表現にも注意が必要である。例えば、訴訟提起をしたこと、という事実のみをプレスリリースすることは、客観的真実を摘示しているにすぎないことから、21号の信用毀損行為に該当する可能性は低いが、確定判断が出ていないにもかかわらず被告の製品について特許権侵害であることがあたかも真実であるかのような内容の表現をプレスリリースに記載する場合（仮に地裁で特許権侵害の判決が出たとしても、高裁や最高裁で結論が変わる可能性があることから、断定的な記載は避けるべきである）、21号の信用毀損行為に該当するリスクは否定できない（不特定多数が閲覧可能な自社のウェブサイト等でプレスリリースを公表する場合（この場合、「流布」に該当する）、虚偽事実であった場合に被疑侵害者が受ける影響は取引先への警告状の送付の場合よりも大きくなる可能性が高いので、より慎重な検討が必要である）。プレスリリースにおいては、事実のみを淡々と述べるだけに止めることが、信用毀損行為とならないためには極めて重要である。いずれにしても、プレスリリースを出す前には、弁護士等の専門家に相談することが望ましいと考える。

〔佐竹勝一〕

第 3 章

情報財に関する諸問題

　第1章の冒頭で紹介したとおり、制定当初の不正競争防止法により規制された行為は、①周知商品表示の混同惹起行為、②虚偽原産地の誤認惹起行為、③信用毀損行為、の3種類であり、営業秘密侵害行為は含まれていなかった。

　しかし、その後のいわゆる情報化社会の発展に伴い、経済活動において営業上または技術上のノウハウなど、知的財産権として登録されていない情報そのものの重要性が増していくにつれ、その保護の必要性が高まり、平成2年に、営業秘密侵害行為が不正競争行為として不正競争防止法で規制されるに至った。その後も、営業秘密の漏洩事例は後を絶たないため、営業秘密をめぐる規制は、より規制を厳しくする方向で、毎年のように行われている。

　さらに技術革新と情報化社会が進んだ結果、いわゆるビッグデータが、情報財としての重要性を有するようになり、平成30年に、不正競争防止法によってその保護をはかる法改正が行われた。

　なお、「情報財」としては、営業秘密等のほかに映画や音楽等のいわゆるコンテンツの保護も非常に重要であり、これを守るための技術的制限手段を無効化する行為も、公正な競争秩序を害する行為として規制する必要があることから、平成11年に規制が導入された。

　本章は、「情報財に関する諸問題」として、上記のような「情報財」をめぐる不正行為がどのように規制されているのか、まず営業秘密について、何が保護され、何が侵害行為として規制されているのかを紹介し、漏洩を防止するための実務上の留意点についても紹介した上で、限定提供データの保護についても、「限定提供データ」とは何か、営業秘密の規制とはどこが違うのか等を含めて紹介し、最後に、技術的制限手段に対する不正行為の規制について紹介することとする。

第1節

営業秘密

I はじめに

　近年、人材の流動化が進み、重要な技術情報や取引先との情報等にアクセス可能な管理職クラス人材の競合他社への転職事例も以前より珍しいものではなくなってきた。かかる状況下において、自社の営業秘密の競合他社への流出事例は増加してきている[1]。

　それでは、実際に転職者等が自社の営業秘密を流出させた場合、かかる流出行為に対していかなる対応が取れるのであろうか。以下、問題となり得る法令を概観した上で、不正競争防止法における営業秘密に関する取り扱いについて紹介する。

II 問題となり得る法令

1 民法（債務不履行）

　営業秘密を漏洩させた者が自社の役員又は従業員であった場合、競合他社のために営業秘密を漏洩したり利用したりする行為は、①入社・退職時に交わした誓約書に基づく守秘義務、②（従業員であれば）就業規則等や雇用契約に基

　1　例えば、刑事事件になったものに限定しても、2022年に全国の警察が摘発した企業情報の持ち出しなどの営業秘密侵害事件は、前年に比べ6件増の29件で、統計を取り始めた13年以降で最多だったとのことである（https://www.nikkei.com/article/DGXZQOUF231RW0T20C23A3000000/）。刑事的救済の詳細は本書第5章を参照されたい。

づく守秘義務、③（役員であれば）忠実義務（会社法 355 条）及びそれに基づく競業避止義務（会社法 356 条 1 項 1 号）等の義務に違反するものといえ、民法上の債務不履行責任として、金銭賠償を求めることができるものと考えられる（民法 415 条 1 項）。また、契約上、義務違反時に違反行為の差止請求を認める旨の合意が認められれば、違反行為の差止めもなし得る。

　ただし、以上の救済は、基本的には自社と契約を締結した者に対してのみ認められ、これまで契約関係等がなかった第三者に自社の営業秘密を不正利用されてしまった場合には、これらの請求をすることができないという難点がある。

2　民法（不法行為）

　上記 1 の債務不履行構成とは異なり、不法行為構成によれば、契約関係のない第三者に対しても一定の請求をすることができる。そのため、自社のキーパーソンからの営業秘密の流出を目的とした競合他社による引き抜き行為を不法行為として、競合他社に対して不法行為に基づく請求をなしうるかが問題となる。しかし、ここには 2 つの問題がある。

　まず、差止請求が認められないということである。すなわち人格権侵害といった特別な権利の侵害が認められる場合以外には、単に不法行為が成立したといえるだけの場合には（その他の法律上の定めがない限り）差止請求は認められず、営業秘密の流出や利用行為そのものを止めることはできない。

　また、不法行為そのものの成立が容易には認められないということである。例えば、最判平 22・3・25 判時 2084 号 11 項〔三佳テック事件〕は、競業避止義務を追わずに退職した従業員 2 名が別会社を設立し、元の雇用主の取引先から受注を受けた事件で、「社会通念上自由競争の範囲を逸脱した違法なものということはでき」ないとして、不法行為の成立を否定している。

　そのため、これら民法上の救済では不十分であるとして、営業秘密の十分な保護を図るべく、不正競争防止法は営業秘密について、以下の定めを設けている。

Ⅲ 不正競争防止法に基づく請求

1 営業秘密とは

不正競争防止法2条6項は、「営業秘密」を以下のように定義しており、不正競争防止法に基づく保護を受けるためにはこの3要件全てを満たすことが必要となる。

①秘密として管理されている［秘密管理性］
②生産方法、販売方法その他の事業活動に有用な技術上又は営業上の情報［有用性］であって、
③公然と知られていないもの［非公知性］

以下、①〜③の各要件について検討する。

(1) 秘密管理性

営業秘密は、「秘密として管理されている」ものでなければならない。営業秘密の該当性が争点となる場合、この秘密管理性の要件が問題となる場合が多く、3つの要件の中でも最も重要な要件である。

秘密管理性要件が課された趣旨は、企業が秘密として管理しようとする対象（情報の範囲）が従業員等に対して明確化されることによって、従業員等の予見可能性、ひいては、経済活動の安定性を確保する点にあるとされる[2]。そのため、当該情報の保有者に秘密に管理する意思（秘密管理意思）があるのみでは足りず、当該情報にアクセスした者に当該情報が営業秘密であることを認識できるようにしていること（認識可能性）[3]が必要である[4]。

---

2 経済産業省「営業秘密管理指針（平成31年1月改訂版）」4頁。
3 情報の性質や内容によっては、営業秘密であると容易に認識できるものもある。例えば、男性用かつらの顧客名簿（大阪地判平8・4・16判タ920号232頁）やソフトウェアのソースコード（大阪地判平28・11・22裁判所ウェブサイト（平25（ワ）11642号））等。
4 東京地判平12・9・28判タ1079号289頁。

以下、具体的な管理方法等について検討する。

(a) 管理の程度

要求される情報管理の程度や態様は、秘密とされる情報の性質[5]、保有形態、企業の規模等に応じて決せられるとされている[6]。例えば、社員 10 数名程度の規模の小さい企業であれば、社内の従業員に対し、情報の持出しや業務外での利用等を禁止するだけで十分と判断された例もある[7]。

また、当該情報を利用しようとする者が、情報を保有する企業の従業者であるか外部者であるかによっても要求される管理の程度が異なるとした裁判例もある[8]。

(b) 管理方法

秘密管理措置は、（ⅰ）営業秘密の一般情報（営業秘密ではない情報）からの合理的区分と（ⅱ）当該対象情報について営業秘密であることを明らかにする措置とで構成される[9]。

（ⅰ）合理的区分とは、営業秘密が、情報の性質、選択された媒体、機密性の高低、情報量等に応じて、一般情報と合理的に区分されることをいう。

また、（ⅱ）当該対象情報について営業秘密であることを明らかにする措置としては、主として、媒体の選択や当該媒体への表示、当該媒体に接触する者の限定、営業秘密たる情報の種類・類型のリスト化、秘密保持契約（あるいは誓約書）などにおいて守秘義務を明らかにすること等が想定される[10]。

5　PC 樹脂の製造技術に関する情報は世界的に希有な情報であって、製造に関係する従業員は当該製造技術が秘密であると認識していたといえるとして秘密管理性を肯定した裁判例として、知財高判平 23・9・27 裁判所ウェブサイト（平 22（ネ）10039 号・平 22（ネ）10056 号）。

6　大阪地判平 15・2・27 裁判所ウェブサイト（平 13（ワ）10308 号・平 14（ワ）2833 号）〔セラミックコンデンサー事件〕。

7　前掲大阪地判平 15・2・27〔セラミックコンデンサー事件〕、東京地判平 29・2・9 裁判所ウェブサイト（平 26（ワ）1397 号・平 27（ワ）34879 号）等。

8　福岡地判平 14・12・24 判タ 1156 号 225 頁〔半導体全自動封止機械装置設計図事件〕は、社内関係者に対する営業秘密の管理として十分であれば、営業秘密の管理として欠けるところはない、と判示した。

9　経済産業省「営業秘密管理指針」7 頁。

(2) 有用性

　「営業秘密」として保護されるためには、「事業活動に有用な技術上又は営業上の情報」といえる必要がある[11][12]。事業活動に有用ではない情報については、その利用を不正競争行為として規制すべき必要性はないからである。なお、有用性の要件は、公序良俗に反する内容の情報（脱税や有害物質の垂れ流し等の反社会的な情報）[13]など、秘密として法律上保護されることに正当な利益が乏しい情報を営業秘密の範囲から除外した上で、広い意味で商業的価値が認められる情報を保護することに主眼があるため[14]、有用性要件の充足の有無が独立して争われるケースは多くはない。

(3) 非公知性

　営業秘密として保護を受けるためには、「公然と知られていない」こと（非公知であること）が必要となる。

　非公知とは、当該秘密情報が一般的に知られた状態になっていない状態、又は容易に知ることができない状態を指し、具体的には、当該情報が合理的な努力の範囲内で入手可能な刊行物に記載されていない、公開情報や一般に入手可能な商品等から容易に推測・分析されない等、保有者の管理下以外では一般的に入手できない状態を指す[15]。言いかえれば、非公知とは、当該情報が現実に保有者以外の者に知られていることまで必要とされるものではなく、入手可能な状態となっていることを意味する[16]。以下、非公知といえるかという点に関

10　具体的な措置について、経済産業省「営業秘密管理指針」10-13 頁においては、媒体等に応じた注意点が挙げられているので、一定程度参考になろう。

11　東京地判平 11・7・19 裁判所ウェブサイト（平 9（ワ）2182 号）〔油炸スイートポテト原価事件〕は、有用性の有無については、社会通念に照らして判断すべきであると判示する。

12　なお、当該情報が現に事業活動に使用・利用されていることを要するものではないと解されている（経済産業省「営業秘密管理指針」16 頁）。

13　東京地判平 14・2・14 裁判所ウェブサイト（平 12（ワ）9499 号）〔公共土木工事単価表事件〕は、業者が不正に入手した地方公共団体作成の土木工事設定単価等の情報のうち非公開とされているものについて、有用性を否定し営業秘密に該当しないと判断した。

14　経済産業省「営業秘密管理指針」16 頁。

15　経済産業省「営業秘密管理指針」17 頁。

16　ただし、特許法上の公知とは異なり、特定の者が事実上秘密を維持していれば、営業秘密における非公知と考えることができる場合がある、とされる（逐条解説 50 頁）。

連して問題となる点をいくつか検討する。

(a) 守秘義務

　秘密情報の保有者以外の多数の者が問題となる情報を知った場合であっても、当該情報を知っている者に守秘義務が課されていれば、当該情報の保有者の管理下にあるといえることから、非公知性は保たれる。他方、少数であっても守秘義務を課されていない場合には、保有者の管理下にあるとはいえず、非公知性は失われる。ただし、守秘義務を負った被開示者が当該義務に違反して、守秘義務を負わない第三者に開示するリスクがあるため、被開示者に守秘義務を課す場合であっても、多数の者に開示しないようにすることが望ましい。

　また、守秘義務を課して非公知性を維持したとしても、秘密管理性がなお必要となることに注意を要する。例えば、守秘義務を一般的に課していても、その対象が不明確であれば秘密管理性がないとして、営業秘密性が否定されることになる[17]。

(b) リバース・エンジニアリング

　市場で流通している製品に秘密情報が含まれている場合、当該製品を分析すること（リバース・エンジニアリング）により、当該秘密情報を第三者が認識することができる場合がある。

　この問題について、立法者は、誰でもごく簡単に製品を解析することによって秘密情報を取得できるような場合には、当該製品を市販したことによって、秘密情報自体を公開したに等しいため、非公知性を失うが、他方、リバース・エンジニアリングにより認識し得るとしても、特殊技術をもって分析することが必要な場合や、相当な期間が必要で、誰でも容易に当該情報を知ることができない場合には、製品の販売をもって非公知性は失われないとする[18][19]。

17　知財高判平 28・3・8 裁判所ウェブサイト（平 27（ネ）10118 号）。
18　通商産業省知的財産政策室『営業秘密 − 逐条解説不正競争防止法』（1990 年、有斐閣）156 頁。
19　リバース・エンジニアリングによる非公知性の有無が問題となった裁判例として、東京高判平 15・10・21 判例不競法 1250 ノ 186 ノ 190 頁〔航空無線機事件〕（非公知性なし）や前掲大阪地判平 15・2・27〔セラミックコンデンサー事件〕（非公知性あり）等参照。

2 営業秘密に関する不正競争行為

(1) 概説

　不正競争防止法は、営業秘密に係る不正競争行為を7つに分けて規定しているところ（法2条1項4号〜10号）、この7つの不正競争行為は、大きく3つの類型に分けることができる[20]。

【第1類型】営業秘密保有者から営業秘密が不正取得され、その営業秘密がその後転々流通する過程で行われる行為（同項4号〜6号）
【第2類型】営業秘密保有者から正当に示された営業秘密が不正に使用・開示され、その営業秘密がその後転々流通する過程で行われる行為（同項7号〜9号）
【第3類型】第1類型及び第2類型の不正使用行為により生じた物が転々流通する過程で行われる行為（同項10号）

　以下の各号に定める不正競争行為で問題となる、「取得」、「使用」及び「開示」行為についてもここで若干検討する。
　「取得」とは、営業秘密を自己の管理下に置く行為をいい、記録媒体を介して手に入れる行為だけでなく、記憶して頭の中に入れる場合も含まれる[21]。
　「使用」とは、営業秘密の本来の目的に沿って行われ、当該営業秘密に基づいて行われる行為として具体的に特定できる行為を意味するものとされる[22]。研究開発・営業活動等の行為自体は、通常、様々な情報に基づいて行われていることから、当該行為を営業秘密の使用行為にあたるとしてその差止請求を行うには、営業秘密の取得によって当該行為が行われたと評価し得る因果関係が必要と解されている[23]。

20　茶園編74頁。
21　逐条解説99頁。
22　逐条解説100頁。
23　前掲大阪地判平8・4・16〔男性用かつら顧客名簿事件〕。

　「開示」とは、立法担当者によれば、①営業秘密を公然と知られたものとすることを意味し、②営業秘密を非公知性を失わない状態で特定の者に通知すること[24]を含む[25]。なお、第三者が知ることを妨げないという秘密管理の不作為形式によっても「開示」はなされ得るのであり、また、秘密の不正開示を受けた者が当該秘密を既に知っていたとしても「開示」がなされたと解される[26]。

(2) 営業秘密の不正取得、不正取得した営業秘密の使用・開示（法 2 条 1 項 4 号）

> 第二条　この法律において「不正競争」とは、次に掲げるものをいう。
> （中略）
> 　　四　窃取、詐欺、強迫その他の不正の手段により営業秘密を取得する行為（以下「営業秘密不正取得行為」という。）又は営業秘密不正取得行為により取得した営業秘密を使用し、若しくは開示する行為（秘密を保持しつつ特定の者に示すことを含む。次号から第九号まで、第十九条第一項第七号、第二十一条及び附則第四条第一号において同じ。）

　4 号に掲げる「窃取、詐欺、強迫」は、営業秘密の不正取得行為の典型的手段の例示であって、不正取得は「その他の不正な手段」によることで 4 号違反は成立する。4 号においては、刑罰法規違反に該当する行為やそれと同等の違法性を有する公序良俗違反の行為をその対象と考えるのが妥当だと考えられており[27]、取得したものが営業秘密であるということの認識等の有無にかかわらず、不正競争行為に該当するとされている。
　本号の該当性が問題となる事案は、そのほとんどが元従業員や元役員が退職までに無断で営業秘密の複製を作成する事案である[28]。この他、いわゆる営業

24　不正競争防止法 2 条 1 項 4 号における「秘密を保持しつつ特定の者に示すことを含む。次号から第九号まで、第十九条第一項第七号、第二十一条及び附則第四条第一号において同じ。」は、この②に対応したものである。
25　逐条解説 100 頁。
26　小野編著・新注解（上）535 頁〔小野昌延＝苗村博子〕。
27　逐条解説 99 頁。
28　例えば、前掲大阪地判平 8・4・16〔男性用かつら顧客名簿事件〕参照。

秘密の獲得を目的とした引き抜き等もその他の不正手段に入ると解されているものの、実際の紛争において誘因行為を立証することは難しく、かような行為についてはむしろ5号の不正取得者からの悪意重過失による取得の不正競争行為として主張されている[29]。

なお、リバース・エンジニアリング及びそれにより得られた情報の使用又は開示は、法律上有効な契約で禁止されない限り、本号に定める不正競争行為に当たらないと解されている[30]。

営業秘密の不正取得行為の立証について、通常、不正取得行為は内密に行われるため、不正取得行為そのものを直接立証することが困難な場合も少なくない。そのため、直接立証することが困難な場合には、取得後の使用や開示行為等の様々な間接事実を積み上げ、不正取得行為を立証していくこととなる[31]。

(3) 不正取得された営業秘密の悪意・重過失での取得・使用・開示（法2条1項5号）

> 第二条　この法律において「不正競争」とは、次に掲げるものをいう。
> （中略）
> 　五　その営業秘密について営業秘密不正取得行為が介在したことを知って、若しくは重大な過失により知らないで営業秘密を取得し、又はその取得した営業秘密を使用し、若しくは開示する行為

5号は、4号に定める不正取得行為により直接的に営業秘密を取得した者から、その不正取得行為が介在していることにつき悪意又は重過失の者が、当該営業秘密を取得、使用又は開示する行為を不正競争行為として定める。本号は、営業秘密を不正取得した者の共犯者や直接取得者が営業秘密を直接取得した後に設立する競合会社による使用行為等について適用されている[32]。

29　小野編著・新注解（上）532頁〔小野＝苗村〕。

30　逐条解説 99 頁。なお、半導体集積回路の回路配置に関する法律 12 条 2 項は、リバース・エンジニアリングのために登録回路配置を用いて半導体集積回路を製造する行為には、回路配置利用権の効力が及ばないと規定している。

31　例えば、前掲大阪地判平 15・2・27〔セラミックコンデンサー事件〕参照。

　また、5 号は、4 号と異なり主観的要件（営業秘密不正取得行為が介在したことについての悪意又は重過失）が課されているが、これは、営業秘密は秘密管理されていて、特許等のように公示性がないため、主観的要件を問わずに不正競争行為に該当するとすると、取引の安全を害してしまうことに起因する。なお、営業秘密を不正取得した者が、競合会社を設立し、当該会社で当該営業秘密を用いる場合には、当該会社について悪意を認めることは比較的容易ではあるが、そうでない場合には悪意又は重過失の有無が争われる場合もある[33]。ただし、通常社外に流出するはずがない情報については、所持している者が入手した経緯についてしかるべき調査をすることなく購入等により入手した場合には、少なくとも重過失での取得に該当すると考えるべきであろう。

(4) 不正取得された営業秘密の取得後における悪意・重過失での使用・開示（法 2 条 1 項 6 号）

> 第二条　この法律において「不正競争」とは、次に掲げるものをいう。
> （中略）
> 　六　その取得した後にその営業秘密について営業秘密不正取得行為が介在したことを知って、又は重大な過失により知らないでその取得した営業秘密を使用し、又は開示する行為

　6 号は、5 号と同様に、4 号の不正な行為によって直接的に営業秘密を取得した者から営業秘密を転得した者についての規定であるが、5 号とは異なり、転得後に悪意・重過失となった者についての規定である。
　営業秘密の保有者としては、営業秘密が転得者の手に渡ってしまった場合には、当該転得者のそれ以降の使用・開示行為を 6 号に基づき防止するべく、警告状の送付等により、転得者を営業秘密不正取得行為が介在したことについて悪意・重過失にすることが考えられる。なお、6 号該当性が問題となる場合には、併せて、後述する不正競争防止法 19 条 1 項 7 号による適用除外の要件を

32　例えば、東京地判平 12・11・13 判時 1736 号 118 頁〔墓石販売業顧客名簿事件〕、東京地判平 12・10・31 判時 1768 号 107 頁〔放射線測定機械器具顧客名簿事件〕等。
33　例えば、東京地判平 11・7・23 判時 1694 号 138 頁〔美術工芸品顧客名簿事件〕参照。

満たすかも検討することが重要であろう。

(5) 営業秘密保有者から示された営業秘密の図利加害目的での使用・開示（法 2条1項7号）

第二条　この法律において「不正競争」とは、次に掲げるものをいう。
（中略）
　七　営業秘密を保有する事業者（以下「営業秘密保有者」という。）からその
　　営業秘密を示された場合において、不正の利益を得る目的で、又はその営業
　　秘密保有者に損害を加える目的で、その営業秘密を使用し、又は開示する行
　　為

　7号は、営業秘密保有者から正当に示された営業秘密を図利加害目的で使用・開示する行為を差止めの対象としている。

　本号の該当性が認められる典型的な例は、守秘義務を負って業務に必要な営業秘密たる顧客名簿を使用している従業員が、競業者にその顧客名簿を開示し、競業者が顧客名簿を使用して営業活動を行った場合の従業員の行為や、発注者が、守秘義務を課して請負者にある機械の作り方についての営業秘密を開示したところ、請負者が守秘義務に違反して他社にその機械の作り方を開示し、あるいは、請負者がその営業秘密を使用してその機械の製造を始めた場合の請負者の行為である[34]。なお、営業秘密保有者から営業秘密を示された際に、秘密保持義務・競業避止義務等の義務が、雇用契約、下請契約、ライセンス契約等の契約において有効に課されていれば、その義務に違反して営業秘密が使用・開示された場合には、7号の要件となっている図利加害目的の有無にかかわらず、営業秘密保有者は契約上の債務不履行を理由に、使用・開示をしないことを求める強制履行を請求することが可能であり（民法414条）、損害賠償を求めることもできる（民法415条）。7号は、秘密保持義務等を明示的に約定した契約が締結されていない場合において、図利加害目的による営業秘密の使用・開示行為の差止めを認める点に意義があるといえる[35]。

34　小野編著・新注解（上）542-543頁〔小野昌延＝平野惠稔〕。
35　茶園編79頁。

以下、本号の該当性が問題となる要件をいくつか検討する。

（a）営業秘密保有者から営業秘密を「示された」

「示された」と定められているが、その文言の字義どおり「保有者から示された」営業秘密でなくとも、例えば、会社の従業者が業務の過程で会社の営業秘密を自ら入手した場合や、コンピュータで管理されておりパスワードによってアクセス制限がなされている営業秘密についてパスワードを付与されている場合等、秘密領域内の従業者として秘密にアクセスできる者が[36]秘密を取得した場合には、「保有者から示された」に該当すると解されている[37]。

「示された」と関連して、従業者が使用・開示する情報が、在職中に自らが取得・開発した営業秘密である場合に、7 号にいう営業秘密保有者から「示された」営業秘密に該当するか否かが争われる場合がある。この問題については、当該営業秘密が誰に原始的に帰属するか、という点と関連して議論されることが多い（従業員に原始的に帰属した情報であれば会社から「示された」とはいえないのではないか、という議論）。

まず、知財高判平 24・7・4 裁判所ウェブサイト（平 23（ネ）10084 号・平 24（ネ）10025 号）〔投資用マンション営業秘密事件〕は、マンションの販売会社（X1）の従業者であり、同社の完全子会社であるマンションの管理会社（X2）の代理人又は使者でもあった被告らが、X1 を退職した直後に X2 と競争関係にある会社を設立し、携帯電話や記憶に残っていた X らの顧客情報を使用して営業活動を行ったという事案において、従業者が業務上取得した情報は当然に勤務先に帰属するとした上で、X1 が従業者に秘密保持義務を課していることなど会社の情報管理体制を検討して、当該顧客情報が X らの営業秘密に該当するとともに、被告らがこれを取得したのは X2 から「示された」ことによると認定している。

---

[36] 他方、一定の役職以上の者にしかアクセスが許されていない秘密について、アクセス権限を有しない従業員がアクセスして秘密を取得した場合には、秘密領域外の者が営業秘密の属する秘密領域を侵すものと評価でき、「示された」ものとはいえず、当該営業秘密の取得行為自体が不正取得にあたるか否かが問われるものと解される（小野編著・新注解（上）546 頁〔小野＝平野〕）。

[37] 清水慶三郎「改正不正競争防止法における不正行為の態様」NBL 475 号（1991 年）9 頁。

他方、東京地判平19・6・29裁判所ウェブサイト（平18（ワ）14527号の2・平18（ワ）15947号）〔ダイニングサービスマニュアル事件〕は、原告が被告との間で、被告の本店内でダイニングサービスを行うことを内容とする業務委託契約を締結し、被告の従業員の監督の下でダイニングサービスを行っていたが、その際、同サービスの業務内容を具体的に記載したマニュアルを使用していたところ、原告のダイニングサービス業務の監督を行っていた従業員が退社したことに伴い、被告が別の従業員に原告の業務の監督を委託し、本件マニュアルを開示し、当該従業員がこれを使用していたことに対し、原告が本件マニュアルは原告が作成した原告の営業秘密であると主張し、被告が原告に損害を加える目的で不正開示したと主張した事案において、本件マニュアルは、原告と被告の合意の下に作成されたもので、本件マニュアルという情報が成立した時に、本件マニュアルの情報をお互いに原始的に保有することになったものであって、被告は、原告から原告が保有していた本件マニュアルの情報を「示された」ものではないと判断した[38]。

(b)「不正の利益を図る目的」・「その営業秘密保有者に損害を加える目的」（図利加害目的）

　「不正の利益を得る目的」とは、広く公序良俗又は信義則に反する形で不当な利益を図る目的のことをいうものであり、自ら利益を得ることはもちろん、第三者に不正な利益を得させることも含む[39]。

　また、「その営業秘密保有者に損害を加える目的」[40]とは、営業秘密の保有者に対し、財産上の損害信用の失墜その他の有形無形の不当な損害を加える目的のことをいうが、損害が現実に生じることは必要ではない[41]。

38　同じく「示された」ものではないと判断した裁判例として、東京高判平16・9・29判例不競法1250ノ204ノ72頁〔原価セール事件：控訴審〕も参照。

39　逐条解説104頁。

40　図利加害目的がいかに認定されているかという点について、例えば、東京地判平16・5・14判例不競法1250ノ240ノ31頁〔作務衣販売顧客情報事件〕や前掲知高判平24・7・4〔投資用マンション営業秘密事件〕参照。

41　逐条解説104-105頁。

（6）不正開示された営業秘密の悪意・重過失での取得・使用・開示（法 2 条 1 項 8 号）

第二条　この法律において「不正競争」とは、次に掲げるものをいう。

（中略）

　八　その営業秘密について営業秘密不正開示行為（前号に規定する場合におい

　　　て同号に規定する目的でその営業秘密を開示する行為又は秘密を守る法律上

　　　の義務に違反してその営業秘密を開示する行為をいう。以下同じ。）である

　　　こと若しくはその営業秘密について営業秘密不正開示行為が介在したことを

　　　知って、若しくは重大な過失により知らないで営業秘密を取得し、又はその

　　　取得した営業秘密を使用し、若しくは開示する行為

　8 号は、7 号の図利加害目的によって、又は法律上の守秘義務違反によって開示された営業秘密を、悪意・重過失により取得する行為、及びこのようにして取得した営業秘密を使用・開示する行為を不正競争行為とする。

　8 号の該当例としては、会社の役員が在職中に同業会社を設立し、秘密の顧客を知っている従業員が退職したことから自らが設立した同業他社で雇用し、その秘密情報を使用又は開示した事例、ロボット製造会社が、競業者の従業員が知っている会社のノウハウを聞き出す場合、職務発明をした従業者が、まだ発明が公開されていない時期に競業者にその発明を開示した場合の競業者が当該秘密を実施する行為等が挙げられる[42][43]。

　8 号不正開示行為の第 1 の類型（括弧書前半）における悪意又は重過失の対象は、5 号と異なり、営業秘密不正開示行為が「介在した」という事実だけでなく、営業秘密不正開示行為「であること」という評価も含んでいる。

　他方、不正開示行為の第 2 の類型（括弧書後半）では、第 1 の類型とは異なり、「秘密を守る法律上の義務に違反してその営業秘密を開示する行為」であ

---

[42]　小野編著・新注解（上）588 頁〔小野＝平野〕。

[43]　8 号該当性が問題となった裁判例として、例えば、知財高判平 23・9・27 裁判所ウェブサイト（平 22（ネ）10039 号・平 22（ネ）10056 号）〔ポリカーボネート樹脂製造プラント事件〕がある。8 号の不正競争行為を行ったと認定し、不正競争行為の差止め及び 2 億 9000 万円（及び弁護士費用として 2900 万円）の損害賠償請求を認めている。

ることを認識していればよいとされる。なお、「秘密を守る法律上の義務」に
は、例えば、弁護士・公認会計士・税理士等の専門職について、法律上明文で
規定されている守秘義務のほか、契約上の守秘義務も含むものと解されている。

(7) 不正開示された営業秘密の取得後における悪意・重過失での使用・開示（法2条1項9号）

> 第二条　この法律において「不正競争」とは、次に掲げるものをいう。
> （中略）
> 　九　その取得した後にその営業秘密について営業秘密不正開示行為があったこ
> 　　と若しくはその営業秘密について営業秘密不正開示行為が介在したことを知
> 　　って、又は重大な過失により知らないでその取得した営業秘密を使用し、又
> 　　は開示する行為

　9号は、不正開示された営業秘密を善意無重過失によって取得した後、悪
意・重過失に転じて、その取得した営業秘密を使用・開示する行為を不正競争
行為としている。

　営業秘密の保有者としては、営業秘密の不正開示について善意無重過失によ
りその営業秘密を取得する者を悪意・重過失に転じさせるべく、警告状の送付
等を行うことが考えられる。

　なお、9号についても、6号の場合と同様、後述する適用除外が認められうる。

(8) 営業秘密の不正使用行為により生じた物を譲渡等する行為（法2条1項10号）

> 第二条　この法律において「不正競争」とは、次に掲げるものをいう。
> （中略）
> 　十　第四号から前号までに掲げる行為（技術上の秘密（営業秘密のうち、技術
> 　　上の情報であるものをいう。以下同じ。）を使用する行為に限る。以下この
> 　　号において「不正使用行為」という。）により生じた物を譲渡し、引き渡し、
> 　　譲渡若しくは引渡しのために展示し、輸出し、輸入し、又は電気通信回線を
> 　　通じて提供する行為（当該物を譲り受けた者（その譲り受けた時に当該物が

> 不正使用行為により生じた物であることを知らず、かつ、知らないことにつき重大な過失がない者に限る。）が当該物を譲渡し、引き渡し、譲渡若しくは引渡しのために展示し、輸出し、輸入し、又は電気通信回線を通じて提供する行為を除く。）

　10号は、営業秘密の侵害行為自体に対する従前の規制のみならず、営業秘密侵害品の譲渡等をも規制することによって侵害行為に対する抑止力を向上させるべく、平成27年改正により新設された規定である。

　譲渡等規制の対象である営業秘密侵害品は、4号ないし9号に掲げる侵害行為のうち、技術上の情報を使用する行為により生じた物である。

　10号の不正競争行為の規制を受ける主体には、営業秘密侵害品を製造した本人に加え、これを譲り受けた者も含まれる。ただし、譲受人については、譲り受けた時に営業秘密侵害品であることについて善意無重過失であれば、その後に営業秘密侵害品であることについて悪意になったとしても、その後に譲渡等の行為をすることは10号の不正競争行為に該当しないこととなる。

　なお、本号についても後述する適用除外規定（法19条1項8号）がある。

3　適用除外

(1)　不正競争防止法2条1項4号〜9号に対する適用除外（法19条1項7号）

> 第十九条　第三条から第十五条まで、第二十一条及び第二十二条の規定は、次の各号に掲げる不正競争の区分に応じて当該各号に定める行為については、適用しない。
> （中略）
> 　七　第二条第一項第四号から第九号までに掲げる不正競争　取引によって営業秘密を取得した者（その取得した時にその営業秘密について不正開示行為であること又はその営業秘密について営業秘密不正取得行為若しくは営業秘密不正開示行為が介在したことを知らず、かつ、知らないことにつき重大な過失がない者に限る。）がその取引によって取得した権原の範囲内においてその営業秘密を使用し、又は開示する行為

営業秘密を取得した際には営業秘密不正取得行為・営業秘密不正開示行為という事実について善意無重過失であっても、事後的に悪意・重過失に転じた場合に、その後の使用・開示は不正競争行為に該当するが（法2条1項6号及び9号）、事後的に悪意・重過失に転じたがゆえにその営業秘密を利用する行為が一切禁止されると、情報の自由な流通を妨げるとともに、対価を払って営業秘密を取得した者に予期せぬ損害を与え、取引の安全を害してしまう。そこで、法19条1項7号は、営業秘密を善意無重過失で取得した者を保護するべく、法2条1項4号〜9号に定める不正競争行為に対する適用除外を定める。具体的には、取引行為によって善意無重過失で営業秘密を取得した者が、その後に悪意・重過失に転じても、その取引によって取得した権原の範囲内においてその営業秘密を使用・開示する行為については、差止請求や損害賠償請求、刑事罰の規定は適用されないものとする。以下、各要件について概観する。

(a)「取引によって営業秘密を取得した」
　「取引」には、営業秘密についてのライセンス契約や、営業秘密を譲渡する契約等が含まれ、営業秘密の取得の対価が有償か無償かも問わないものとされている。他方、相続や合併等の一般承継によって営業秘密を取得する場合は、「取引によって」とはいえないため、本号による適用除外を受けることはできない。なお、他社から転職してきた従業者との間の雇用契約が「取引」に含まれるか否かが問題となるが、従業者が有する情報の取得を目的とする雇用契約であれば、「取引」に含まれると解されている[44]。ただし、このような場合には、会社は従業者が当該情報につき守秘義務を負うことについて、情報の取得時に善意無重過失とは認められず、本号の適用除外を受けることができない可能性が高いと解されている[45]。
　また、条文上「取得した」と定められているため、営業秘密の取得についての合意がなされるのみだけでは足りず、営業秘密の引渡しや対価の給付を完了しているなどによって，営業秘密を使用・開示する権原を確実に取得したと認められる事情が必要とされる。

44　田村352頁。
45　茶園編90頁。

（b）「取引によって取得した権原の範囲内」

　「権原の範囲」とは、取得した営業秘密を自らの意思で使用・処分することができる範囲を指す。例えば、ライセンス契約において営業秘密の使用が許されている場合における、当該ライセンスによって許可された営業秘密の使用に係る時間的・地域的な範囲がこれに当たる。

　また、権原の範囲内における営業秘密の使用・開示行為が対象となるところ、いかなる場合に、営業秘密の使用に留まらず、第三者への開示の権原までを取得できるのかが問題となる。この問題について、当該営業秘密について、秘密保持義務が課される場合においては、第三者への開示権原まではないと解されよう。なお、営業秘密を売買する契約によって営業秘密を取得した場合には、権原に範囲の制限がないのが通常であり、当該営業秘密を第三者に開示しても適用除外を受けることができるとも思えるが、通常の取引では営業秘密が売買されることは稀であるとされ、売買によって営業秘密を取得した者には、悪意・重過失が認められる可能性が高いと解されている[46]。

（2）不正競争防止法 2 条 1 項 10 号に対する適用除外（法 19 条 1 項 8 号）

> 第十九条　第三条から第十五条まで、第二十一条及び第二十二条の規定は、次の
> 　　各号に掲げる不正競争の区分に応じて当該各号に定める行為については、適用
> 　　しない。
> （中略）
> 　八　第二条第一項第十号に掲げる不正競争　第十五条第一項の規定により同項
> 　　に規定する権利が消滅した後にその営業秘密を使用する行為により生じた物
> 　　を譲渡し、引き渡し、譲渡若しくは引渡しのために展示し、輸出し、輸入し、
> 　　又は電気通信回線を通じて提供する行為

　法 19 条 1 項 8 号は、法 15 条 1 項に定める期間の経過により差止請求権が消滅した後にその営業秘密を使用する行為により生じた物を譲渡等する行為を、適用除外の対象とする。そのため、営業秘密の不正使用行為に対する差止請求

46　渋谷達紀『不正競争防止法』（発明推進協会、2014 年）174 頁。

権が消滅する前にその営業秘密を使用する行為により生じた物を、差止請求権が消滅した後に譲渡等する行為は、適用除外の対象とならない。

4 効果

(1) 民事上の請求権
(a) 差止請求
　不正競争防止法は、上記の営業秘密に関する不正競争行為によって営業上の利益を侵害され、又は侵害されるおそれがある者は、その営業上の利益を侵害する者又は侵害するおそれがある者に対し、その侵害の停止又は予防を請求することができることを定めている（法3条1項）。なお、不正競争防止法3条1項による行為の差止請求をするには、当該行為につき、不正競争の目的又は不正の目的があることを要しない（最判昭42・4・11民集21巻3号598頁〔三愛事件〕）。

(b) 損害賠償請求
　不正競争防止法4条本文は「故意又は過失により不正競争を行って他人の営業上の利益を侵害した者は、これによって生じた損害を賠償する責めに任ずる」と規定しており、営業秘密を侵害された者による損害賠償請求を認めている。なお、不正競争防止法では、特許法等で定められている過失の推定規定（特許法103条、意匠法40条、商標法39条等）は存しない。
　不正競争行為による損害額については、不正競争防止法5条が、不正競争行為による権利者の販売減少を理由とする消極的財産損害についての損害算定の特則を設けているが（損害算定の内容は第4章を参照）、不正競争防止法2条1項4号〜9号に定める不正競争行為については、技術上の秘密に関するものに限定して適用されることに留意されたい。

(c) 消滅時効
① 差止請求権
　不正競争防止法15条1項は、営業秘密の不正使用行為が長期間継続したこ

とによって生じた事実状態を保護し、法律関係を早期に安定させるという観点から、営業秘密に関する不正競争行為に対する差止請求権について、知ったときから 3 年の短期消滅時効と、行為の開始のときから 20 年の長期消滅時効を定めている[47]。

　不正競争防止法 15 条 1 項 1 号によれば、営業秘密の不正使用者が継続して営業秘密を使用する場合において、営業秘密保有者は、不正使用の事実及び不正使用者を知った時から 3 年以内に差止請求を行わないときは、差止請求権は時効によって消滅することになる。

　まず、「その行為を行う者がその行為を継続する場合」（法 15 条 1 項 1 号）について、「その行為を継続する場合」に限定するのは、使用を停止している状態では営業秘密保有者が差止請求権を行使する可能性が乏しく、この期間を消滅時効の期間に算入することが適当でないからである[48]。ただし、営業秘密の継続使用中に中断があっても、その中断が一時的なもので、中断の前後における使用が一個の行為と評価することができるのであれば、使用行為の継続性に影響しないと解されている[49]。なお、営業秘密に関する不正競争行為のうち、取得行為と開示行為は本条の消滅時効の対象とされていないことには留意されたい。

　同一の営業秘密について同一の者が不正使用した場合であれば、当該営業秘密について異なる用途に応じて別々の使用を始めたとしても、消滅時効は使用行為ごとに進行することはない[50]が、他方、不正使用者が複数であれば、消滅時効は不正使用者ごとに進行する。

　また、不正競争防止法 15 条 1 項 2 号によれば、不正使用行為の開始の時から 20 年を経過したときは、営業秘密保有者が不正使用の事実等を知るか否かを問わず、差止請求権は時効によって消滅することとなる。この 20 年の起算

47　民法の改正（平成 29 年法律第 45 号）に伴い、20 年の制限期間を消滅時効期間とすることが明文化された（逐条解説 223 頁）。
48　逐条解説 222 頁。
49　茶園編 103 頁。
50　ただし、同一の不正使用者が、ある使用行為を停止した後、まったく別個に新たに使用を開始するような場合には、新しい使用行為に対して消滅時効が独自に計算されることになると解されている（茶園編 87 頁）。

点は、営業秘密を継続して使用する「行為の開始の時」である。

② 損害賠償請求権

　不正競争防止法4条本文は、故意・過失による営業上の利益侵害に対して損害賠償請求権を定めているが、同条但書は、法15条によって差止請求権が消滅した場合には、その後の営業秘密の使用行為により生じた損害について、損害賠償請求権が生じないとする。

　他方、差止請求権が消滅時効ないし除斥期間によって消滅するまでの不正使用による損害については、損害賠償請求権が不正競争防止法4条但書に基づき時効消滅することはなく、民法の一般不法行為の時効規定に従って消滅時効の成否が判断される[51]。

(d) 管轄

　日本国内で事業を行う企業の営業秘密が海外で侵害された場合、刑事では海外での侵害行為も処罰可能となっているが（国外犯処罰。法21条8項）、民事では、日本の裁判所に国際裁判管轄が認められるのか、準拠法として日本の不正競争防止法が選択されるのかが、事案によっては不明確であった。しかし、令和5年改正法においては、国外において日本企業の営業秘密の侵害が発生した場合であっても、以下の要件を満たす場合には、日本の裁判所に国際裁判管轄が認められ（新19条の2）、日本の不正競争防止法が適用される（新19条の3）こととなった。

> • 日本国内において事業を行う営業秘密保有者の営業秘密であること
> • 日本国内で管理されている営業秘密であること
> • 専ら日本国外において事業の用に供されるものではないこと

　なお、営業秘密侵害行為のうち、以下の侵害行為は、上記改正による国際裁判管轄規定と準拠法規定の対象外であり、すべての営業秘密侵害にこれらの規定が適用されるわけではないことに留意されたい。

51　民法724条によれば、被害者等が損害及び加害者を知った時から3年間行使しないとき、又は不法行為の時から20年を経過したときに、損害賠償請求権が時効により消滅する。

- 営業秘密不正取得行為の介在について善意・無重過失で営業秘密を取得した者が、その後悪意・重過失に転じ、その営業秘密を使用または開示する行為（法2条1項6号）
- 営業秘密を取得した者が、取得後にその取得が営業秘密不正開示行為によるものであったことまたは営業秘密不正開示行為が介在したことについて悪意・重過失となり、その営業秘密を使用または開示する行為（法2条1項9号）
- 不正に取得した技術上の秘密を利用して製造された物品（「営業秘密侵害品」）を製造した者がその物を譲渡等する行為、または、当該物品を譲り受けた者が、その譲り受けた時に、その物が営業秘密侵害品であることにつき悪意もしくは重過失であった場合に、その物を譲渡等する行為（法2条1項10号）

(2) 刑事罰

　詳細は第5章を参照されたいが、冒頭でも述べたとおり、近年、営業秘密に関する刑事事件は増加傾向にある。刑事事件においては、捜査機関により法律上認められた権限に基づいて幅広い証拠収集活動がなされることとなるが、刑事裁判が先行した事案では、会社は、告訴権者として、刑事訴訟の第1回公判期日後において、刑事記録の閲覧・謄写を行うことが認められているため（犯罪被害者等の権利利益の保護を図るための刑事手続に付随する措置に関する法律3条1項）、これを利用し、民事事件における証拠収集に活用することも考えられる。

Ⅳ　実務上の留意点

1　情報漏洩防止対策

　営業秘密の保護は国の重要な課題の一つでもあり、経済産業省のウェブサイトなどにおいて様々な情報提供がなされている。秘密情報の漏洩対策の具体的な方法については、経済産業省の発行する「秘密情報の保護ハンドブック」（平成28年2月）のほか、「秘密情報の保護・活用事例集」なども公開されているので、参考にされたい。

2　オープン・クローズ戦略

　イノベーションの加速や事業領域の交錯等が増加してきた現代においては、1社だけで市場を独占するということは難しく、市場のプレイヤーを増やしつつも、当該プレイヤーに対して一定の牽制力を働かせ、自社に優位に事業を進めていく必要がある。そのため、事業を成長させるためには、各種知的財産権や不正競争防止法を活用し、独占さえすればよいというものではなく、オープン・クローズ戦略等に取り組んでいく必要がある。オープン・クローズ戦略とは、プロダクトやサービスについて、コア領域を特定した上で、市場拡大のためのオープンな領域と、自社の利益を確保するためのクローズな領域を構築する戦略をいう。以下の図で示すように、クローズ化する領域においては、自社の強み（独自技術等）を秘匿化したり（ブラックボックス化）、情報そのものは特許出願等により公開するものの、特許権等の知的財産権に基づき自社の独占権を確保することとなる。また、オープン化領域においては、自社技術を標準化、規格化等し、他社に自社技術の使用を積極的に許していくものの、自社の影響力を残しつつ使用させるべく、特許権等の知的財産権を無償又は安価であるものの、一定の条件下でライセンスする場合が多い。

　以上のように、コア領域を特定し、クローズ化する領域とオープン化する領域を区分することが基本となるが、営業秘密（法2条6項）は、営業秘密に関する不正競争行為（法2条1項4～10号）がなされた場合に差止請求（法3条）や損害賠償請求（法4条本文）をなしうるという点で、特許権等の知的財産権と共に[52]、コア領域のクローズ化に寄与することとなる。特に、営業秘密は、①特許権等の知的財産権の保護になじまないもの（顧客名簿や販売を促進するための接客マニュアルのような営業上の情報や、料理のレシピ等。コカ・コーラやケンタッキーのフライドチキンのレシピは門外不出の営業秘密として管理されている）や、②特許権等の知的財産権の保護対象にはなるものの、その権利侵害の立証が困難なもの（例えば、工場内で行われるような物の製造方法等）等において、その活用が期待されよう。

52　「営業秘密」は、特許権等のように保護期間が限定されておらず、半永久的な保護を受け得るという点にも留意しつつ、その活用手法を検討されたい。

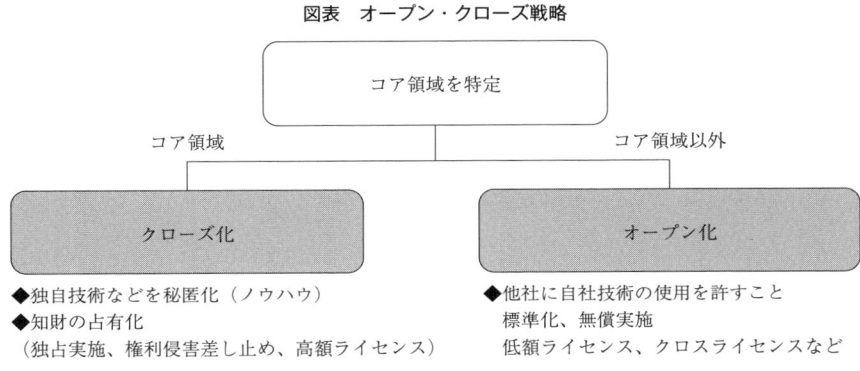

図表　オープン・クローズ戦略

出典：https://www.meti.go.jp/report/whitepaper/mono/2013/pdf/honbun01_03_03.pdf

3　契約に基づく秘密保持義務について

(1) 不正競争防止法の「営業秘密」と契約に基づく秘密保持義務との関係

　営業秘密の秘密管理性の要件該当性や、非公知性の要件該当性との関係でも、機密情報を第三者に開示する場合には、被開示者に対して契約上の守秘義務を課すことが有益である。

　仮に不正競争防止法上の「営業秘密」として保護されない場合であっても、契約において対象の情報について秘密保持義務を課しておけば、契約の相手方が秘密保持義務に違反して当該情報を第三者に開示したというときには、少なくとも当該契約相手に対して、秘密保持義務違反を問うことができる。

　契約による保護を図る場合においては、適切な保護を図るための契約内容にするということはもちろんであるが、同時に、契約で拘束すべき当事者に過不足がないか、慎重に検討する必要がある。

　以下、秘密保持義務を課す契約の一例として、秘密保持契約について、同契約に特有の条項を中心に、若干の検討を行う。なお、秘密保持契約のひな形[53]は各所で公開されているものが多数あるため、本書では秘密保持契約の検討時

---

[53]　例えば、「秘密情報の保護ハンドブック」（平成28年2月）の参考資料2（各種契約書の参考例）や特許庁「オープンイノベーション促進のためのモデル契約書 ver. 2.1（新素材編）」の「秘密保持契約書」等がある。

における留意点のみを紹介していく。

(2) 秘密保持契約の留意点
（a）目的
　秘密保持契約における「目的」の規定の仕方は、例えば、秘密情報の目的外の使用を禁止する条項を入れた場合において、秘密情報の使用が許される範囲の解釈に影響を及ぼすおそれがあることに留意されたい。特に、秘密情報を開示する側の当事者は、自社の秘密情報の目的外使用を効果的に禁ずるべく、目的を過不足なく定める必要がある[54]。

（b）秘密情報の定義
　秘密情報の定義においては、その広狭が問題となる。秘密情報の範囲に関連して、大きく2つの観点に分けて、以下の点について若干検討する。

---

① 主に秘密保持契約及びその後検討する取引に関するもの
- 秘密保持契約の存在
- 秘密保持契約の内容
- 秘密保持契約を締結して検討する取引に関する交渉の存在及び内容

② 主に当事者が開示する情報に関するもの
- 秘密の指定の要否
- （秘密指定を要するとした場合）口頭で開示した情報の、事後的な秘密指定の要否

③ その他

54　例えば、前掲（注52）「秘密保持契約書」の前文の解説には、以下の記載がある。
「例えば、目的を『新規素材 a を用いた放熱部材の開発について検討するに当たり』とだけ定めた場合、事業会社が受領した秘密情報を、事業会社で独自に計画する『新規素材 a を用いた放熱部材の開発』に用いることも契約上認められた使用目的の範囲内であると解釈されるおそれがあり、そうすると、かかる行為を禁止する（差し止める）ことはできない。
　・かかる行為を禁止するためには、『新規素材 a を用いた放熱部材について、スタートアップおよび事業会社が共同で研究開発することを実現できるかについて検討するにあたり』等の記載とすることが必要である。」

160

① 主に秘密保持契約及びその後検討する取引に関するもの

　秘密保持契約の存在及び内容を秘密情報とし、これらについて守秘義務が課されることには争いがない場合が多いと思われるが、ある取引を進めるか否かを検討するべく秘密保持契約を締結する場合、契約の一方当事者が、当該取引の検討に入った事実の第三者への開示を望む場合がある。そのため、秘密保持契約を締結して検討する取引に関する交渉の存在及び内容を秘密情報に含めて秘密保持義務を課す場合もある。

② 主に当事者が開示する情報に関するもの

　一般論としては、開示者は自社の秘密が漏れなく保護されるようにするべく、秘密の範囲が広いことを望むため、秘密指定不要を提案し、他方、受領者としては、秘密情報の範囲が広くなると自社が負う秘密保持義務や目的外使用の禁止義務を負う情報の範囲が広くなり、また、情報の管理コスト（情報の分別や、情報に接触した従業員の名簿管理など）も上昇するため、秘密情報の範囲を少しでも狭めるべく、秘密指定を必要とし、口頭開示の情報についても事後の指定を必要とすることを提案することが多い。ただし、口頭で秘密情報を受領者に開示した場合、当該秘密情報を開示したこと自体を開示者が立証できないおそれがあるため、結果として秘密情報として保護されず、「秘密管理性」の要件を充足しなくなるリスクが残る。そのため、口頭開示後に後日書面にて秘密の指定をすることは開示者にとっても利益になり得ることにも留意されたい。

③ 秘密情報から除かれるもの

　秘密情報の定義にあてはまったとしても、例えば以下に定めるものは秘密情報から除かれると規定されることが一般的である[55]。

---

[55] なお、契約書の中には、秘密情報からの除外と秘密保持義務の例外を混同しているものも散見されるが、両者はその取扱いが異なるように定められることが一般的であるため（例えば、秘密情報から除外されれば、誰との関係においても秘密保持義務が課されないこととなるが、裁判所からの開示命令があった場合の秘密保持義務の例外は、当該裁判所の当該命令以外との関係では秘密保持義務は残存することとなる）、目的意識なく混同することは避けたい。

> - 開示等を受けたときに既に保有していた情報
> - 開示等を受けた後、秘密保持義務を負うことなく第三者から正当に入手した情報
> - 開示等を受けた後、相手方から開示等を受けた情報に関係なく独自に取得し、または創出した情報
> - 開示等を受けたときに既に公知であった情報
> - 開示等を受けた後、自己の責めに帰し得ない事由により公知となった情報

　この条項との関係で重要な点は、契約締結前に既に自社が保有していた情報が「①開示等を受けたときに既に保有していた情報」であることを立証できるか否かという点である。技術や情報のコンタミネーションの発生を避けるためにも、タイムスタンプ[56]や公証制度[57]を活用し、秘密保持契約締結前に自社が対象となる情報を保有していたことの証拠を残していくことが望ましいだろう。また、かかるリスクを回避するため、特に重要な技術情報かつ、それが特許出願に馴染む技術情報であれば、契約締結以前に特許出願を済ませておくことが望ましい。

（c）秘密保持義務

　秘密情報が一方当事者から他方当事者にしか提供されないのであれば、秘密保持義務が一方当事者のみに課される（片務）契約であっても支障はないといえるが、「秘密情報を提供するのが一方当事者に限られる場合」にあたるか否かは慎重に検討されたい。

56　電子データに時刻情報を付与することにより、その時刻にそのデータが存在し（日付証明）、またその時刻から、検証した時刻までの間にその電子情報が変更・改ざんされていないこと（非改ざん証明）を証明するための民間のサービス。一般財団法人日本データ通信協会が認定する時刻配信業務認定事業者が時刻を配信し、この配信された時刻に基づいて、同協会が認定する時刻認証業務認定事業者がタイムスタンプの発行サービスを行っている。
57　公証人が、私署証書（私人（個人又は会社その他の法人）の署名又は記名押印のある私文書）に確定日付を付与したり、これを認証したり、公正証書を作成したりすることで、法律関係や事実の明確化ないし文書の証拠力の確保を図り、私人の法律的地位の安定や、紛争の予防を図ろうとするもの。特に事実実験公正証書は、公証人が実験、すなわち五感の作用で直接体験した事実に基づいて作成する公正証書で（公証人法35条）、証拠力も高く、有効に活用する余地も大きいだろう。

　また、秘密情報の受領者が当該目的遂行のために必要な範囲でのみ当該秘密情報を社内関係者に共有する旨定めること（いわゆる Need to know 原則）が重要である。なお、情報受領者にグループ会社がいる場合には、グループ会社をいかに定義するか[58]、また、どこまでのグループ会社に対する秘密情報の共有を許すか否かを明確にしておくことも重要である。

(d) 秘密保持義務の例外

　秘密情報に含まれるものの、法令に基づく開示要求等に対しての開示については、秘密保持義務が例外的に（部分的に）課されないとする定めが設けられることが一般的である。例えば、以下のような規定が設けられる。

> 前各項の定めにかかわらず、受領者は、次の各号に定める場合、当該秘密情報を開示等することができるものとする。ただし、受領者は、1 号または 2 号に該当する場合には可能な限り事前に開示者に通知し、かかる開示等を行った場合には、その旨を遅滞なく開示者に対して通知するものとする。
> ①法令の定めに基づき開示等すべき場合
> ②裁判所の命令、監督官公庁またはその他法令・規則の定めに従った要求がある場合
> ③受領者が、弁護士、公認会計士、税理士、司法書士等、秘密保持義務を法律上負担する者に相談する必要がある場合

　また、上述のように、秘密保持契約を締結して検討する取引に関する交渉の存在及び内容を秘密情報に含めた場合で、一方当事者が、相手方会社とのアライアンス等の検討開始の事実を迅速に公開したい場合には、当該事実を相手方の事前の同意なしに公表できると定める条項が設けられることがある[59]。

(e) 目的外使用の禁止

　秘密保持義務を課すだけでは、受領者が、社内で開示目的外の秘密情報の流用を行ったとしても、その義務違反を問うことは難しい。そこで、開示目的外

58　例えば、財務諸表等規則 8 条や会社計算規則 2 条 3 項の定義を使用することも考えられる。
59　前掲（注 52）「秘密保持契約書」2 条 6 項等。

の秘密情報の使用を禁止する条項を入れることが一般的である。そして、この目的外使用禁止の条項が、禁止を意図した使用行為を確実に捕捉できるように、秘密保持契約の目的を明確かつ具体的に定めることが重要となる。

(f) 秘密情報の返還・破棄

　秘密情報の漏洩や契約終了後の目的外使用等のリスクを軽減するため、契約期間中または契約終了後に、開示した秘密情報の返還や破棄を相手方に義務付ける条項を入れる場合がある。

　この場合、まず、契約終了時のみならず、契約期間中に開示者からの請求があった場合の返還・破棄義務を認めるか否かが問題となる。特に、開示者からすれば、契約期間中に、秘密情報を開示した目的が達成できないことが確定した場合には、早期に秘密情報の返還・破棄を求めたいとなるはずなので、契約期間中にも返還・破棄の義務を課すことが望ましいであろう。

　また、例えば秘密情報をデータで提供する場合には、返還を求めても実効性がないと思われるため、かかる場合には返還ではなく、破棄を義務付けることが望ましいといえよう。この場合、相手方に破棄証明書を求める場合がある。破棄を確実にさせるように相手方にプレッシャーをかけるには、破棄証明書に虚偽の記載があった場合のペナルティを科すことも考えられる。

(g) 差止請求

　秘密保持契約に違反した場合、損害賠償請求のみではその救済が困難な場合もある。債務不履行責任として差止請求が認められないリスクを軽減するため、開示者としては、違反行為に対する差止請求を認める条項を入れることが望ましいであろう。

(h) 有効期間

　秘密保持契約においては、秘密保持の期間をいかに設定するべきかと関連して、①契約期間のみならず、②契約期間終了後にどの程度の期間秘密保持義務を課すか、という点も注意する必要がある。これらの期間については、ビジネスおよび開示等される情報の性質（対象となる秘密情報が陳腐化する期間はどの

程度か等）により調整することが必要となる。

　契約期間については、(a) 期間の定めがないものとしつつ、一方当事者からの解約申し入れ等により契約を終了させる、(b) 契約の有効期間を具体的に定める、(c) 契約の有効期間を具体的に定めつつ、自動更新条項を設けるなどの案が考えられる。

　また、契約終了後の秘密保持義務については、残存条項等により秘密保持義務を課すことが考えられるが、その期間としては、3 年程度が設定される場合が比較的多いように見受けられる。

4　秘密漏洩が発覚した場合の初動対応

　営業秘密の不正取得等が疑われた場合、その証拠収集や保全を速やかに行うことが重要である。例えば、以下のような流れになろう。

　まず、システム上に残された証拠が消去されないよう、保全する必要がある。なお、システムへのアクセスが外部からなされている場合には、ネックワークを遮断して、外部からのアクセスを防止し、ID・パスワードの不正利用がなされている場合には、当該 ID・パスワードの利用を停止することも重要である。

　その上で、主として以下の観点から、速やかに事実関係の調査を行い、証拠を収集することが有用である。

- いつ：いつ当該営業秘密が漏洩したのか。一度だけなのか。数回に分けて漏洩したのか。当該営業秘密の漏洩を把握するまでの時系列はどうなっているか。
- だれが：誰が当該営業秘密を漏洩したのか。自社社員なのか、自社の業務委託先なのか。対象者は社内でどのような権限を有していたのか。社外の者の場合、自社とどのような関わりがある者なのか。
- なにを：漏洩した営業秘密の内容はどのようなものか。いかなる量の情報が漏洩したのか。当該営業秘密はいかなる態様で保存されていたのか。
- どのように：どのような方法・原因で当該営業秘密が漏洩したか。ネットワークを通じたものなのか。その場合、どのようにセキュリティが破られたのか。

　また、当事者のヒアリングの他、アクセスログの確認、メールや SNS の履

歴の確保、防犯カメラの確認、パソコン内に入っているデータのバックアップ等が重要となる。当事者のヒアリングを行う場合には、録音や録画をしておくことも有用である。場合によっては、デジタルフォレンジックという専門の調査を行うことも考えられる。

〔山本飛翔〕

第 2 節

限定提供データ

I　はじめに

　近時、IT の活用場面が増えたことに伴い、各種プロダクト／サービスを通じて得られるデータ量は爆発的に増加している。これらの大量に収集された[1]データ（ビッグデータ）は、マーケティング等に有効に利活用されており、特に、デザイン経営等の観点から、ユーザー視点でユーザーが望むものを生み出していく、という方針の下では、ユーザーの課題や望むものを推し量る上で、データの価値や活用可能性は極めて高いものになるといえよう。また、データの中には、他のデータと合わせることで付加価値が生じるものもあり[2]、他業種を含めた別企業とのデータのやりとりの必要性は高まっている。例えば、POS システムで収集した商品毎の売上データ等がその例として挙げられよう。

　こういったデータは、他者へ共有することにより、更なる価値の向上が見込めるが、他者への共有後、そのデータが流出してしまった場合、直接の提供先は契約上の救済が得られるとしても、流出先の第三者には契約に基づく請求はなし得ない。

　1　なお、対象のデータに、個人情報保護法の個人情報が含まれる場合には、データの取扱いは、通知または公表された利用目的の達成に必要な範囲を超えるものであってはならず（個人情報保護法 18 条 1 項）、個人データの第三者への提供についても、委託先への提供、合併その他の事由による事業の承継または共同利用等の場合等を除き、本人の同意が原則として必要となる（個人情報保護法 27 条 1 項、5 項）。そのため、個人情報取得時に適切な利用目的の明示や、適切な同意取得を行うため、利用規約、プライバシーポリシーを整備することは当然に必要となるが、その他、利用目的の明示や同意取得を行ったことをいかに証拠化していくか、また、個人情報関係のオペレーションを確立しておくことも重要となる。

　2　例えば、気象データ、地図データ、機械稼働データ等。

このような状況下では、他者へのデータ提供が躊躇され、データの利活用による産業の発展が十分に進めなくなるおそれがある。そのため、かかる懸念を解消するために用意されたのが、限定提供データにまつわる諸制度である。

Ⅱ　問題となり得る法令

1　著作権法

データそれ自体については、単なる統計上の数値等である限り、著作権法上の創作性が認められない。

データベースについては著作権法上の保護の可能性はあるものの、ビッグデータの収集・加工の過程において、データベースとして実効的な保護を受ける場合は必ずしも多くないと思われる。

そのため、データの保護という観点からは著作権法上の保護は不十分といえる。

2　特許法

データと特許法との関係について、データの加工方法や分析方法は特許発明となり得るが、データそれ自体については、自然法則を利用した技術的思想の創作のうち高度なものと認められる場合は考えにくい。

そのため、データの保護という観点からは特許法上の保護も不十分といえる。

3　不正競争防止法（営業秘密）

第三者に提供されるデータであっても、守秘義務を課すことにより秘密として管理し、非公知性を維持することができれば、不正競争防止法上の「営業秘密」として保護することが可能である（令和5年改正前の法2条7項は、そのことを想定した規定であった）。

　しかし、全てのデータを守秘義務によって保護することは難しく、また、秘密管理されていても公知になってしまうと、営業秘密として保護されなくなってしまう（後述する令和5年改正は、この保護のすき間を埋めるための改正である）。そのため、不正競争防止法上の営業秘密としての保護はデータの保護としては限定的である[3]。

　そこで、データを安心して提供できる環境整備を目的として、平成30年改正不正競争防止法は、限定提供データに係る不正行為を「不正競争」の一類型として定めた（法2条1項11号ないし16号）[4]。

　以下、Ⅲにおいて限定提供データに関する不正競争防止法上の定めについて検討し、その後、Ⅳにおいて、Ⅲでの検討内容を踏まえ、実務上の留意点を検討する。

Ⅲ　不正競争防止法に基づく請求

1　限定提供データとは

> 第二条
> （中略）
> 7　この法律において「限定提供データ」とは、業として特定の者に提供する情報として電磁的方法（電子的方法、磁気的方法その他人の知覚によっては認識することができない方法をいう。次項において同じ。）により相当量蓄積され、及び管理されている技術上又は営業上の情報（営業秘密を除く。）をいう。

　3　経済産業省「AI・データの利用に関する契約ガイドライン」13頁以下。
　4　限定提供データに関する改正の意義等について、「限定提供データに関する指針」作成にあたってのWGの座長と、法改正の検討を行った経済産業省の小委員会委員長による対談記事として、田村善之・岡村久道「限定提供データ制度の導入の意義と考え方」NBL 1140号（2019年）も参照されたい。

「限定提供データ」は、「ビッグデータ等を念頭に、商品として広く提供されるデータや、コンソーシアム内で共有されるデータなど、事業者が取引等を通じて特定の者に提供する情報」が想定されている[5]。2条7項によれば、「限定提供データ」とは、以下の要件を満たすものと定義されている。

---

① 限定提供性（「業として特定の者に提供する情報として」）があり、
② 電磁的管理性（「電磁的方法により（中略）管理されている」）があり、
③ 相当量蓄積性（「相当量蓄積され」）があり、
④ 営業秘密に該当しない（「営業秘密を除く」）、
⑤ 技術上又は営業上の情報

以下、各要件をそれぞれ検討する。

（1）限定提供性（「業として特定の者に提供する情報として」）

まず、「業として」について、以下のものが該当するものと解されている[6]。

• 反復継続的に提供している場合
又は
• まだ実際には提供していない場合であっても、データ保有者に反復継続して提供する意思が認められるものである場合

そのため、有償か無償か、法人か個人か等に関わらず、反復継続性またはその意思が認められる場合には、「業として」の要件を充足することになる[7]。

なお、「限定提供データに関する指針」によれば、「業として」に該当する具体例として以下のものが挙げられている。

---

5 逐条解説51頁。
6 経済産業省「限定提供データに関する指針」9頁。
7 ただし、差止請求（法3条）及び損害賠償請求（法4条）の請求権者である「営業上の利益を侵害された者」や「侵害されるおそれがある者」に該当しない場合もあると解されている（経済産業省「限定提供データに関する指針」9-10頁）。

- データ保有者が繰り返しデータ提供を行っている場合（各人に 1 回ずつ複数者に提供している場合や、顧客ごとにカスタマイズして提供している場合も含む）
- データ保有者が翌月からデータ販売を開始する旨をホームページ等で公表している場合
- コンソーシアム内でデータ保有者が、コンソーシアムメンバーに提供している場合

　また、「特定の者に提供する」について、「特定の者」とは、一定の条件の下でデータ提供を受ける者を指すとされており、提供相手の特定さえなされていれば、実際にデータ提供を受けている者の数の多寡に関係なく本要件を満たすものと解されている[8]。

　なお、「限定提供データに関する指針」によれば、「特定の者」に該当する具体例として以下のものが挙げられている。

- 会費を払えば誰でも提供を受けられるデータについて、会費を払って提供を受ける者
- 資格を満たした者のみが参加する、データを共有するコンソーシアムに参加する者

(2) 電磁的管理性
　電磁的管理性要件の趣旨は、データ保有者がデータを提供する際に、特定の者に対して提供するものとして管理する意思が、外部に対して明確化されることによって、特定の者以外の第三者の予見可能性や、経済活動の安定性を確保する点にあるとされている[9]。そのため、電磁的管理性の要件が満たされるためには、データ提供時に施されている管理措置によって、当該データが特定の者に対してのみ提供するものとして管理するという保有者の意思を第三者が認識できるようにされている必要がある[10]。

8　経済産業省「限定提供データに関する指針」10 頁。
9　逐条解説 52 頁。
10　経済産業省「限定提供データに関する指針」11 頁。

営業秘密における秘密管理性の判断と同様に、管理措置の具体的な内容・管理の程度は、企業の規模・業態、データの性質やその他の事情によって異なるものとされているが、データ保有者と、当該保有者から提供を受けた者（特定の者）以外の者がデータにアクセスできないようにするべく、アクセスを制限する技術[11]が施されていることが必要となる。具体例としては、ID、パスワード、IC カードなどの他、専用回線による伝送などが挙げられる。

(3) 相当量蓄積性

　相当蓄積性の要件の趣旨は、ビッグデータ等を念頭に、有用性を有する程度に蓄積している電子データを保護対象とする点にあるとされている。「相当量」は、当該データが電磁的方法により蓄積されることで生み出される付加価値、利活用の可能性、取引価格、収集・解析にあたって投じられた労力・時間・費用等を勘案し、社会通念上、電磁的方法により蓄積されることによって価値を有するものがこれに該当するとされ、個々のデータの性質に応じて判断される[12]。

　すなわち、大量に蓄積されることで初めて価値を持つような性質のデータであれば、ある程度の量でなければ「相当量」と認められないのに対し、大量でなくても一定量あれば価値を持つデータの場合には、大量でなくても「相当量」と認められ得る。

　なお、「限定提供データに関する指針」によれば、以下に掲げる場合には原則として「相当量」を満たすものとされている。

- 携帯電話の位置情報を全国エリアで蓄積している事業者が、特定エリア（例：霞ヶ関エリア）単位で抽出し販売している場合、その特定エリア分のデータについても、電磁的方法により蓄積されていることによって取引上の価値を有していると考えられるデータ
- 自動車の走行履歴に基づいて作られるデータベースについて、実際は当該データベースを全体としており、そのうちの一部を抽出して提供することはしてい

11　ユーザーの認証によって行われる ID・パスワード管理や、データ暗号化等がこれにあたるとされている（経済産業省「限定提供データに関する指針」12-13 頁）。
12　経済産業省「限定提供データに関する指針」10-11 頁。

> ない場合であっても、電磁的方法により蓄積されることによって価値が生じている部分のデータ
> - 大量に蓄積している過去の気象データから、労力・時間・費用等を投じて台風に関するデータを抽出・解析することで、特定地域の台風に関する傾向をまとめたデータ
> - その分析・解析に労力・時間・費用等を投じて作成した、特定のプログラムを実行させるために必要なデータの集合物

(4) 営業秘密に該当しないこと

　限定提供データと営業秘密は別の制度ではあるものの、それぞれの要件を満たし、保護が重複する状況が想定され、かかる重複を避けるべく、令和5年改正前は、「秘密として管理されているものを除く」とされていた。

　しかし、このように限定提供データと営業秘密の保護の重複を避けようとした結果、秘密として管理されているが公然と知られている（公知な）情報は、「秘密として管理されている」ため限定提供データとしての保護を受けることはできず、また、公知な情報であるため営業秘密としての保護も及ばない、といった保護の間隙が生じていた。

　かかる問題を解消するべく、令和5年改正法においては、これを「営業秘密を除く」と定めることで、かかる隙間の問題が生じないようにした、という経緯がある。

(5) 技術上又は営業上の情報

　「技術上又は営業上の情報」には、利活用されている（又は利活用が期待される）情報が広く該当するとされており[13]、本要件の該当性が主たる争点とされる場面は少ないものといえよう[14]。

13　例えば、「技術上の情報」として、地図データ、機械の稼働データ、ＡＩ技術を利用したソフトウェアの開発（学習）用のデータセット（学習用データセット）や当該学習から得られる学習済みモデル等の情報が、「営業上の情報」として、消費動向データ、市場調査データ等の情報が挙げられる（経済産業省「限定提供データに関する指針」14頁）。
14　なお、明文の定めはないものの、経済産業省「限定提供データに関する指針」においては、違

2　限定提供データに関する不正競争行為

(1) 概説

　不正競争防止法は、限定提供データに係る不正競争行為として 6 つの行為を定めている（法 2 条 1 項 11 号～ 16 号）。この 6 つの不正競争行為は、以下のとおり 2 つに大別することができる。

---

① 限定提供データがアクセス権のない者によって不正取得され、その不正取得された限定提供データがその後転々流通する過程で行われる行為（法 2 条 1 項 11 号～ 13 号）

② 限定提供データ保有者からアクセス権のある者に示された限定提供データが不正に使用・開示され、その限定提供データがその後転々流通する過程で行われる行為（法 2 条 1 項 14 号～ 16 号）

　以上の分類は、営業秘密にかかる不正競争行為（法 2 条 1 項 4 号～ 10 号）の枠組みと類似しているが、次の点で異なる。

　営業秘密の場合、上記①及び②と同様の類型の不正使用行為により生じた物が転々流通する過程で行われる行為（法 2 条 1 項 10 号）も不正競争行為となるが、限定提供データに係る不正競争行為については、現段階では限定提供データを使用することにより生じた物の価値へのデータの寄与度等が判然としないため、そのような物の譲渡は不正競争と定められていない[15]。

　また、営業秘密の場合、重過失による行為も不正競争行為となるが、限定提供データの場合には、悪意の場合の行為に限定されている。

(2) 「取得」・「使用」・「開示」

　限定提供データに係る不正競争行為は、「取得」・「使用」・「開示」に係る行

法な情報や、これと同視し得る公序良俗に反する有害な情報（児童ポルノ画像データ、麻薬等・違法薬物の販売広告のデータ、名誉毀損罪に相当する内容のデータ等）については、不正競争防止法の目的を踏まえれば、保護の対象となる技術上又は営業上の情報には該当しないものと整理されていることには留意されたい（14 頁）。

15　経済産業省知的財産政策室「不正競争防止法平成 30 年改正の概要」NBL 1126 号（2018 年）13 頁、19 頁。

為から構成される。そこで、以下「取得」・「使用」・「開示」のそれぞれについて検討する。

「取得」とは、データを自己の管理下に置くことを指し、データが記録されている媒体等を介して自己又は第三者がデータ自体を手に入れる行為だけでなく、データの映っているディスプレイを写真に撮る等、データが記録されている媒体等の移動を伴わない形で、データを自己又は第三者が手に入れる行為もこれに該当する[16]。なお、データそのものは入手せず、データにアクセスできる ID・パスワードのみを入手した場合は「取得」には該当しないと判断されるが、「取得」の蓋然性が高い場合、すなわち「営業上の利益を……侵害されるおそれ」（法3条）がある場合においては、「取得」に対する予防的差止請求を行うことができると解されている。

「使用」とは、データを用いる行為を指し、例えば、新たなデータの作成・分析等に用いる行為がこれに該当するものと解されている[17]。取得したデータを使用して得られる成果物（データを学習させて生成された学習済みモデル、データを用いて開発された物品等）が、取得したデータをそのまま含むデータベース等、当該成果物が取得したデータと実質的に等しい場合や実質的に等しいものを含んでいると評価される場合には、当該成果物を使用する行為は、取得したデータの「使用」に該当すると解される[18]。一方、もはや元の限定提供データとは異なるものと評価される場合には、その成果物の使用、譲渡等の行為は原則として不正競争行為には該当しないと考えられている。

「開示」とは、データを第三者が知ることができる状態に置く行為を指すものと解されており、実際に第三者が知ることまでは必要がなく、必ずしも「開示」の相手方が「取得」に至っていることも必要ではないと解されている[19] [20]。

16　経済産業省「限定提供データに関する指針」20頁。
17　経済産業省「限定提供データに関する指針」20頁。
18　経済産業省「限定提供データに関する指針」21頁。
19　経済産業省「限定提供データに関する指針」21頁。
20　取得したデータそのものを開示せず、取得したデータを用いて生成されたデータベース等の成果物を開示する行為は、原則として元データの「開示」にはあたらないものの、その成果物が元デ

(3) 限定提供データの不正取得、不正取得した限定提供データの使用・開示（法2条1項11号）

> 第二条　この法律において「不正競争」とは、次に掲げるものをいう。
> （中略）
>
> 　十一　窃取、詐欺、強迫その他の不正の手段により限定提供データを取得する
> 　　　　行為（以下「限定提供データ不正取得行為」という。）又は限定提供デー
> 　　　　タ不正取得行為により取得した限定提供データを使用し、若しくは開示す
> 　　　　る行為

　法2条1項11号は、「限定提供データ」の不正取得に関して以下の行為を不正競争行為として定める。

> ①　窃取、詐欺、強迫その他の不正の手段により
> ②－A　限定提供データを取得する行為（「限定提供データ不正取得行為」）
> 又は
> ②－B　限定提供データ不正取得行為により取得した限定提供データを使用し、
> 　　　　若しくは開示する行為

　①の「窃取、詐欺、強迫その他の不正の手段により」の要件について、「窃取」・「詐欺」・「強迫」は、不正の手段の例示として挙げたものであり、「その他の不正の手段」とは、窃盗罪や詐欺罪等の刑罰法規に該当するような行為のみならず、社会通念上、これと同等の違法性を有すると判断される公序良俗に反する手段を用いる場合も含まれるものと解されている[21]。

ータと実質的に等しい場合や実質的に等しいものを含んでいると評価される場合には、「使用」の場合と同様、元データの「開示」に該当すると解されている（経済産業省「限定提供データに関する指針」21-22頁）。

21　具体例として、不正アクセス行為の禁止等に関する法律に違反する行為、刑法上の不正指令電磁的記録を用いる行為等の法令違反の行為や、これらの行為に準ずる公序良俗に反する手段によって、ID・パスワードや暗号化等によるアクセス制限を施した管理を破ることなどが挙げられている（経済産業省「限定提供データに関する指針」23頁）。

他方、例えば他法においてその目的の正当性が認められている場合（著作権法上の権利制限規定の適用にあたって求められる目的を有している場合など）は、その正当性を考慮し「窃取、詐欺、強迫その他の不正の手段により限定提供データを取得する行為」には該当しないと解されている[22]。

(4) 不正取得された限定提供データの悪意での取得・使用・開示（法 2 条 1 項 12 号）

> 第二条　この法律において「不正競争」とは、次に掲げるものをいう。
> （中略）
> 　十二　その限定提供データについて限定提供データ不正取得行為が介在したことを知って限定提供データを取得し、又はその取得した限定提供データを使用し、若しくは開示する行為

「限定提供データ」は、その性質上、複製・移転が容易であるため、被害拡大防止のための救済措置を設ける必要がある。他方、「限定提供データ」が不正取得されたことについて善意の第三者の行為が無制限に不正競争行為に該当するとなると、データの取引の安全が不当に害されかねない。そこで、法 2 条 1 項 12 号は、不正取得行為が介在したことについて悪意[23][24]の第三者が限定データについて取得し、さらに使用・開示する行為を不正競争行為としている。

そして、法 2 条 1 項 12 号における「悪意」の対象は、法 2 条 1 項 11 号に規定する「限定提供データ不正取得行為」が「介在したこと」となる。この「介在」とは、自らが取得する前のいずれかの時点で不正取得行為がなされたこと

22　経済産業省「限定提供データに関する指針」24 頁。

23　なお、「営業秘密」においては、「悪意」に加え、重大な過失によって不正取得等が介在したことを知らなかった場合も「不正競争」の対象としているが、「限定提供データ」では重過失を対象としていない。

24　「悪意」といえるためには、(a) 限定提供データ不正取得行為（法 2 条 1 項 12 号の場合。以下同様）又は限定提供データ不正開示行為（法 2 条 1 項 15 号の場合。以下同様）の存在と、(b) 限定提供データ不正取得行為又は限定提供データ不正開示行為が行われたデータと転得した（転得する）データとが同一であること（データの同一性）の両者について認識していることが必要とされる（経済産業省「限定提供データに関する指針」38-39 頁）。

を意味するとされている[25]。そのため、自己に直接データを引き渡した者が不正取得行為を行った場合のみならず、それ以前の者が不正取得行為を行った場合であっても、自身の取得時に当該不正取得行為があったことについて悪意であれば、「悪意」の要件を満たすこととなる。

(5) 不正取得された限定提供データの取得後における悪意での開示（法2条1項13号）

> 第二条　この法律において「不正競争」とは、次に掲げるものをいう。
> （中略）
> 　十三　その取得した後にその限定提供データについて限定提供データ不正取得
> 　　　　行為が介在したことを知ってその取得した限定提供データを開示する行為

　法2条1項13号は、「限定提供データ」の取得時に不正行為の介在等について善意であったとしても、その後不正行為の介在等を知った（悪意）場合に、開示行為に限定して不正競争行為と定める。営業秘密に関する同項6号と類似しているものの、同項13号では開示行為に限定し、使用行為を対象としていない点、及び営業秘密においては、「悪意」に加え、重大な過失によって不正取得等が介在したことを知らなかった場合も不正競争行為としているところ、「限定提供データ」では重過失を対象としていない点に留意されたい。
　いずれも、その趣旨はデータを使用する事業活動へ萎縮効果を与え、ひいてはデータ流通や利活用の阻害要因とならないようにする点にある[26]。

(6) 限定提供データ保有者から示された限定提供データの図利加害目的での使用・開示（法2条1項14号）

> 第二条　この法律において「不正競争」とは、次に掲げるものをいう。
> （中略）
> 　十四　限定提供データを保有する事業者（以下「限定提供データ保有者」とい

25　経済産業省「限定提供データに関する指針」38頁。
26　経済産業省「限定提供データに関する指針」41頁。

> う。）からその限定提供データを示された場合において、不正の利益を得
> る目的で、又はその限定提供データ保有者に損害を加える目的で、その限
> 定提供データを使用する行為（その限定提供データの管理に係る任務に違
> 反して行うものに限る。）又は開示する行為

　法 2 条 1 項 14 号は、限定提供データ保有者が、ライセンシー等に対して限定
提供データを示した場合[27] に、提供を受けた者が図利加害目的[28] で、その限定
提供データを保有者から許されていない態様で使用又は開示する行為を不正
競争行為としたものである。図利加害目的要件の該当性の判断にあたっては、
当該使用又は開示行為が限定提供データ保有者から許されていないことが当事
者双方にとって明らかであって、それを正当取得者が認識していることが前提
となり、正当な目的がある場合（データの保護を目的に緊急的に行われる行為に
該当する場合、法令に基づく場合、犯罪の存否の確認や訴追に必要なものとして提
出が求められる場合、その他保有者の保護すべき利益を上回る公益上の理由が認め
られる場合に、必要の限度で提供する行為等）には、当該使用又は開示行為が不
正競争行為とならないように解釈されるべきとされている[29]。
　なお、営業秘密に関する同項 7 号と類似しているものの、14 号における使用
については、図利加害目的のみならず、「限定提供データの管理に係る任務[30]
に違反して行うもの」であることが要件として加重されていることに留意され
たい。

27　「保有する事業者からその限定提供データを示された」とは、契約に従って限定提供データを
　受けるなど不正取得以外の態様で保有者から取得する場合であることを意味する（経済産業省「限
　定提供データに関する指針」26 頁）。

28　経済産業省「限定提供データに関する指針」27 頁、32 頁。

29　行為者が目的外使用禁止や第三者開示禁止の義務を認識している場合であっても、過失により
　契約で許された範囲を超えて当該データを使用又は開示する行為については、契約違反として債務
　不履行責任は問われる可能性があるとしても、図利加害目的ではないと考えられる（経済産業省
　「限定提供データに関する指針」30 頁）。

30　単なるデータに関する契約にとどまらず、限定提供データ保有者のためにする任務があると認
　められることが必要となると解されている（経済産業省「限定提供データに関する指針」33 頁）。

(7) 不正開示された限定提供データの悪意での取得・使用・開示（法2条1項 15号）

> 第二条　この法律において「不正競争」とは、次に掲げるものをいう。
> （中略）
> 　十五　その限定提供データについて限定提供データ不正開示行為（前号に規定
> 　　　する場合において同号に規定する目的でその限定提供データを開示する行
> 　　　為をいう。以下同じ。）であること若しくはその限定提供データについて
> 　　　限定提供データ不正開示行為が介在したことを知って限定提供データを取
> 　　　得し、又はその取得した限定提供データを使用し、若しくは開示する行為

　法2条1項12号と同様の趣旨から、2条1項15号は、不正開示行為が介在
したことについて悪意[31]の第三者が限定データについて取得し、さらに使用・
開示する行為を不正競争行為としている。

(8) 不正開示された限定提供データの取得後における悪意での開示（法2条1 項16号）

> 第二条　この法律において「不正競争」とは、次に掲げるものをいう。
> （中略）
> 　十六　その取得した後にその限定提供データについて限定提供データ不正開示
> 　　　行為があったこと又はその限定提供データについて限定提供データ不正開
> 　　　示行為が介在したことを知ってその取得した限定提供データを開示する行
> 　　　為

　法2条1項13号と同様の趣旨から、法2条1項16号は、取得後に、限定提
供データ不正開示行為があったこと又は限定提供データ不正開示行為が介在し
たことについて悪意に転じた転得者について、拡散により保有者が甚大な損失
を被るおそれがある開示行為に限定して不正競争行為と位置づけている。

31　なお、「営業秘密」においては、「悪意」に加え、重大な過失によって不正取得等が介在したこ
　とを知らなかった場合も「不正競争」の対象としているが、「限定提供データ」では重過失を対象
　としていない。

3　適用除外（法 19 条 1 項 9 号）

> 第十九条　第三条から第十五条まで、第二十一条及び第二十二条の規定は、次の
> 　各号に掲げる不正競争の区分に応じて当該各号に定める行為については、適用
> 　しない。
> （中略）
> 　九　第二条第一項第十一号から第十六号までに掲げる不正競争　次のいずれか
> 　　に掲げる行為
> 　　イ　取引によって限定提供データを取得した者（その取得した時にその限定
> 　　　提供データについて限定提供データ不正開示行為であること又はその限定
> 　　　提供データについて限定提供データ不正取得行為若しくは限定提供データ
> 　　　不正開示行為が介在したことを知らない者に限る。）がその取引によって
> 　　　取得した権原の範囲内においてその限定提供データを開示する行為
> 　　ロ　その相当量蓄積されている情報が無償で公衆に利用可能となっている情
> 　　　報と同一の限定提供データを取得し、又はその取得した限定提供データを
> 　　　使用し、若しくは開示する行為

（1）限定提供データの善意取得者

　悪意に転じた後の開示行為であっても、善意でデータを取得した転得者の取引の安全を保護する必要があることから、取引によって限定提供データを取得した者が、限定提供データの不正行為の介在等に関して悪意に転じる前に契約等に基づき取得した権原の範囲内[32]での開示行為については不正競争行為にはしないとの適用除外が設けられている（法 19 条 1 項 9 号イ）。

（2）無償で公衆に利用可能となっている情報と同一の限定提供データ

　相手を特定・限定せずに[33]無償[34]で広く提供されているデータは、自由な流

32　限定提供データを取得した際の取引において定められた条件の範囲内を意味し、形式的に契約期間が終了するものの、契約関係の継続が合理的に期待される契約の場合、継続された契約は「権原の範囲内」であると考えられている（経済産業省「限定提供データに関する指針」42 頁）。
33　利用において一定の義務（例えば、出典の明示等）は課されるものの、不特定かつ多数の者が

通を促進するべく、このような、いわゆるオープンデータ[35]と同一[36]の「限定提供データ」を取得し、又はその取得したデータを使用し、若しくは開示する行為については、差止請求や損害賠償請求に関する規定が適用されないこととされている（法19条1項9号ロ）。

4 効果

(1) 民事上の請求権

(a) 差止請求

　不正競争防止法は、上記の限定提供データに関する不正競争行為によって営業上の利益を侵害され、又は侵害されるおそれがある者は、その営業上の利益を侵害する者又は侵害するおそれがある者に対し、その侵害の停止又は予防を請求することができることを定めている[37]（法3条1項）。なお、不正競争防止

当該データにアクセスできる場合も、「公衆に利用可能」に当たると考えられている（経済産業省「限定提供データに関する指針」16頁）。

34　「無償」とは、データの提供を受けるにあたり、金銭の支払いが必要ない場合を想定しているが、金銭の支払いが不要であっても、データの提供を受ける見返りとして自らが保有するデータを提供することが求められる場合や、そのデータが付随する製品を購入した者に限定してデータが提供される場合等、データの経済価値に対する何らかの反対給付が求められる場合には、「無償」には該当しないものと考えられている（経済産業省「限定提供データに関する指針」16頁）。

35　なお、「オープンデータ基本指針」によれば、オープンデータとは、国、地方公共団体及び事業者が保有する官民データのうち、国民誰もがインターネット等を通じて容易に利用（加工、編集、再配布等）できるよう、次のいずれの項目にも該当する形で公開されたデータを指す。

　　①営利目的、非営利目的を問わず二次利用可能なルールが適用されたもの

　　②機械判読に適したもの

　　③無償で利用できるもの

36　「同一」とは、実質的に同一であることを意味し、例えば、並びを単純かつ機械的に変更しただけの場合は、実質的に同一であると考えられている。なお、「限定提供データ」の一部が「無償で公衆に利用可能となっている情報」と実質的に同一である場合は、当該一部が適用除外の対象となる（経済産業省「限定提供データに関する指針」17頁）。

37　明文の規定はないものの、差止請求（3条）及び損害賠償請求（4条）の請求権者は、「営業上の利益が侵害された者」や「侵害されるおそれがある者」とされていることから、公序良俗に反する情報等を提供する者は、不正競争防止法の法目的に照らし、営業上の利益を侵害される者や侵害されるおそれがある者には該当しないと解されている（経済産業省「限定提供データに関する指針」14頁）

法 3 条 1 項による行為の差止請求をするには、当該行為につき、不正競争の目的又は不正の目的があることを要しない（最判昭 42・4・11 民集 21 巻 3 号 598 頁〔三愛事件〕）。

(b) 損害賠償請求

　不正競争防止法 4 条本文は「故意又は過失により不正競争を行って他人の営業上の利益を侵害した者は、これによって生じた損害を賠償する責めに任ずる」と規定しており、営業秘密を侵害された者による損害賠償請求を認めている。なお、不正競争防止法では、特許法等で定められている過失の推定規定（特許法 103 条、意匠法 40 条、商標法 39 条等）は存しない。

　不正競争行為による損害額については、不正競争防止法 5 条が、不正競争行為による権利者の販売減少を理由とする消極的財産損害についての損害算定の特則を設けている（損害算定の内容は第 4 章を参照）。

(c) 消滅時効

　限定提供データを不正に使用する者がその行為を継続する場合において、限定提供データ保有者はその事実及びその行為を行う者を知った時から 3 年以内に差止請求を行わないときは、差止請求権は時効によって消滅し、その後に差止めを請求することはできないことになる（法 15 条 2 項、同条 1 項 1 号）。なお、不正使用行為の開始の時から 20 年を経過したときも同様である（法 15 条 1 項 2 号）。これは、不正使用行為が長期間継続したことによって生じた事実状態を保護し、法律関係を早期に安定させるという趣旨に基づくものである。

　そして、法 15 条により差止請求権が消滅した後に限定提供データを使用する行為によって生じた損害については、損害賠償請求権が発生しないとされている（法 4 条但書）。

(2) 刑事罰

　限定提供データを不正に取得・開示・使用等する行為については、データの利活用を委縮させるおそれもあるため、刑事罰は導入されていない。

Ⅳ　実務上の留意点

1　データを提供する場合

(1) 限定提供データ該当性について

　まず、提供するデータが限定提供データに該当するように、データの提供先の管理を行う必要がある（限定提供性）。そのため、データの提供を受け得る者を、提供者側で特定し、かつ捕捉できるように管理することが望ましい[38]。契約条件についても、契約上の地位の移転を禁止する条項や、第三者へのサブライセンスを禁止する条項を入れることも考えられるだろう。

　また、データのアクセス制限を施した上で当該制限が第三者に認識できるように管理する必要がある（電磁的管理性）。アクセス制限を確保するという観点からは、データそのものは自身の下に残した上で、提供先にアクセス権限のみを付与するといった方法の方が、管理がしやすい場合も少なくないと思われる。

(2) 取得・使用・開示行為の立証について

　前提として、いつの時点でいかなるデータを自身で保有していたかを、タイムスタンプ[39]等により、立証できるようにしておくことが望ましいであろう。

　その上で、データの提供を、アクセスログを保管することができるクラウドサービス経由で行う等して、データの移動等を捕捉しやすくしておくことが考えられる。

　なお、法2条1項14号に定める不正競争行為との関係では、使用や開示が許される範囲について契約上明記することや、開示が禁止される「第三者」の範囲について、子会社・関連会社等が含まれるか否かを契約上明確化しておく

38　この点は、利用規約等を用いて多数の者と契約する場合に特に問題となる。

39　電子データに時刻情報を付与することにより、その時刻にそのデータが存在し（日付証明）、またその時刻から、検証した時刻までの間にその電子情報が変更・改ざんされていないこと（非改ざん証明）を証明するための民間のサービス。一般財団法人日本データ通信協会が認定する時刻配信業務認定事業者が時刻を配信し、この配信された時刻に基づいて、同協会が認定する時刻認証業務認定事業者がタイムスタンプの発行サービスを行っている。

ことも考えられる[40]。

2　データの提供を受ける場合

　上述のように、限定提供データの取得・使用・開示行為が不正競争行為にあたるか否かの判断にあたっては、いかなる条件の契約が締結されたかが重要なポイントの1つとなる。そこで、データ受領者側としては、データの利用範囲が予め明確に分かっている場合には、当該利用範囲を契約上明確に定め、データの利用範囲が予め明確になっていると言い難い場合には、包括的な利用目的を定める等して、利用範囲を極力広く確保することが望ましいといえよう。

　また、受領するデータが不正競争行為によって取得されたものであると、その後当該事実について悪意になると当該データの活用の幅が狭まってしまうため、データの取得の経緯等を確認するとともに、受領するデータが不正競争行為によって取得されたものではないことの表明保証をデータ提供者に求めることも考えられるだろう。

〔山本飛翔〕

40　経済産業省「限定提供データに関する指針」28頁。

第 3 節

技術的制限手段

I　はじめに

　コンテンツ事業者やソフトウェア事業者は、映像、音楽、ゲームソフトといったコンテンツ又はプログラムの使用及び、コンテンツ等の複製の処理を技術的に制限する手段を用いて、事業者が意図したコンテンツ等のビジネスを展開している。このような使用・複製を技術的に制限する手段を回避しようとする行為も次々に立ち現れ、コンテンツ又はプログラムの流通に対する脅威となっていた。事業者が損害を被る場面も少なくなく、このような状況に対応すべく不正競争防止法は、技術的制限手段の効果を無効化するための機器等の提供行為を「不正競争」行為の一類型として規定し、対価が支払われなければコピーや使用ができないコンテンツ等を保護している。

　また、近年、AI 学習用データなどのデータの流通量が増大し、それに伴い技術的制限手段を設けたデータ取引も増加しているが、これに対応して、平成30 年改正では、技術的制限手段の効果を妨げる行為に対する規律が強化された。また、ビジネス及び通信技術などの進展により、技術的制限手段及びその効果を妨げる方法も変化しており、従前の法律では、想定されなかった行為が発生するようになった。平成 30 年改正では、このような変化にも対応している[1]。

　1　産業構造審議会　知的財産分科会　不正競争防止小委員会「技術的制限手段による保護について」（平成 29 年 9 月 26 日）、経済産業省　知的財産政策室「不正競争防止法平成 30 年改正の概要（限定提供データ、技術的制限手段等）」。

Ⅱ　問題となり得る法令

1　著作権法

(1) 概要

　技術的制限手段の対象となる著作物については、著作権法において保護されている。著作権等（以下、著作権、著作者人格権、出版権、実演家人格権、著作隣接権をいう）の効力が、著作物の視聴には及ばないことから、従前は、技術的保護手段を回避した複製などの著作物の利用についてのみ保護対象としてきた。

　ところが、近年、我が国も加盟した環太平洋パートナーシップ協定（TPP11）の内容に適合するために、平成 30 年改正により、技術的制限を受けた著作物について、従前著作権の効力対象外であった著作物の視聴等の行為も、保護対象とされるようになった[2]。

(2) 著作権法の整理

　著作権法では、複製等の著作権を侵害する行為を防止又は抑止する手段を「技術的保護手段」として定義し（著作権法 2 条 1 項 20 号）、一般に著作権の効力が及ばない視聴を制限する手段を「技術的利用制限手段」として定義している（同項 21 号）。「技術的利用制限手段」について、「視聴」には、プログラムの著作物の実行も含まれる（同号第 1 括弧書）。もっとも、「技術的利用制限手段」は、人格的利益の保護を対象としていない（第 2 括弧書にいう「著作権者等」には人格権者が含まれていない）。これは、著作物の視聴により人格的利益を害することがないと考えられるからである[3]。

　技術的保護手段は、そもそも著作権の侵害行為を保護対象とするため、救済

　2　文化庁「環太平洋パートナーシップ協定の締結に伴う関係法律の整備に関する法律（平成 28 年法律第 108 号）及び環太平洋パートナーシップ協定の締結に伴う関係法律の整備に関する法律の一部を改正する法律（平成 30 年法律第 70 号）について」（http://www.bunka.go.jp/seisaku/chosakuken/hokaisei/kantaiheiyo_hokaisei）
　3　加戸守行『著作権法逐条講義〔7 訂新版〕』（著作権情報センター、2021 年）865 頁。

規定としては、特別な規定を設けておらず、著作権法112条により差止請求を行うものとする。もっとも、私的使用のための複製に関する著作権の効力の制限規定に対する例外として、技術的保護手段を回避した場合には、私的使用のための複製であっても、著作権の効力が及ぶようになる（著作権法30条1項2号）。また、刑事罰も通常の著作権侵害と同様に適用される（同法119条1項）。もっとも、私的使用のための複製、つまり、上記著作権法30条1項2号の適用を受けて、著作権侵害を構成する場合には、個々人には罰則を適用するほど悪質な行為ではないとの判断の下、罰則の適用はない（同法119条1項括弧書）。

　技術的利用制限手段は、著作物の視聴を対象とし、著作権の侵害行為を保護対象としないことから、差止請求権は、別途、技術的利用制限手段を回避して著作物を使用する行為については、著作権の侵害とみなす行為として、著作権法113条6項に規定されている。視聴には、プログラムの著作物の実行も含まれる（著作権法2条1項21号第1括弧書）。プログラムの著作物の著作権を侵害する行為によって作成された複製物を業務上使用する行為については、そもそも技術的利用制限手段の有無とかかわらず、著作権を侵害するものとみなされるものの（著作権法113条5項）、技術的利用制限手段の機能を回避した場合には、私的視聴であっても著作権侵害とみなすことができる。また、著作権者の意思により著作物を視聴する行為は、本規定の適用から除かれている（同条6項括弧書）。加えて、例外規定として、技術的利用制限手段に係る研究又は技術の開発の目的上正当な範囲内で行われる場合その他著作権者等の利益を不当に害しない場合については、差止請求権が制限される。一方で、罰則については、著作権法119条1項の括弧書により、除かれている。

　技術的保護手段又は技術的利用制限手段の回避を行う機能とする装置等の譲渡等について、著作権法120条の2第1号により、罰則が規定されている。また、技術的保護手段及び技術的利用制限手段の回避の役務についても罰則が規定されている（同条第2号）。

　さらに、令和2年改正により、技術的保護手段の回避又は技術的利用制限手段の回避を行うことをその機能とする指令符号の譲渡等の行為を、その技術的保護手段等に係る著作権の侵害行為とみなすこととし（著作権法113条7項）、罰則も規定された（同法120条の2第4号）[4]。

上記をまとめると以下の表のとおりとなる。

		回避機能を有する装置等の譲渡等	回避を行う行為（不正コピーやアクセス）
技術的保護手段の回避	民事的救済	なし（ただし、指令符号のみ113条7項より著作権等の侵害とみなされる）	112条（一般的な著作権等の侵害）ただし、30条1項2号により、私的利用の制限規定の適用なし
	刑事罰	120条の2第1号（装置等）第2号（役務提供）第4号（指令符号）	119条1項（一般的な著作権侵害）
技術的利用制限手段の回避	民事的救済	なし（ただし、指令符号のみ113条7項より著作権等の侵害とみなされる）	113条6項（視聴について）113条5項（プログラムの業務上の使用、ただし、技術的制限手段の回避とは関わらず侵害行為による複製物）
	刑事罰	120条の2第1号（装置等）第2号（役務提供）第4号（指令符号）	なし（119条1項括弧書、ただし、113条5項該当行為は、119条2項6号で処罰される）

(3) 著作権法によって保護されない範囲

　著作権法上、技術的保護手段の回避又は利用制限手段の回避を行う装置等の譲渡等を行う行為及び技術的保護手段又は利用制限手段の回避の役務を提供する行為については、刑事罰（著作権法120条の2第1号及び第2号）が存在するものの、差止請求は規定されていない。したがって、上記装置等の譲渡等を行う行為について、差し止めることができない[5]。なお、民法709条による損害賠償請求権は、認められると考えられる[6]。

　したがって、民事的救済に着目した場合、技術的制限手段（保護手段又は利

　4　文化庁「著作権法及びプログラムの著作物に係る登録の特例に関する法律の一部を改正する法律 御説明資料」(https://www.bunka.go.jp/seisaku/chosakuken/hokaisei/r02_hokaisei/pdf/92359601_02.pdf)。

　5　民事上の差止めが規定されていない理由は、技術的保護手段、利用制限手段の回避を行う装置は、特定の著作物の著作権との結び付きが弱く、特定の著作物に係る著作権の侵害行為を特定できないことにあると考えられる。一方、指令符号の公衆への譲渡等が民事的救済が認められる理由は、各指令符号が、特定の著作物の視聴制限の回避と結び付きが強いからと考えられる。

　6　https://www.mext.go.jp/b_menu/shingi/bunka/gijiroku/013/05111401/002/014.htm において、文部科学省は、旧法において、技術的保護手段の効果を回避する装置等の譲渡について、民法上の損害賠償請求を行うことが可能であるとしている。

用制限手段）の効果を回避する装置等を譲渡等する業者の違法行為を差し止め
ようとするのであれば、以下に説明する不正競争防止法に基づく権利行使を検
討すべきである。

Ⅲ　不正競争防止法に基づく請求

1　不正競争防止法

（1）技術的制限手段とは

　不正競争防止法2条8項において「技術的制限手段」は以下のように定めら
れている。

> 第二条
> 8　この法律において「技術的制限手段」とは、電磁的方法により影像若しくは
> 　音の視聴、プログラムの実行若しくは情報の処理又は影像、音、プログラムそ
> 　の他の情報の記録を制限する手段であって、視聴等機器（影像若しくは音の視
> 　聴、プログラムの実行若しくは情報の処理又は影像、音、プログラムその他の
> 　情報の記録のために用いられる機器をいう。以下この項において同じ。）が特
> 　定の反応をする信号を記録媒体に記録し、若しくは送信する方式又は視聴等機
> 　器が特定の変換を必要とするよう影像、音、プログラムその他の情報を変換し
> 　て記録媒体に記録し、若しくは送信する方式によるものをいう。

（a）制限する客体

　技術的制限手段が制限する客体は、平成30年改正によって、旧法で保護さ
れていた「影像、音及びプログラム」に加えて、「情報（電磁的に記録されたも
のに限る）」も保護対象となった（以下、影像、音、プログラム及び上記情報を
「影像等」と記載する）。

　旧法によれば、人が視覚・聴覚で感知できない「電磁的に記録された情報」
は、同様のプロテクト技術が施されていても、旧法における保護対象に該当し
なかったが、AIに用いられるデータや、コンピュータゲームのセーブデータ

190

が、財産的価値を持ち、データ保護の必要性が高まったことから、追加された。

(b) 制限される行為[7]

　技術的手段によって制限される行為対象は、影像若しくは音の「視聴」、プログラムの「実行」及び情報の「処理」（アクセスコントロール技術）並びに影像等の「記録」である（コピーコントロール技術）。

　「視聴」は、影像、文字、図形等の視覚による感知又は音楽、音響等の聴覚による感知のいずれかの知覚による情報の取得及び認識をいう。

　「実行」は、プログラムの指令を実施して一の結果を得ることをいい、プログラム自体に対して変化をもたらすものではない。

　「処理」とは、情報に対して何らかの働きかけ、変化（削除含む）を加えることを意味するから、プログラムに変化を加えることなく、プログラムの指令に従って結果を得る「実行」とは区別される。なお、データを用いた情報処理は、必ずしもデータ自体に変更をもたらすものではないが、データから情報を抽出し表示することや、アプリケーションのパラメータが変化されることから、「処理」に含まれると解される。例えば、AI の学習用データによりモデルが学習される場合、データ自体が変化する訳ではないが、データの利用によりモデルのパラメータを変化させていることから、AI の学習用データの情報処理も、「処理」に含まれる。

(c) 制限の方式

　技術的制限の方式として、条文上以下の二つの方式が規定されている。

① 信号方式

　一つ目の方式は、「視聴等機器……が特定の反応をする信号を記録媒体に記録し、若しくは送信する方式」である。

　この信号方式は、さらに 2 種類に分けられる。

　一つ目は、影像等に信号が付加されており、これを検知すると影像等の使用又は複製が制限される「検知→不能方式」である。「検知→不能方式」の例と

7　逐条解説 130-139 頁。

しては、CD から MD へと録音する際に、2回目以降の複製を禁止するように信号が付加される、SCMS（シリアルコピーマネジメントシステム）が挙げられる。また、映画などのコンテンツの複製を防止するために、コンテンツが記録された DVD などに信号を付加し、機器がこの信号に反応（検知）した場合には、機器がコンテンツの記録を制限する場合が挙げられる。

　従前、視聴等機器が特定の反応をする信号を影像等と「同時に」送信しない方式が、本条の「技術的制限手段」に含まれるか否か争いがあったことから、特に刑事事件において、不起訴となる事例があった。そこで、平成30年改正により、旧法の「視聴等機器……が特定の反応をする信号を影像、音若しくはプログラムとともに記録媒体に記録し、若しくは送信する方式」との記載から「影像、音若しくはプログラムとともに」との記載が削除された。これにより、例えば、試行版として一部の機能のみが使用できる状態でアプリケーションをダウンロードし、その後、料金を支払って取得した「特定の反応をする信号」を使用することにより、全ての機能を使用できるようにするというアクティベーション方式が含まれることが明確になった。

　二つ目は、視聴等機器が影像等に付加された信号を検知したときに、影像等の使用等を可能とする「検知→可能方式」である。正規品の影像等には上記信号が付加されて譲渡等がなされるが、非正規品には上記信号が付加されていないことから、影像等の使用等が制限される、という方式で、例えば、海外からの並行輸入の防止のために用いられる DVD やゲームソフトに用いられるリージョンコードも、機器のリージョンコードに対応するリージョンコードがソフトに付加されていることにより実行等が可能になることから、この方式に含まれると考えられる。

　もっとも、「検知→可能方式」が、技術的手段に含まれるかについては、争いがある。この点について、知財高判平26・6・12裁判所ウェブサイト（平25（ネ）10067号）〔マジコン事件〕は、コンテンツ事業者の利益保護という本号の趣旨から、正規のプログラム以外のプログラムの実行を制限する「ために」、技術的制限手段（すなわち信号）を記録する、いわゆる「検知→可能方式」も、「技術的制限手段」に含まれる、と解釈すべきであるとして、「検知→不能方式」に限定しなかった。

② 暗号（変換）方式

　二つ目の方式は、「視聴等機器が特定の変換を必要とするよう影像、音、プログラムその他の情報を変換して記録媒体に記録し、若しくは送信する方式」である。この方式では、コンテンツ自体が、暗号化、スクランブル化（変換）されており、機器が、変換されたコンテンツを、使用できるように再変換する。例えば、視聴料金を支払った特定のユーザのみが持つ機器により、スクランブル放送を視聴する方式が挙げられる。

2　不正競争防止法 2 条 1 項 17 号又は 18 号

　法 2 条 1 項 17 号は、一般に技術的制限手段を回避することを禁止している場合にこれを回避する行為に関して規定し、同項 18 号は、特定の者、例えばコンテンツの使用料金を支払った者は、技術的制限手段による制限を受けない場合に、特定の者以外の者がこれを回避する行為に関して規定する。

　以下、共通する要件を中心に検討し、最後に差異点についても言及する。

第二条　この法律において「不正競争」とは、次に掲げるものをいう。
（中略）
　十七　営業上用いられている技術的制限手段（他人が特定の者以外の者に影像
　　　若しくは音の視聴、プログラムの実行若しくは情報（電磁的記録（電子的
　　　方式、磁気的方式その他人の知覚によっては認識することができない方式
　　　で作られる記録であって、電子計算機による情報処理の用に供されるもの
　　　をいう。）に記録されたものに限る。以下この号、次号及び第八項におい
　　　て同じ。）の処理又は影像、音、プログラムその他の情報の記録をさせな
　　　いために用いているものを除く。）により制限されている影像若しくは音
　　　の視聴、プログラムの実行若しくは情報の処理又は影像、音、プログラム
　　　その他の情報の記録（以下この号において「影像の視聴等」という。）を
　　　当該技術的制限手段の効果を妨げることにより可能とする機能を有する装
　　　置（当該装置を組み込んだ機器及び当該装置の部品一式であって容易に組
　　　み立てることができるものを含む。）、当該機能を有するプログラム（当該
　　　プログラムが他のプログラムと組み合わされたものを含む。）若しくは指

令符号（電子計算機に対する指令であって、当該指令のみによって一の結果を得ることができるものをいう。次号において同じ。）を記録した記録媒体若しくは記憶した機器を譲渡し、引き渡し、譲渡若しくは引渡しのために展示し、輸出し、若しくは輸入し、若しくは当該機能を有するプログラム若しくは指令符号を電気通信回線を通じて提供する行為（当該装置又は当該プログラムが当該機能以外の機能を併せて有する場合にあっては、影像の視聴等を当該技術的制限手段の効果を妨げることにより可能とする用途に供するために行うものに限る。）又は影像の視聴等を当該技術的制限手段の効果を妨げることにより可能とする役務を提供する行為

十八　他人が特定の者以外の者に影像若しくは音の視聴、プログラムの実行若しくは情報の処理又は影像、音、プログラムその他の情報の記録をさせないために営業上用いている技術的制限手段により制限されている影像若しくは音の視聴、プログラムの実行若しくは情報の処理又は影像、音、プログラムその他の情報の記録（以下この号において「影像の視聴等」という。）を当該技術的制限手段の効果を妨げることにより可能とする機能を有する装置（当該装置を組み込んだ機器及び当該装置の部品一式であって容易に組み立てることができるものを含む。）、当該機能を有するプログラム（当該プログラムが他のプログラムと組み合わされたものを含む。）若しくは指令符号を記録した記録媒体若しくは記憶した機器を当該特定の者以外の者に譲渡し、引き渡し、譲渡若しくは引渡しのために展示し、輸出し、若しくは輸入し、若しくは当該機能を有するプログラム若しくは指令符号を電気通信回線を通じて提供する行為（当該装置又は当該プログラムが当該機能以外の機能を併せて有する場合にあっては、影像の視聴等を当該技術的制限手段の効果を妨げることにより可能とする用途に供するために行うものに限る。）又は影像の視聴等を当該技術的制限手段の効果を妨げることにより可能とする役務を提供する行為

(1)「営業上用いられている」こと

　法３条及び４条の「営業上の利益」の文言から、営業上の利益を害すること、または害するおそれがあることが、権利行使のための要件であることは明らかであるが、定義規定によって不正競争行為を特定するために、本条においても「営業上用いられている」との限定が記載されている。

「営業上」とは、営利目的のみならず、広く事業として、との意味である。

(2) 「技術的制限手段の効果を妨げることにより可能とする機能」を有すること

　技術的制限手段の効果を弱めるか、無効にするような機能があることが必要となる。

　技術的制限手段を回避する手段として、平成 30 年改正により、「技術的制限手段の効果を妨げる機能を有する指令符号」を記録した記録媒体の譲渡等についても規制対象として追加された。近年では、技術的制限手段を無効化する情報の提供行為として、シリアルコードを販売するといった不正な情報提供行為が発生していることから、かかる行為も不正競争行為に含めることになった。具体的には、ソフトウェア認証コードのネットオークション販売や、不正に得たシリアルコードをインターネットに掲載する行為が、典型的な規制対象として挙げられる。

　また、最判令 3・3・1 判時 2545 号 101 頁では、ライセンスを受けた視聴用の特殊なビューワにより暗号化された影像データを復号した後に、当該影像データの記録及び保存行為を禁止するプログラムの機能を解除するプログラムのダウンロードについても、技術的制限手段の効果を妨げることにより影像の視聴を可能とする機能を有するプログラムであるとした。

(3) 禁止される行為について

　「当該機能を有するプログラム……若しくは指令符号……を記録した記録媒体若しくは記憶した機器を譲渡し、引き渡し、譲渡若しくは引渡しのために展示し、輸出し、若しくは輸入し、若しくは当該機能を有するプログラム若しくは指令符号を電気通信回線を通じて提供する行為」と規定され、プログラム及び指令符号については、これらを記録した記録媒体及び記憶した機器の譲渡等のみならず、インターネットといった電気通信回線を介して送信する行為についても、規制対象としている。

(4) 用途に供する「ために」について

　従前は、技術的制限手段の効果「のみ」を有する装置等を規制の対象として

いたが、十分にコンテンツ事業者を保護できない状況から、平成23年改正により、他の機能を有する装置等も規制対象とすることになった。もっとも、他の機能を有する装置等の場合には、「当該装置又は当該プログラムが当該機能以外の機能を併せて有する場合にあっては、影像の視聴等を当該技術的制限手段の効果を妨げることにより可能とする用途に供するために行うものに限る。」との規定により、規制対象を限定している。これは、無効化以外の用途に供するために、装置を提供する場合を制限対象から除くことを目的としている。

この「用途」は、装置等の機能・特徴に応じた使い途を意味し、他の機能の内容、提供の実態（例えば、装置の販売広告で、技術的制限を回避できることを示唆しているか等）及び使用者の利用実態等を要素として、総合的に判断される。例えば、本来別の用途に用いられ、記録や視聴等を制限するために付されている信号を検知しない機器については、制限対象から外れると考えられる。

(5) 役務提供行為について

平成30年改正により、「影像の視聴等を当該技術的制限手段の効果を妨げることにより可能とする役務を提供する行為」についても規制対象となった。これは、技術的制限手段を無効化する装置等の提供と同程度に悪質な行為と考えられるサービスの提供行為を規制する趣旨である。

役務の提供には、店舗等において、技術的制限手段を無効化した機器を利用し、客が映像等のコンテンツ等のコンテンツを視聴等可能とするサービス及び技術的制限手段を無効化する装置又はプログラムを用いて試用版ソフトウェアにかけられた技術的制限手段を無効にして正規版と同等のソフトウェアを提供する場合が想定される。また、海賊版ゲームの実行を可能にする装置に改造し、変換するサービスも含まれる。

(6) 不正競争防止法2条1項17号と18号に規定される不正競争行為の差異点

17号においては、第1括弧書きで「他人が特定の者以外の者に……をさせないために用いているものを除く。」と記載されるように、特定の者以外の者に、使用や記録をさせない場合が除かれている。一方で、18号は、特定の者以外の者に、コンテンツなどの使用や記録をさせない場合を対象としている。

　すなわち、17 号では、使用対象者を問わず、禁止したい行為がある場合を対象としており、例えば、使用料金を払ったユーザに対しても、複製を禁止する技術的制限手段を対象とする。18 号では、使用料金を支払った特定のユーザのみを、コンテンツの使用の対象とする技術的制限手段が対象となる。

3　適用除外

　不正競争防止法 2 条 1 項 17 号又は 18 号に関する適用除外については、法 19 条 1 項 9 号に定められている。

> 第十九条　第三条から第十五条まで、第二十一条及び第二十二条の規定は、次の各号に掲げる不正競争の区分に応じて当該各号に定める行為については、適用しない。
> （中略）
> 九　第二条第一項第十七号及び第十八号に掲げる不正競争　技術的制限手段の試験又は研究のために用いられる同項第十七号及び第十八号に規定する装置、これらの号に規定するプログラム若しくは指令符号を記録した記録媒体若しくは記憶した機器を譲渡し、引き渡し、譲渡若しくは引渡しのために展示し、輸出し、若しくは輸入し、若しくは当該プログラム若しくは指令符号を電気通信回線を通じて提供する行為又は技術的制限手段の試験又は研究のために行われるこれらの号に規定する役務を提供する行為

　形式的に 17 号又は 18 号の不正競争行為に該当する場合であっても、試験又は研究目的の場合には、差止め、損害賠償及び刑罰の適用を受けない。
　なお、セキュリティ対策等、情報保有者のために正当な目的で行う行為については、法 3 条又は 4 条で規定する「営業上の利益」の侵害に当たらず、刑事罰の対象にもならない。

4　効果

　本条項に違反する行為によって営業上の利益を害された者、通常は、技術的制限手段を用いてコンテンツを提供した者は、当該行為者に対して、差止請求

（法3条）及び損害賠償請求（法4条）をすることができる。

また、刑事罰（法21条2項4号）の対象ともされている。

Ⅳ　実務上の留意点

　不正競争防止法と著作権法とで、類似の規定が存在するところ、以下、相違点と併せて、実務上の留意点について説明する。

1　不正競争防止法と著作権法の差異について

(1)　権利行使の対象者の差異について

　技術的保護手段又は技術的利用制限手段を回避して著作物を視聴するユーザに対して、著作権法では、権利行使をすることができるが、不正競争防止法では、技術的制限手段を回避する装置等の提供行為が不正競争行為とされているのであり、ユーザの行為について不正競争行為として規定されていない。そのため、直接ユーザに対して権利行使を行う場合には、著作権侵害を検討することになる。

　したがって、民事的救済に着目した場合、技術的保護手段（技術的利用制限手段）の効果を回避する装置を使用するユーザ、あるいは、コンテンツの海賊版を販売する業者の違法行為を問題とするのであれば、著作権侵害の有無を検討することになる。

　同様に、技術的制限手段（保護手段又は利用制限手段）の効果を回避する装置等を譲渡等する業者の違法行為を問題するのであれば、不正競争防止法を検討し、一方で、当該装置を使用するユーザ、あるいは海賊版の販売サイトの違法行為を問題とするのであれば、著作権法が主たる検討対象となる。

(2)　主体に関する両法の対比

　著作権法における、権利の主体は、著作者であり（著作権法17条1項）、著作権については、権利を譲渡することで、著作者以外の者が権利の主体となるこ

とも可能である（同法 61 条 1 項）。一方で、不正競争防止法では、営業上の利益を侵害され、又は侵害されるおそれがあれば、民事的救済を受けることができる。

　すなわち、著作者（ないし著作権者）に、権利主体が限定されていない点で、不正競争防止法の方が保護を受けられる主体の範囲が広いと考えられる。

(3) 客体（保護対象）に関する両法の対比

　不正競争防止法においては、保護客体は、影像若しくは音、プログラム又は情報である。一方で、著作権法の保護客体は、著作物であり、著作物性が要求される。したがって、著作物性を要求されない点で不正競争防止法の方が保護範囲が広い。

　特に、著作権侵害訴訟では、著作物の全体が複製された場合はともかく、一部が複製された場合、複製された部分が創作性を有するかが、争点となり得る。例えば、電子ファイルは、一部のみを複製して、利用することは技術的に容易であることから、複製部分の創作性が争点の一つとなることは、珍しくない。また、平面的に絵画を映した写真は、創作性が認められないと解され得る[8]。しかしながら、不正競争防止法に基づく請求であれば、創作性の有無を問わず、救済を受けることが可能である。

　また、データそのものは、著作物の客体とならず、著作権法上の保護を受けることはできない。一方で、上記のとおり法改正によって、「情報」、すなわち、データも保護対象に含まれ、この点でも、不正競争防止法の方が保護範囲が広い。

　したがって、著作権法で保護されない客体についても、不正競争防止法違反によって救済を受けることができる可能性がある。

2　権利主張のための検討例

　ビジネス上は、自己が行う事業内容から想定される問題行為を具体的に特定

8　東京地判平 10・11・30 判時 1679 号 153 頁〔版画写真事件〕。

し、上記（1）対象となる行為、（2）主体的要件及び（3）客体的要件に照らし合わせて、著作権法と不正競争防止法のそれぞれの適用の有無を判断すべきである。

　例えば、販売代理店が、クリエイターが創作したデジタル画像に関する著作物を販売するビジネスにおいて、販売代理店が、技術的制限手段により、コピーガードを行っているものの当該コピーガードを解除してコピーを行って公衆送信を行う個人がいた場合を想定する。

　この場合、デジタル画像は、（3）著作物であり、（1）コピーガードを外してコピーを行う行為が問題となり、著作権侵害の主張が検討される。問題となる行為が個人の私的行為であっても、コピーガードを外していることから、私的利用に基づく権利の制限の適用は受けない（著作権法30条1項2号）。しかしながら、販売代理店は、（2）通常著作権者ではないことから、当該個人に対して、著作権侵害を主張して差止請求を行うことは、困難である。

　また、不正競争防止法違反を根拠としても、技術的制限手段を回避する装置を販売するなどしているわけではないことから、当該個人に対して（1）コピーガードを外してコピーを行う行為に対して差止請求を行うことはできない。

　したがって、販売代理店は、クリエイターから著作権法違反に該当する行為があった場合には、権利行使を行うなどの義務を予めクリエイターに課すなどして、クリエイターから協力を得られる状況を作っておく必要がある。

　一方で、（1）コピーガードを外すための装置やプログラムあるいは、役務を提供する業者に対しては、（2）販売代理店は、営業上の利益を害されているし、（3）デジタル画像は、影像の一つであり、不正競争防止法に基づく差止請求の行使が可能となると考えられる。

〔岸　慶憲〕

第 **4** 章

不正競争行為に対する民事的救済

I　はじめに

　ここまで見てきたとおり、不正競争防止法は、自由競争の範囲を逸脱し、公正な競争秩序を害する行為を規制することを目的としており、不正競争行為を規制することによって、周知・著名な商品等表示や、営業秘密などの、「知的財産」を保護している。

　「知的財産」の特徴は、「もの」とは異なり財産的価値を有する「情報」であるために、容易に模倣されやすく、利用されても消費されることなく、多くの者によって同時に利用することができる点にある。

　そのため、知的財産を侵害する行為を規制することによって保護している不正競争防止法の下でも、他の知的財産権法と同様、民事的救済として、損害賠償請求のみならず、侵害行為に対する差止請求や信用回復措置請求が認められる。

　しかし、他の知的財産権と異なり、権利の外縁が明確ではないため、訴訟において権利行使する際には、他の知的財産権に基づく民事的救済とは異なる留意点も存在する。

　本章では、不正競争防止法の下で認められる請求権を整理したのち、不正競争行為に対する民事的救済手段として、民事訴訟を提起することを念頭に、裁判手続に関する規定と当事者が留意すべき事項を検討し、最後に裁判以外の民事的救済手段の選択肢を概観する。

II 不正競争防止法の下で権利者に認められる請求

1 差止請求

通常の不法行為の場合と異なる最も重要な請求として、現在も不正競争行為によって営業上の利益が侵害され、またはそのおそれがある場合には、当該侵害行為の停止または予防を請求することができる（法3条1項）。

第三条　不正競争によって営業上の利益を侵害され、又は侵害されるおそれがある者は、その営業上の利益を侵害する者又は侵害するおそれがある者に対し、その侵害の停止又は予防を請求することができる。

差止請求権が認められるための要件事実は、

　　① 被告が不正競争行為をしたこと

　　② 営業上の利益を侵害され、またはそのおそれがあること

である。

前述のとおり、不正競争防止法は権利を付与する法律ではなく、行為を規制する法律であるため、そもそも被告が不正競争行為をしたことの立証が必要かつ重要となるが、その際に主張立証すべき内容や留意事項については、各章を参照されたい。

その他、以下の事項に留意すべきである。

(1) 差止対象の特定

差止請求の対象を明確に特定し、立証することが必要となるのは、他の知的財産権侵害の場合と同様である。不正競争行為を構成しない行為まで差止めを求めることは、過剰差止めとなり、認められない[1]。周知性が認められる地域

1　最判平11・7・16民集53巻6号957頁は、特許権侵害の事案であるが、方法の発明に基づく差止請求において、方法を実施して製造された物の差止めを認めた原審を破棄し、物の製造行為の差止めまでは認めなかった。

が限定される場合には、差止請求の地域的範囲も限定されるべきである[2]。また、周知表示の使用等が混同惹起行為に該当する場合でも、その製品の製造行為の差止請求は理由がない、とされた事例もある[3]。

(2) 営業上の利益の侵害

　法 3 条 1 項によれば、「営業上の利益を侵害され、又は侵害されるおそれがある者」が差止請求の請求権者とされる。

　「営業上の利益」における「利益」とは、経済収支上の利益のみならず、事業活動における信用・名声・ブランド価値等の事実上の利益を含むとされる。

　また、「営業」とは、営利を目的とすることを必要とせず、広く経済上その収支計算の上に立って行われるべき事業を含むと考えられており[4]、判例上、公益法人[5]、病院[6]、特定非営利活動法人[7]等の公益事業や非営利事業を目的とする者にも、差止請求が認められている。他方、一般消費者や消費者団体は、例えば原産地表示等の誤認惹起行為により誤って商品を購入したことにより損害を被ったとしても、「営業上の利益」を侵害されたわけではないから、誤認惹起行為の差止請求の請求権者にはなり得ない。

　なお、法 2 条 1 項 1 号の不正競争行為の場合について、差止請求権者は自ら周知表示を使用する商品を製造販売する者に限られない、として、（実際に国内で表示を使用しているわけではない）ライセンサーにも差止請求の請求主体性を認めた最高裁判例[8]が存在しており、請求権者の範囲がどこまで認められるのかは、類型によって検討を要する。

2　例えば、東京高判平 11・10・28 裁判所ウェブサイト（平 19 (ネ) 2081 号）。
3　知財高判令 1・8・29 裁判所ウェブサイト（平 31 (ネ) 10002 号）。
4　逐条解説 167 頁。
5　大阪地判昭 55・3・18 無体集 12 巻 1 号 65 頁。
6　東京地判昭 37・11・28 下民集 13 巻 11 号 2395 頁〔京橋中央病院事件〕。
7　大阪地判平 21・4・23 裁判所ウェブサイト（平 19 (ワ) 8023 号）〔アークエンジェルス事件〕。
8　最判昭 59・5・29 民集 38 巻 7 号 920 頁。

2 廃棄・除却請求

廃棄請求や除却請求は、単独では請求することができないが、差止請求をする場合には、これに付帯して請求することのできる請求である（法3条2項）。平成5年改正法によって営業秘密に係る不正行為以外の不正競争行為にも認められることが明文化された。

具体的には、「侵害の行為を組成した物」の廃棄と「侵害の行為に供した設備」の除却を請求する。そのため、差止請求権の要件事実に加えて、

　　③ 侵害者が、侵害組成物または侵害供用設備を所有していること

が、廃棄・除却請求権が認められるための要件事実となる。

(1) 対象物の特定

侵害組成物の例としては、被疑侵害品の在庫品や、カタログ等の宣伝広告物のほか、ウェブサイトにおける表示の削除なども含まれる。侵害供用設備の例としては、侵害品の製造装置などがある。

侵害者が所有することが要件にはなるが、訴訟において請求する際に「被告の所有する～」といった限定文言を付す必要はない。

(2) その他侵害の予防に必要な行為

「その他侵害の予防に必要な行為」として、営業秘密を内容とする電子データの消去[9]や、商号の抹消登記等を認めた裁判例もある[10]。

3 損害賠償請求

> 第四条　故意又は過失により不正競争を行って他人の営業上の利益を侵害した者は、これによって生じた損害を賠償する責めに任ずる。ただし、第十五条の規定により同条に規定する権利が消滅した後にその営業秘密又は限定提供データ

9　大阪地判平29・10・19裁判所ウェブサイト（平27（ワ）4169号）。
10　東京地判平19・1・26判時2031号153頁。

4

> を使用する行為によって生じた損害については、この限りでない。

　損害賠償請求は、差止請求と同時に請求することも、単独で請求することも可能である（法4条本文）[11]。ただし、営業秘密または限定提供データに関する不正競争行為については、法律関係の早期確定の要請から、差止請求権に消滅時効が定められているため（法15条）、差止請求権の消滅時効成立後は損害賠償請求もできない（法4条但書）。

　損害賠償請求権が認められるための要件事実は、差止請求権の要件事実に加えて、

　　　③ 侵害者の故意又は過失
　　　④ 損害の発生と損害額
　　　⑤ 侵害者の不正競争行為と損害との相当因果関係

である。

(1) 故意・過失の立証

　故意・過失は、差止請求をするための要件ではないが、損害賠償請求をするためには要件とされる。「過失」は、一般取引において通常求められる平均的取引者の注意力があれば営業上の利益の侵害という結果の発生を認識できたにもかかわらず、不注意で行う心理状態である。

　特許法やこれを準用する意匠法、商標法と異なり、権利の存在が公示されない不正競争防止法には、過失の推定規定がないため、過失の立証が必要となる。

(2) 損害の内容

　損害には、①侵害者の不正競争行為により販売機会を喪失したことによる逸失利益が含まれることはもちろん（これについて、後述する損害額の推定規定が存在する）、②権利行使のために必要となった調査費用等の積極的損害や、③

11　他の知的財産権法においては、損害賠償請求の規定は存在せず、民法709条に基づいて請求する。不正競争防止法も民法の不法行為法の特別法である点では他の知的財産権法と同様であるものの、不正競争行為は物権的な権利の侵害ではないことから、損害賠償請求が可能であることが注意的に規定されている。

弁護士・弁理士費用等も請求することができる[12]。③について、不正競争に基づく請求については、専門的要素が強いため、裁判例においても弁護士・弁理士費用の損害賠償は肯定されているが、実際にかかった弁護士・弁理士費用全額が認められることはなく、認容された損害額全体の1割程度とされるのが通常である。

また、財産的損害のほか、④無形損害も含まれる。ブランドイメージの毀損などを金銭的評価に換算して請求することも可能である。

さらに、損害額を立証するために必要な事実を立証することが極めて困難であるときは、裁判所が弁論の全趣旨及び証拠調べの結果に基づき、相当な損害額を認定することもできる（法9条）。

(3) 損害額の推定

他の知的財産権の場合と同様、不正競争防止法にも、逸失利益（上記①）による損害額を立証することが困難であるため、その負担軽減のための損害額の推定規定が存在する（法5条）。

ただし、不正競争行為には種々の類型が存在することから、すべての類型の不正競争行為について、推定規定が同様に適用されるわけではないことに注意が必要である。

逸失利益による損害額の推定方法には、概要、以下の3種類存在する。

① 被侵害者の物の単位数量当たりの利益をベースに被侵害者が侵害行為により喪失した販売数量を乗じて計算する方法（法5条1項）
② 侵害者の利益をベースに計算する方法（法5条2項）
③ 使用許諾料相当額をベースに計算する方法（法5条3項）

1項による場合には、自社の利益率を開示しなければならなくなるため、実際の訴訟においては、2項による推定方法が選択される傾向がある。不正競争防止法においては1項や3項については適用される行為類型が限定されるが、2項については限定もない。ただし、侵害者の利益率が著しく低い場合などには、2項による推定方法では損害が十分に救済されないことになる。また、2

12　最判昭44・2・27民集23巻2号441頁。

項についても不正行為と損害の因果関係が立証できない場合はある。

　なお、1 項の推定規定においては、侵害者の譲渡数量が被侵害者において販売することができない事情を侵害者が立証すれば、推定が覆滅される。

　ただし、令和 5 年改正により、特許法 102 条 1 項と同様、覆滅された部分に対しては、その数量に応じた使用料相当額を、さらに損害額として推定できることとなった（法 5 条 1 項 2 号）。特許法と同様、損害額を増額して被侵害者の保護を拡充する趣旨である。

　2 項においても、侵害者が推定を覆滅する事情を主張・立証すれば損害額の推定は覆滅される。この覆滅部分については、1 項のような明文規定はないものの、1 項の場合と同様に使用料相当額を被侵害者の損害として推定することができるとされている[13]。

(4)　不正競争防止法 5 条 1 項による損害額の推定

> 第五条　第二条第一項第一号から第十六号まで又は第二十二号に掲げる不正競争によって営業上の利益を侵害された者（以下この項において「被侵害者」という。）が故意又は過失により自己の営業上の利益を侵害した者（以下この項において「侵害者」という。）に対しその侵害により自己が受けた損害の賠償を請求する場合において、侵害者がその侵害の行為を組成した物（電磁的記録を含む。以下この項において同じ。）を譲渡したとき（侵害の行為により生じた物を譲渡したときを含む。）、又はその侵害の行為により生じた役務を提供したときは、次に掲げる額の合計額を、被侵害者が受けた損害の額とすることができる。
> 一　被侵害者がその侵害の行為がなければ販売することができた物又は提供することができた役務の単位数量当たりの利益の額に、侵害者が譲渡した当該物又は提供した当該役務の数量（次号において「譲渡等数量」という。）のうち被侵害者の販売又は提供の能力に応じた数量（同号において「販売等能力相応数量」という。）を超えない部分（その全部又は一部に相当する数量を被侵害者が販売又は提供をすることができないとする事情があるときは、

---

[13]　逐条解説 181 頁。なお、特許法について知財高判令 4・10・20 裁判所ウェブサイト（令 2（ネ）10024 号）参照。

当該事情に相当する数量（同号において「特定数量」という。）を控除した数量）を乗じて得た額
二　譲渡等数量のうち販売等能力相応数量を超える数量又は特定数量がある場合におけるこれらの数量に応じた次のイからホまでに掲げる不正競争の区分に応じて当該イからホまでに定める行為に対し受けるべき金銭の額に相当する額（被侵害者が、次のイからホまでに掲げる不正競争の区分に応じて当該イからホまでに定める行為の許諾をし得たと認められない場合を除く。）
イ　第二条第一項第一号又は第二号に掲げる不正競争　当該侵害に係る商品等表示の使用
ロ　第二条第一項第三号に掲げる不正競争　当該侵害に係る商品の形態の使用
ハ　第二条第一項第四号から第九号までに掲げる不正競争　当該侵害に係る営業秘密の使用
ニ　第二条第一項第十一号から第十六号までに掲げる不正競争　当該侵害に係る限定提供データの使用
ホ　第二条第一項第二十二号に掲げる不正競争　当該侵害に係る商標の使用

（a）適用範囲

　被侵害者の物の単位数量当たりの利益をベースに計算する推定方法については、2条1項1〜16号（ただし、4〜9号にかかる営業秘密の侵害事例においては、技術上の秘密に関する場合）および22号所定の不正競争行為における損害の算定について適用される。

　言い換えれば、営業秘密侵害行為の内、営業上の秘密に関する事案の場合と、技術的制限保護手段の無効化装置提供行為（17、18号）、ドメイン名の不正取得行為（19号）、誤認惹起行為（20号）、信用毀損行為（21号）については、それによる損害の額について1項の推定規定は適用されない。これらの類型においては、侵害者の行為がなければ被侵害者が利益を得られた、という関係性が認められないからである。

（b）被侵害者側の留意すべき事項

　被侵害者側は、

　　（ⅰ）侵害者が譲渡した侵害品の譲渡数量、

　　（ⅱ）侵害行為がなければ販売することができた自社商品の単位数量当た
　　　　りの利益の額、

　　（ⅲ）当該数量を販売する能力があること、

を主張立証することにより、侵害品の譲渡数量に自社商品の単位数量当たりの
利益の額を乗じた金額が、被侵害者の損害の額であると推定されることになる
（1 項 1 号）。ただし、侵害者の譲渡数量が被侵害者の販売可能数量を超過して
いることを、侵害者が立証した場合には、当該超過分については、後述する法
5 条 3 項と同様、

　　（ⅳ）使用料率

を主張立証すべきこととなる（1 項 2 号）。

　　（ⅰ）に関し、侵害者の譲渡数量は相手方の事情ではあるが、立証責任は原
告である権利者側にある。「譲渡」には無償譲渡も含まれ、さらに権利者の販
売機会を喪失させる行為も含まれるとされる[14]。

　　（ⅱ）に関し、侵害行為がなければ販売することができた商品は、侵害品と
市場において競合する商品であれば足り[15]、立証責任は原告である権利者側に
ある。これを否定する事情は、侵害者側で主張すべき抗弁事由とされる。不正
競争行為による侵害の場合、特許権に係る製品とは異なり、侵害品と権利者の
商品が直ちに市場において補完関係がある、と擬制することはできないから、
個別具体的な事情を勘案して判断されることになるとされる[16]。また、「利益」
とは、売り上げから変動経費を控除し、固定費は控除しない「限界利益」[17] で
あるとされる。なお、特許法 102 条 1 項に関し、商品の一部のみに特許発明が
実施されている場合であっても、自社商品の利益の額の全額が被侵害者の逸失
利益であると事実上推定され、一部に過ぎないことを侵害者が立証することに
より事実上の推定が一部覆滅される、とする考え方を知財高裁の大合議判決[18]

14　特許法 102 条 1 項につき、知財高判平 27・11・19 判タ 1425 号 179 頁。

15　特許法 102 条 1 項につき、知財高判令 2・2・28 判時 2464 号 61 頁。

16　逐条解説 169 頁。

17　ただし、会計上の概念とは必ずしも一致しないため、控除すべき金額は事案ごとに判断される。

18　前掲知財高判令 2・2・28。

が示していることから、法5条1項についても同様の考え方が適用されるものと考えられる。

（ⅲ）に関しても、立証責任は原告である権利者側にあり、侵害者の譲渡数量が自社の余剰生産能力の範囲内であることを主張立証すべきことになる。

（ⅳ）に関しても、立証責任は原告である権利者側にあり、主張すべき使用料率は、後述する法5条3項において主張する内容と同様である。

(c) 侵害者側の留意すべき事項

侵害者側は、

　　被侵害者が販売することができないとする事情

を主張立証することで、推定された損害額を減額することができ（推定を覆滅させる事情）、侵害者側が立証責任を負う。

「侵害行為により侵害品が譲渡された」ことにより、「被侵害者の商品を譲渡することができなくなった」との相当因果関係を否定する事情であれば、広く含まれ得るとされる。知財高裁の大合議判決においては、「例えば、①特許権者と侵害者の業務態様や価格等に相違が存在すること（市場の非同一性）、②市場における競合品の存在、③侵害者の営業努力（ブランド力、宣伝広告）、④侵害品及び特許権者の製品の性能（機能、デザイン等特許発明以外の特徴）に相違が存在することなどの事情がこれに該当するというべきである。」とされる[19]。

(5) 不正競争防止法5条2項による損害額の推定

> 2　不正競争によって営業上の利益を侵害された者が故意又は過失により自己の営業上の利益を侵害した者に対しその侵害により自己が受けた損害の賠償を請求する場合において、その者がその侵害の行為により利益を受けているときは、その利益の額は、その営業上の利益を侵害された者が受けた損害の額と推定する。

19　前掲知財高判令2・2・28。

（a）適用範囲

　侵害者側の利益を損害額と推定するこの規定は、法律上の事実推定規定とされ、不正競争行為の類型を問わず適用される。ただし、「損害額」を推定する規定であって、「損害の発生」を推定する規定ではないことから、被侵害者は損害が発生していること、すなわち、「侵害者の不正競争行為がなかったならば、被侵害者は利益を得られていたであろうという事情が存在すること」については、被侵害者が立証する必要がある。類型によっては、その立証が容易でない場合もあるため[20]、当然に本条項の適用があるわけではないことに注意が必要である。

（b）被侵害者側の留意すべき事項

　被侵害者としては、「侵害者の不正競争行為がなかったならば、被侵害者は利益を得られていたであろうという事情が存在すること」を立証したうえで、

　　（ⅰ）侵害者による販売数量

　　（ⅱ）侵害者の商品の単位当たりの利益の額

を主張立証すれば、これらを乗じた額が被侵害者の損害額であることが推定されることになる。

　損害額は、原則として侵害者が得た利益の「全額」であると推定される。

　「利益」とは、売上金額から変動経費を控除した「限界利益」であることは、1 項の場合と同様である[21]。

（c）侵害者側の留意すべき事項

　侵害者側は、「侵害者が得た利益と被侵害者が受けた損害との相当因果関係を阻害する事情」を主張立証することで、上記推定を覆滅することができる。具体的に主張すべき事項として、特許法 102 条 2 項に関し、知財高裁は、「①

20　誤認惹起行為による損害の発生を認めず、同条項の適用を認めなかった事例として、大阪地判平 24・9・13 判時 2182 号 129 頁。他方、適用を認めつつ、推定覆滅事由を認めた事例として、大阪地判平 29・1・31 判時 2351 号 56 頁。信用毀損行為について、損害の発生を認めなかった事例として、東京地判平 18・7・6 判時 1951 号 106 頁。

21　知財高判令 1・6・7 判時 2430 号 34 頁。

特許権者と侵害者の業務態様等に相違が存在すること（市場の非同一性）、②市場における競合品の存在、③侵害者の営業努力（ブランド力、宣伝広告）、④侵害品の性能（機能、デザイン等特許発明以外の特徴）などの事情について、特許法102条1項ただし書の事情と同様、同条2項についても、これらの事情を推定覆滅の事情として考慮することができる」と判示していることから[22]、法5条2項においても同様であると解される。覆滅事由の主張立証責任は侵害者側が負う。

(6) 不正競争防止法5条3項による損害額の推定

> 3　第二条第一項第一号から第九号まで、第十一号から第十六号まで、第十九号又は第二十二号に掲げる不正競争によって営業上の利益を侵害された者は、故意又は過失により自己の営業上の利益を侵害した者に対し、次の各号に掲げる不正競争の区分に応じて当該各号に定める行為に対し受けるべき金銭の額に相当する額の金銭を、自己が受けた損害の額としてその賠償を請求することができる。
> 　一　第二条第一項第一号又は第二号に掲げる不正競争　当該侵害に係る商品等表示の使用
> 　二　第二条第一項第三号に掲げる不正競争　当該侵害に係る商品の形態の使用
> 　三　第二条第一項第四号から第九号までに掲げる不正競争　当該侵害に係る営業秘密の使用
> 　四　第二条第一項第十一号から第十六号までに掲げる不正競争　当該侵害に係る限定提供データの使用
> 　五　第二条第一項第十九号に掲げる不正競争　当該侵害に係るドメイン名の使用
> 　六　第二条第一項第二十二号に掲げる不正競争　当該侵害に係る商標の使用

(a) 適用範囲

　使用料相当額を損害額と推定する規定については、当該行為を禁止することにより守ろうとしている知的財産が、対価を支払ってを使用することが想定さ

22　前掲知財高判令1・6・7。

れないような場合、すなわち、法 2 条 1 項 17、18 号（技術的制限手段無効化装置の提供）、20 号（誤認惹起行為）、21 号（信用毀損行為）については、適用されない。

（b）被侵害者側の留意すべき事項

本条項による損害を主張する場合には、損害（逸失利益）の発生を立証する必要はなく、被告製品の単価と、受けるべき金銭の額として、料率を主張立証すれば足りる。使用料率については、令和 5 年改正により法 5 条 4 項が創設され、侵害があったことを前提として合意した場合の実施料相当額を考慮できるとされたことから、通常の使用料率に比べて高額な料率を主張し得ることとなった。

（c）侵害者側の留意すべき事項

侵害者側としては、料率を下げる事情、例えば、商品等表示であれば、それ以外の要素に顧客吸引力がある、売り上げに貢献しているのは他の要素である、といった事情を主張すべきである。

4　信用回復措置請求

不正競争行為により営業上の信用を害された者は信用回復措置を請求することもできる（法 14 条）。裁判例では、虚偽事実の告知流布に関する事例において、新聞等への謝罪広告が認められた事例などがあるが[23]、「信用回復措置の必要性」、すなわち、損害賠償のみでは補塡されない信用の低下があることを立証する必要があり、通常、これが認められることは稀である。

5　混同防止表示付加請求

法 2 条 1 項 1 号または 2 号に掲げる行為について自己の氏名を不正の目的で

23　大阪地判平 19・6・11 裁判所ウェブサイト（平 18（ワ）5437 号）。

なく使用等する者、または先使用権を有する者に対して、その使用を受忍しなければならない当事者は、混同防止表示を付加するよう求めることができる（法19条2項）。適用除外条項（法19条1項2号、3号）により、形式的に混同惹起行為に該当するものの適用除外とされた場合において、周知表示等を使用したい者と、使用を継続する者との利益の調整を図る趣旨とされる。

Ⅲ　裁判手続の検討

　後述する、裁判外の紛争解決手段（ADR）を利用しない場合には、裁判手続による紛争解決をはかることになる。

1　裁判手続の種類

　民事裁判手続には、大きく分けて、民事保全手続と民事訴訟手続がある。

(1) 民事保全手続

　民事保全手続は、訴訟で争って判決を得て、その強制執行の手続を行っていては、債務者に財産を処分され、または権利者（債権者）が取り返しのつかない損害を被ってしまうような場合に、判決を待たずに暫定的な救済を行うための手続である。保全手続の種類には、①財産を差し押さえる「仮差押え」と、②暫定的な処分を認める「仮処分」がある。知的財産権侵害の場合、②の仮処分の内、判決を待たずに侵害行為の差止めを求める、「仮の地位を定める仮処分」を申し立てることが多い。（損害賠償請求には、保全手続を求めるべき緊急性はないため、保全手続においては差止請求のみ行うことになる。）

　民事保全手続の特徴は、①審理期間が一般的に短期間であること、②手続が非公開であること、③印紙代が一律2000円と安価であること、④立証の程度が「証明」ではなく「疎明」で足りること、⑤相手方の同意がなくても取下げが可能であること、などが挙げられる。何よりも、決定が出されれば、（相当額の担保金を供託したうえであることは当然としても）、判決・執行を待たずに差

止めの仮処分が認められるという点で、その効果は絶大である。

　ただし、仮の地位を定める仮処分の場合には、相手方への影響が著しいため、相手方の言い分を聞くための「審尋手続」を経なければ、裁判所は決定を出すことができない（必要的審尋。民事保全法 23 条 4 項本文）。知的財産権侵害の場合、その判断の難しさと、債務者の営業活動への影響の大きさから、裁判所も慎重に審理を行うため、審理期間は実際にはそれほど短縮されないことが多い[24]。審理の結果、民事保全処分の申立てを認める決定が出された場合には、指定された期間内に必ず本訴を提起しなければならず、提起しない場合には決定が取り消されることになる。

(2) 民事訴訟手続

　不正競争防止法には様々な類型の不正競争行為があるが、交渉等で解決できない限り、多くの場合は民事訴訟が選択される。

　被侵害者側は、差止請求及び損害賠償請求、その他、前述の請求権のいずれか、またはすべてを主張して訴訟を提起することになる。

　他方、侵害していないことを確信する被疑侵害者側から、差止請求権や損害賠償請求権等の不存在確認訴訟を提起する場合もある。この場合、被侵害者からの権利行使の蓋然性があることなど、「確認の利益」が必要とされる。

　各類型の不正競争行為に対する民事訴訟において留意すべき事項等については、各章の「実務上の留意点」に関する記載を参照されたい。

2　管轄

　不正競争防止法関連の事件をどの裁判所に訴えるかを定める裁判管轄については、民事訴訟法に規定されている。不正競争行為は不法行為の一つであり、通常の訴訟と同様に管轄が決まることになる。すなわち、東京地方裁判所や大阪地方裁判所に限定される特許権侵害訴訟などと異なり、他の地方裁判所に訴

24　ほとんどの場合に特許権の有効性が争われる特許権侵害訴訟においては、仮処分を申し立てたとしても、審理期間は通常訴訟とそれほど変わらなくなる場合が多いため、最初から本訴を提起するか、仮処分と本訴を同時に提起する場合も多い。

訟を提起することができる。

(1) 被告の普通裁判籍 (民事訴訟法4条)

　普通裁判籍とは、個人の場合は住所または居所、法人の場合は主たる事務所または営業所所在地である。相手方の住所地が遠方である場合などには、被告の住所地を根拠に管轄裁判所を選択することは不利になるため、別の管轄原因がある場合には、そちらを選択することになる。

(2) 不法行為地 (民事訴訟法5条9号)

　不法行為に関する訴えの場合は、「不法行為があった地」の裁判所に訴えることができる。一般の不法行為に限らず、不正競争行為に対する差止請求の場合も、不法行為、すなわち、不正競争行為があった地の裁判所に訴えることができる[25]。

　「不法行為があった地」とは、不正競争行為の場合、被告が不正競争行為を実際に行った地または原告の損害が発生した地であり、違法行為が行われるおそれのある地をも含む。権利者は、侵害者の住所地ではなく、自らの住所地で訴える方が有利であるから、不法行為地を管轄原因として選択することが多い。

(3) 義務履行地 (民事訴訟法5条1号)

　金銭債務は持参債務の原則 (民法484条) により、原告の住所地が義務履行地になる。不正競争行為に対する損害賠償請求は金銭債務になるので、権利者の住所地の裁判所に訴えることができる。

(4) 応訴管轄 (民事訴訟法12条)

　上記の管轄原因のない土地の裁判所に訴訟を提起したとしても、相手方がその訴訟に応答すれば、その地の裁判所に訴訟が係属することになる。

---

[25]　最判平16・4・8民集58巻4号825頁。

(5) 合意管轄（民事訴訟法 11 条）

当事者間で合意した管轄地があれば、その地の裁判所に訴訟を提起することができるが、不正競争行為に関する訴えを提起する場合に、相手方との間で管轄地の合意が成立することは、通常は考えられない。

(6) 競合管轄（民事訴訟法 6 条の 2）

不正競争訴訟に関しては、上記の通常の管轄原因に加えて、民事訴訟法に特別の規定が設けられており、管轄裁判所が、①東京高裁、名古屋高裁、仙台高裁および札幌高裁の管轄区域内にある地方裁判所である場合は、東京地裁にも競合して管轄が認められ、②大阪高裁、広島高裁、福岡高裁および高松高裁の管轄区域内にある地方裁判所である場合は、大阪地裁にも競合して管轄が認められる。

東京地裁と大阪地裁には、知的財産に関する訴えを専門的に扱う知的財産部が存在しているので、当事者が希望する場合には、東京地裁か大阪地裁に訴えが提起できるように手当てされているのである。

(7) 特許権に関する訴えの場合の専属管轄（民事訴訟法 6 条 1 項）

不正競争訴訟のうち、虚偽事実の告知流布行為の内容が「特許権侵害である」という内容である場合には、不正競争訴訟であっても「特許権に関する訴え」に該当することになる。この場合には、民事訴訟法 6 条 1 項に基づき、東京地裁と大阪地裁が専属管轄となる[26]。

3　審理手続

他の知的財産権訴訟の審理手続と同様、侵害論の審理と損害論の審理は分けて行われる。まず侵害論の審理が行われ、審理の結果、侵害が認定された場合にのみ、損害論の審理に入る。

知的財産権の事件については、裁判所が審理モデルを開示しており、概ね審

26　知財高決平 28・8・10 裁判所ウェブサイト（平 28（ラ）10013 号）。

理モデルにしたがった審理手続が行われる[27]。

　審理モデルによれば、第一回口頭弁論期日が法廷で開かれた後は、弁論準備手続きに付され、約 1 か月ごとに当事者が提出した準備書面の主張に基づいて、非公開の手続の中で争点整理が行われる。

4　証拠収集における特則

　不正競争訴訟においても、他の知的財産権の訴訟と同様、証拠が一方当事者に偏在し、侵害の事実や損害額の立証が困難であることに鑑み、証拠収集についての特則が設けられている。以下、簡単に紹介する。

(1)　具体的態様の明示義務（法 6 条）
　民事訴訟における原則は、差止請求や損害賠償請求をする当事者が、権利発生の根拠となる侵害の事実を主張立証しなければならないことから、立証責任を負わない侵害者は、理論的には単に認否をするだけで足りる。しかし、知的財産権侵害においては、通常、被疑侵害者側に証拠が偏在する場合が多く、単に否認するのみでは、被侵害者に不利となる場合が多いことから、法は、被侵害者の主張を否認するときは、相手方は、自己の行為の具体的態様を明らかにしなければならない、との規定を設けている。すなわち、侵害している物・方法を具体的に主張することが求められる。

　ただし、相当の理由がある場合にはこの限りではない。「相当の理由」とは、主張すべき内容が何もない場合や、自己の具体的態様の内容に営業秘密が含まれている場合であるとされていたが、秘密保持命令の制度が導入されたことから、単に営業秘密が含まれているのみでは「相当の理由」が認められないことに注意が必要である。

　この義務に違反した場合の効果については、法は何ら規定を設けていないこ

27　裁判所ウェブサイト参照。東京地裁の審理モデル・侵害論（https://www.courts.go.jp/tokyo/vc-files/tokyo/file/tizai-singairon1.pdf）、損害論（https://www.courts.go.jp/tokyo/vc-files/tokyo/2023/min29-40-46-47/tizai-songairon1.pdf）、大阪地裁の審理モデル（https://www.courts.go.jp/osaka/saiban/tetuzuki_ip/sinri_keikaku_sinri/index.html）。

とから、強制力のある規定ではない。しかしながら、実務においては、この義務を果たさない相手方については、その主張を真実と認められないなど、事実上、不利益を被ることになる。

(2) 書類提出命令（法7条）

民事訴訟法の文書提出命令に加えて、裁判所は、当事者の申立てにより侵害行為について立証するため又は損害の計算をするため必要な書類の提出を命ずることができる。

その際、書類中に記載されている営業秘密が不必要に開示されることを避けるため、裁判官のみによるインカメラ審理手続により審理を行うことができ（法7条2項）、必要があれば専門委員を関与させることも可能である（同条4項）。

さらに、インカメラ審理手続の際に、裁判所が書類の提出を拒む正当な理由があるかどうかについて意見を聴くことが必要であると認める場合は、当事者等に対して当該書類を開示することができる（同条3項）。

(3) 損害計算のための鑑定（法8条）

当事者は、損害の計算をするため必要な事項について鑑定人に対して説明しなければならない。

(4) 相当な損害額の認定（法9条）

損害額を立証するために必要な事実を立証することが極めて困難であるときは、裁判所は、口頭弁論の全趣旨及び証拠調べの結果に基づき、相当な額を認定することができる。

(5) 秘密保持命令制度（法10条〜12条）

裁判所は、当事者等に対し、準備書面又は証拠に含まれる営業秘密を訴訟の追行の目的以外の目的で使用し、又は開示してはならない旨を命ずることができる。これに違反すると刑事罰が科せられる（法21条3項6号）。

提出された証拠に営業秘密が含まれる場合、証拠に含まれる営業秘密の漏え

いを防止するための手段として、閲覧制限（民事訴訟法 92 条）や、不正競争防止法による差止請求・損害賠償請求等が存在していたが、このような手段では保護としては不十分であったため、証拠として提出させた営業秘密を保護する制度として導入されたものである。

(6) 当事者尋問等の公開停止（法 13 条）

　不正競争による営業上の利益の侵害に係る訴訟において、侵害の有無についての判断の基礎となる事項であって営業秘密に該当するものにつき、当事者等が尋問を受ける場合において、裁判所は、尋問を公開しないで行うことができる。

Ⅳ　渉外事案の準拠法・裁判管轄

　不正競争防止法違反行為の全部または一部が日本国外で行われた場合、日本の不正競争防止法が適用されるのか、また、日本の裁判所において争えるのか、いわゆる準拠法及び裁判管轄の問題に関しては、刑事事件に関する規定は存在していたものの、民事事件に関しては特別の規定は存在していなかった。
　しかし、令和 5 年改正法（令和 6 年 1 月 1 日施行）において、法 19 条の 2 及び法 19 条の 3 が新設され、営業秘密の侵害類型の一部については、日本の裁判所が裁判管轄を有し、日本の不正競争防止法が適用されることが明記された（第 3 章第 1 節参照）。
　上記規定に含まれない不正競争行為の類型に係る渉外事案の準拠法及び裁判管轄の考え方は、以下のとおりである。

1　準拠法

　準拠法の決定については、条理により市場地法によるべきである、とする見解や、不正競争行為の類型を二つに分け、それぞれ区別して決するべきである、とする見解があるが、「法の適用に関する通則法」（以下「通則法」）によるべき

とする見解が多数説のようであり、裁判例も通則法によって準拠法を定めている。

　不正競争行為を理由とする差止請求訴訟及び損害賠償請求訴訟は、その法的性質は不法行為であると決定され、通則法 17 条の規定に基づき、①「加害行為の結果が発生した地の法」（結果発生地法）によるのが相当とされる。ただし、通則法 17 条但書の規定に基づき、結果の発生が通常予見できないものであったときは、②「加害行為が行われた地の法」（行為地法）による。さらに、通則法 20 条の規定により、明らかに上記①や②よりも密接な関係がある他の地がある場合には、その地の法による、とされる。

　裁判例には、①日本法人による国外での虚偽告知行為について差止めを求める事案において、通則法 17 条により、結果発生地は当該外国になるが、当事者双方とも日本法人で、国外での告知行為についての意思決定は日本国内で行うと考えられること、告知行為による結果は日本国内の日本法人に発生すること等から、通則法 20 条により、準拠法を日本法としたもの[28]や、②形態模倣行為の事案において、日本法人による外国の顧客への販売の差止めを求める事案において、やはり通則法 17 条により、結果発生地は当該販売地の国になるが、日本法人が受注し、当該販売国へ輸出するという販売形態であること、販売先は複数の国であることなどから、通則法 20 条により、準拠法は販売地の法ではなく、より密接な関係がある日本の法律である、としたもの[29]がある。

2　裁判管轄

　当事者が外国の企業であったり、外国における行為が問題となったりすることの多い不正競争に係る紛争において、いずれの国の裁判所が裁判を行うか、国際裁判管轄が問題となる。

　平成 23 年の民事訴訟法改正によって、国際裁判管轄の規定が新設されたが、不正競争についての特別な規程は存在しないため、通常の民事訴訟と同様に国際裁判管轄が決定される（民事訴訟法 3 条の 2 ないし 3 条の 8 参照）。

28　知財高判平 21・12・15 裁判所ウェブサイト（平 21（ラ）10006 号）。
29　知財高判平 31・1・24 判時 2425 号 88 頁。

不正競争行為は不法行為の一つであることから、通常、不法行為地に裁判籍が認められる（民事訴訟法3条の3第8号）。「不法行為地」にも「原因行為地」と「結果発生地（損害発生地）」があり、さらに差止請求については、「違法行為が行われるおそれのある地」や、「権利利益を侵害されるおそれのある地」も含まれるとされることから[30]、実際の紛争においては、管轄原因事実の主張立証と、本案における主張立証とは、実質的に重なることとなる。

　どのような事実を主張立証すれば不法行為地の裁判籍が認められるか、については、学説において様々な議論がなされているが、不法行為（著作権侵害）に基づく損害賠償請求訴訟において、最高裁は、裁判籍を認めるためには不法行為の存否についての「一応の証明」を要するとした原審の判断を否定し、「原則として、被告が我が国においてした行為により原告の法益について損害が生じたとの客観的事実関係が証明されれば足りる」[31]との判断を示した（客観的事実証明説）。なお、民事訴訟法3条の3第8号の括弧書は、「外国で行われた加害行為の結果が日本国内で発生した場合において、日本国内におけるその結果の発生が通常予見することのできないものであったときを除く」と規定していることから、日本において損害が発生することが加害者にとって予見不可能な場合には、予見不可能であったことを主張立証することで、日本の国際裁判管轄が否定されることになる。

　差止請求訴訟の場合にも、最高裁は、やはり客観的事実証明説の立場から、「被告が原告の権利利益を侵害する行為を判決国内で行うおそれがあるか、原告の権利利益が判決国内で侵害されるおそれがあるとの客観的事実関係」が証明されれば足りる、と判示している[32]。

V　裁判外の紛争解決手段

　交渉段階において、当事者間の話し合いによる解決ができなかった場合、第

30　最判平26・4・24民集68巻4号329頁。
31　最判平13・6・8民集55巻4号727頁。
32　前掲最判平26・4・24。

三者を交えた紛争解決を目指すこととなるが、紛争解決手段としては、民事訴訟だけでなく、裁判外の紛争解決手段（ADR／Alternative Dispute Resolution）が存在する。

　一般に、ADR のメリットは、①費用が相対的に安いこと、②柔軟な解決が可能であること、③解決までに要する時間が相対的に短いこと、④非公開の手続であること、などである。また、相手方の所在地が外国であるような場合に、ADR による紛争解決に合意できれば、裁判管轄の有無などの争いを回避することもできる。

　ただし、ADR のデメリットとして、当事者間の合意が必要となる手続であるうえ、最終的な結論に強制力がないため、相手方が従わない場合には、結局裁判に持ち込まざるを得ない点が挙げられる。

　ここでは、知的財産をめぐる紛争における ADR の種類と機関について、ごく簡単に紹介する。

1　仲裁

　仲裁は、「当事者が紛争についての判断を、中立的第三者である仲裁人の判断に委ね、それに従うことを予め合意することを前提として行われる紛争解決制度」である[33]。紛争当事者の間に仲裁合意（仲裁契約）があることが必須の前提となるため、不正競争をめぐる紛争において仲裁が行われることは、通常はあまりないといえる。

2　調停

　調停は、「当事者との間に利害関係を有しない公平・中立な第三者である調停人が、紛争を抱えた当事者の間に入り、和解の成立に向けて協力する制度」であり[34]、手続を始める際に、当事者間に事前の合意ないし契約があることは必要ではない。

33　日本知的財産仲裁センターウェブサイト（https://www.ip-adr.gr.jp/business/arbitration/about/）。
34　同上（https://www.ip-adr.gr.jp/business/mediation/about/）。

知的財産に関する紛争については、令和元年10月1日から，東京地方裁判所および大阪地方裁判所において、知的財産部の裁判官1名が、弁護士、弁理士などの専門家2名とともに調停委員会を構成して行う調停手続（以下「知財調停」という）の運用が開始された。知財調停の最大のメリットは、裁判手続ではないにもかかわらず、知的財産部に所属する裁判官が関与する点であろう。不正競争をめぐる紛争も知財調停の対象事件とされていることから、争点が過度に複雑でなく、当事者双方が話合いによる解決を希望している場合などは、知財調停による解決を試みる価値がある。裁判所のウェブサイトにおいても、知財調停に適した具体的事例として、「営業秘密の不正取得等の有無に関する紛争事例」「形態模倣の有無に関する紛争事例」が挙げられている。ただし、東京地裁において行うか、大阪地裁において行うか、管轄についての合意が必要となる点には注意が必要である。手続の詳細は、東京地方裁判所のウェブサイトに詳しいので参照されたい[35]。

　知財調停を含め、調停のデメリットは、相手方が欠席すれば進められないことと、出席したとしても、相手方が調停意見に納得して合意しないと、紛争が解決しないことである。

3　ドメイン名紛争処理

　ドメイン名の不正利用は不正競争行為の一類型として規定されているが、ドメイン名をめぐる紛争については、ドメイン登録の際に同意している登録規則に紐づく、ドメイン名紛争処理方針に従って紛争解決することが規定されている。そのため、ADRが最も有効に活用されている分野と言える。

　JPドメインについては、一般社団法人日本ネットワークインフォメーションセンター（JPNIC）が指定する紛争処理機関である、日本知的財産仲裁センターにおいて手続が行われる。詳細は第1章第5節を参照されたい。

〔相良由里子〕

35　https://www.courts.go.jp/tokyo/saiban/l3/Vcms3_00000618.html。

第 **5** 章

不正競争行為に対する刑事的救済

I　はじめに

　不正競争防止法が規定する不正競争行為[1]に対しては、事業者の営業上の利益を保護するという観点から、差止請求、損害賠償請求等の民事的救済が図られている[2]。

　しかしながら、不正競争行為の違法性の程度が大きいなど、民事的救済のみではその保護が十分でない場合には、民事的救済と併せて、あるいは、民事的救済に先行して、刑事的救済を求めることを検討する必要がある。

　本章では、まず、不正競争防止法において刑事罰の対象となる犯罪行為類型を概観し、次に、実務上問題となることが多い営業秘密侵害罪の刑事手続について説明する。

II　刑事罰の対象となる不正競争行為

　まず、他者による不正競争行為が、不正競争防止法上、刑事罰の対象となる犯罪行為に該当するかを確認する必要がある。

　刑事罰の対象となる犯罪行為は、大きく分けて、営業秘密侵害行為[3]とその

1　法2条1項各号。第1章から第4章までを参照。

2　法3条、4条。第4章「不正競争行為に対する民事的救済」を参照。

3　法21条1項及び2項各号。なお、秘密保持命令違反行為（法21条3項6号）については、便

225

他の不正競争行為[4]がある。

1 営業秘密侵害罪

(1) 刑法による保護の限界

　営業秘密侵害の典型的な行為の一例として、例えば、ある企業の従業員が、その企業の重要な技術情報などの営業秘密を、その企業が所有する記録媒体（HDD や USB など）に保存して持ち出した行為について考えてみると、従業員には、営業秘密が記録された企業所有の記録媒体、すなわち、営業秘密という情報が化体した財物（有体物）を窃取したものとして、刑法上の窃盗罪が成立する余地がある[5]。一方、先の例とは少し異なり、従業員が、営業秘密たる情報を、自己が所有する記録媒体を持ち込んだ上でコピーして持ち出す行為や、メールで送信する行為について考えてみると、実質的には、先の例と同じ営業秘密の不正取得に該当するとしても、無体物たる情報だけを取得したというのでは、窃盗罪の構成要件における財物（有体物）性が認められず、また、コピーの取得にとどまるならば企業に営業秘密に係る情報は残存することになるから、不法領得の意思（権利者排除意思）が認め難い場合もある。

　このように、窃盗罪の構成要件の枠を超え、あるいは、業務上横領罪や背任罪等でも捉えきれない営業秘密の不正取得等の行為に対して、刑事的救済を実現するためには、現在の刑法典だけでは不十分と言わざるを得ない。

　そこで、我が国では、営業秘密の不正取得等については、主に不正競争防止法において、その刑事的救済が図られている。

　以下では、不正競争防止法における営業秘密侵害罪の犯罪行為類型等について概観する。

　なお、営業秘密侵害罪については、平成15年改正により罰則が導入されて

宜上、後者の類型とした。
　4　法21条3項各号。
　5　刑法235条。例えば、信用金庫の支店長らが預金事務センターのホストコンピュータに電磁的に記録されている預金残高明細等をアウトプットし、同支店備付けの用紙に印字した上、私信用の封筒に注入した事案について窃盗罪を認めた事案として、東京地判平9・12・5判時1634号155頁参照。

以来、厳罰化の方向で数度にわたる改正を経て、以下に述べる犯罪行為類型として規定されている。

（2）営業秘密侵害罪の犯罪行為類型

　法 21 条 1 項各号、2 項各号が規定する営業秘密侵害罪の不正競争行為は、図利加害目的を主観的構成要件要素とするなど、法 2 条 1 項 4 ～ 10 号が規定する営業秘密に関する民事上の不正競争行為に比べて、より限定された形の犯罪行為類型として規定されている。

　すなわち、図利加害目的[6] をもって、

（a）詐欺的行為（人を欺き、人に暴行を加え、若しくは人を脅迫する行為）、又は、管理侵害行為（財物の窃取、施設への侵入、不正アクセス行為、若しくはその他の営業秘密保有者の管理を害する行為）により、営業秘密を取得する行為（1 項 1 号）、

（b）前記（a）によって取得した営業秘密を、使用・開示する行為（1 項 2 号）、

（c）営業秘密を営業秘密保有者から開示された者（被開示者）が、営業秘密の管理に係る任務に背き、営業秘密記録媒体等又は営業秘密が化体された物件を横領し、その記載若しくは記録の複製を作成し、又は、その記載若しくは記録の不消去及び消去仮装をする行為（2 項 1 号イ～ハ）、

（d）被開示者が、任務に背いて前記（c）による行為で領得した営業秘密を、任務に背いて使用・開示する行為（2 項 2 号）、

（e）前記（d）にあたる者以外の営業秘密保有者から示されたその役員又は従業員が、任務に背いて営業秘密を使用・開示する行為（2 項 3 号）、

（f）営業秘密保有者から示されたその役員又は従業員が、営業秘密について、在職中に、営業秘密の管理に係る任務に背いてその営業秘密の開示の申込みをし、その営業秘密の使用・開示について請託を受けて、営業秘密を退職後に使用・開示する行為（2 項 4 号）、

（g）営業秘密の不正開示（1 項 2 号、2 項 2 ～ 4 号）によって営業秘密を取得した二次取得者が、営業秘密を不正に使用・開示する行為（1 項 3 号）

　6　図利加害目的（「不正の利益を得る目的で、又はその営業秘密保有者に損害を加える目的で」）は、すべての類型において主観的構成要件要素として規定されている。

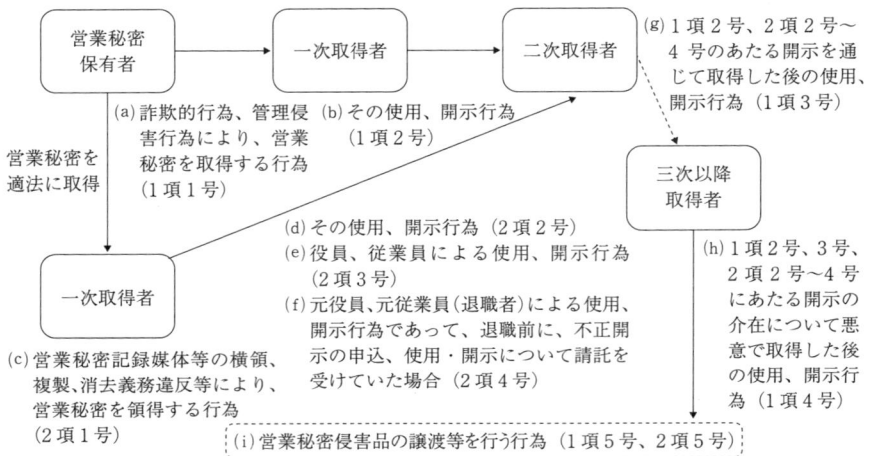

※いずれの行為も、図利加害目的を要する。

図表 6-1　営業秘密侵害行為の類型

（ｈ）営業秘密の不正開示（1項2、3号、2項2～4号）の介在につき悪意で、二
　　　次的取得者以降の者から営業秘密を取得した三次以降取得者が、営業秘密
　　　を不正に使用・開示する行為（1項4号）
（ｉ）営業秘密侵害品の譲渡等を行う行為（1項5号、2項5号）
である。
　事業者が、従業員等による営業秘密の漏えいがあったと認める場合、前述の
どの犯罪行為類型に該当するかを確認し、その構成要件該当性を検討する必要
がある。

(3) 図利加害目的

　図利加害目的（「不正の利益を得る目的で、又はその営業秘密保有者に損害を加え
る目的で」）は、民事上の差止請求や損害賠償請求[7]等の対象となる不正競争行
為[8]の要件とはなっていないものの、営業秘密侵害罪のいずれの犯罪行為類型

　7　法3条、4条。
　8　法2条1項各号。

においても規定されている主観的構成要件要素である。

　ここで、「不正の利益を得る目的」とは、公序良俗又は信義則に反する形で不当な利益を得る目的のことをいい、自ら不正の利益を得る目的（自己図利目的）のみならず、第三者に不正の利益を得させる目的（第三者図利目的）も含まれるとされている[9]。また、「営業秘密保有者に損害を加える目的」とは、営業秘密保有者に対し、財産上の損害、信用の失墜その他の有形無形の不当な損害を加える目的のことをいい、現実に損害が生じることを要しないとされる[10]。

　逆に、図利加害目的にあたらない場合としては、従業員等が、公益目的で事業者の不正情報を内部告発する意図、労使交渉で得た事業者の営業秘密を労働組合内部で共有する意図、あるいは、営業秘密が記録された USB 等を不許可で持ち帰って自宅で残業する意図などを有する場合が挙げられる[11]。

　図利加害目的のうち、「不正の利益を得る目的」の意義に関し、被告人が 21条 1 項 3 号[12] の罪に問われた日産自動車営業秘密侵害被告事件[13] では、営業秘密の複製は勤務先の業務遂行の目的によるものではなく、その他の正当な目的の存在をうかがわせる事情もないことなどの事実関係によれば、当該複製が被告人自身又は転職先その他の勤務先以外の第三者のために退職後に利用することを目的としたものであったことは合理的に推認できるとし、被告人に不正の利益を得る目的があったと認定して、有罪判決が維持されている。

　同事件において、被告人は、「不正の利益を得る目的」がなかった旨争い、①自宅での営業秘密の複製の目的は業務遂行にあった、②会社での営業秘密の複製の目的はもっぱら記念写真の回収にあったなどと主張したが、本件の事実関係に照らし、認められなかった。もっとも、本判決は、単に、その他の正当な目的の存在をうかがわせる事情がないという消極的理由のみによって「不正の利益を得る目的」を認めたものではなく、①営業秘密が重要なものであったこと、②被告人が退職直前であり、しかも、競合他社に転職予定であったこと

　9　逐条解説 277 頁。
　10　逐条解説 277 頁。
　11　逐条解説 278 頁。
　12　平成 27 年法律第 54 号による改正前のもの。
　13　最決平 30・12・3 民集 72 巻 6 号 569 頁〔日産自動車営業秘密侵害被告事件〕。

（これらの事情によれば、被告人が転職先でより良い処遇を受けられるなどの利益が想定され得るであろう）等の本件事情の下では、被告人には、「不正の利益を得る目的」があった旨認定したものと評価される。

(4) 法定刑[14]

　営業秘密侵害行為に対する法定刑は、10 年以下の懲役[15] 若しくは 2000 万円以下の罰金又はこれらの併科である[16]。

(5) その他の法律による罰則[17]

　技術情報などがプログラムの著作物にあたる場合には、著作権法上の保護の対象となり、技術情報たる著作物の侵害行為について著作権法が規定する刑事罰[18] が問題となる。また、営業秘密の不正取得するための不正アクセス行為[19]に対しては、不正アクセス行為の禁止等に関する法律違反による刑事罰も問題となり得る。

　その他、営業秘密侵害罪と共に、事案によっては、刑法上の窃盗罪、建造物侵入罪、業務上横領罪、背任罪[20] 等も問題となり得る。

14　法 21 条 1 項本文。

15　刑法改正に伴い、改正法施行後は「拘禁刑」となる。以下同じ。

16　窃盗罪の法定刑と比較すると、10 万以下の懲役の点は同じであるが、窃盗罪の 50 万円以下の罰金と比べると、罰金の額ははるかに高額となっている。また、併科の趣旨については、一般に、不法利益の取得を目的とする犯罪行為が経済的に引き合わないことを強く感銘させる点にあると説明されるが（例えば、所得税脱税事件に関する東京高判平 6・3・4 判時 1499 号 135 頁、不正競争防止法を含む知的財産法で併科の導入については、悪質なケースに執行猶予付きの懲役のみでは十分ではなく抑止効果を期待する観点（後出の刑事裁判例参照）、諸外国で併科を認める例が複数あることも挙げられる。

17　法 21 条 12 項。

18　著作権法 119 条以下。民事上の救済においても、著作権侵害は併せて問題となり得る。

19　法 21 条 1 項 1 号参照。不正アクセス行為の禁止等に関する法律 2 条 4 項各号。不正アクセスとは、たとえば、他人の ID やパスワードを悪用するなどして、コンピュータネットワークを通じて、本来アクセスする権限のないコンピュータを利用する行為である。

20　刑法 235 条、130 条前段、253 条、247 条。

2　その他の不正競争行為による罪

(1)　その他の不正競争行為の犯罪行為類型

　不正競争防止法上、刑事罰の対象となるその他の不正競争行為としては、

（a）不正の目的をもって行う他人の周知な商品等表示の混同惹起行為、及び、品質等の誤認惹起行為[21]、

（b）他人の著名な商品等表示に係る信用若しくは名声を利用して不正の利益を得る目的、又は、当該信用若しくは名声を害する目的をもって行う他人の著名な商品等表示の冒用行為[22]、

（c）不正の利益を得る目的をもって行う商品形態模倣行為[23]、

（d）不正の利益を得る目的、又は、営業上技術制限手段を用いている者に損害を加える目的をもって行う技術制限手段を無効化する機能を有する装置等を譲渡等する行為、及び、その効果を妨げることにより可能とする役務を提供する行為[24]、

（e）前記（a）にあたる場合を除く、商品又は役務の原産地、品質、内容等について誤認させるような虚偽の表示をする行為[25]、

（f）秘密保持命令違反行為[26]、

（g）外国の国旗等や国際機関の標章の商業上の利用[27]、及び、外国公務員等に対する不正の利益の供与等の行為[28]

がある。

21　法21条3項1号、2条1項1号、20号。

22　法21条3項2号、2条1項2号。

23　法21条3項3号、2条1項3号。

24　法21条3項4号、2条1項17号、18号。

25　法21条3項5号。1号のように「不正の目的」をもっていない場合でも、商品等に関して、原産地等を誤認させるような「虚偽の」表示を行う行為を処罰の対象としている。

26　法21条3項6号。

27　法21条3項7号、16条、17条。

28　法21条4項4号、18条、同罪は、令和5年法改正により、日本国内に主たる事務所を有する法人の代表者、代理人、使用人その他の従業員であって、その法人の業務に関し、日本国外において21条4項4号の罪を犯した日本国民以外の者にも適用するとされ、外国公務員等に対する不正の利益の供与等の行為に関し、従業員の国籍を問わず処罰可能としている。

ここで、法2条1項が規定する民事上の不正競争行為に該当する場合のうち、限定提供データに係る不正競争行為[29]、ドメイン名に係る不正行為[30]、信用毀損行為[31]、及び、代理人等の商標冒用行為[32]のように、刑事罰の対象とはなっていない行為がある点に注意すべきである。

(2) 法定刑[33]

　その他の不正競争行為の罪に対する法定刑は、（g）のうち、外国公務員等に対する不正の利益の供与等の行為（法21条4項4号、18条1項）を除き、5年以下の懲役若しくは500万円以下の罰金又はこれらの併科である。外国公務員等に対する不正の利益の供与等の行為については、令和5年法改正により、罰則が10年以下の懲役若しくは3000万円以下の罰金またはこれを併科するとされ、罰則が引き上げられている。

(3) その他の法律による罰則[34]

　前記（a）～（c）及び（e）の行為については詐欺罪[35]、（b）の行為については信用毀損罪や業務妨害罪[36]、（a）～（c）の行為については、被害者が商標権や意匠権といった知的財産権を有している場合には商標法[37]等、（d）の行為については、保護対象が著作物であれば著作権法[38]、（e）の行為については、食品表示法や景品表示法等の刑事罰も併せて問題となり得る。

29　法2条1項11～16号。
30　法2条1項19号。
31　法2条1項21号。
32　法2条1項22号。
33　法21条3項本文、4項4号。
34　法21条12項。
35　刑法246条。
36　刑法233条。
37　商標法78条以下等。
38　例えば、技術的保護手段（著作権法2条1項20号）の回避に関する刑事罰（著作権法120条の2第1号、2号）など。

3　海外重罰規定、未遂処罰規定、親告罪、属地主義の例外、法人処罰規定、及び、没収・追徴規定

前述した刑事罰の対象となる不正競争行為については、その一部について、海外重罰規定、未遂処罰規定、親告罪、属地主義の例外、法人処罰規定、及び、没収・追徴規定がそれぞれ設けられている。

(1)　海外重罰規定[39]

営業秘密の侵害に関し、日本国外において使用する目的での法21条1項1号に規定する営業秘密不正取得行為又は2項1号に規定する領得行為、相手方が日本国外で1項2〜4号、2項2〜4号に規定する罪にあたる使用をする目的があることの情を知った上でのこれらの罪にあたる営業秘密不正開示行為、日本国内において事業を行う営業秘密保有者の営業秘密についての日本国外における1項2〜4号、2項2〜4号に規定する営業秘密不正使用行為については、罰金の法定刑が法21条1項、2項で規定されている2000万円以下から3000万円以下へ引き上げられている。

(2)　未遂処罰規定[40]

営業秘密侵害罪のうち、営業秘密の領得に関する罪[41]以外の全ての行為は、その未遂も処罰することとされている。

(3)　親告罪[42]

秘密保持命令違反[43]については親告罪とされているものの、営業秘密侵害罪やその他の不正競争行為による罪は親告罪とはされていない[44]。

39　法21条4項1〜3号、5項各号。
40　法21条6項。
41　法21条2項1号に規定する領得行為。
42　法21条7項。なお、法人処罰規定との関係で、行為者に対する告訴の効力は法人に対しても及ぶとされている（法22条2項）。
43　法21条3項6号。
44　法21条7項。かつて営業秘密侵害罪は親告罪とされていたが、平成23年の改正において導入

（4）属地主義の例外[45]

　不正競争防止法で処罰の対象とされるのは、日本国内で行われた犯罪である（属地主義）。しかし、営業秘密侵害罪の一部[46]、秘密保持命令違反[47]、日本国民による外国公務員に対する不正利益供与罪[48] については、日本国外で行った場合にも処罰することができる。

（5）法人処罰規定[49]

　営業秘密侵害罪の一部[50]、及び、その他の不正競争行為の罪[51] に関しては、その行為者を罰するほか、その法人の代表者又は法人若しくは個人の代理人、使用人等も処罰される。したがって、競合他社などの企業ぐるみの犯罪の場合は、社会的影響も大きいことから、営業秘密侵害者個人だけでなく、当該企業の告訴も検討すべきことになる。

　その法定刑[52] は、営業秘密侵害罪の海外重罰[53]（未遂を含む）については 10 億円以下の罰金刑、一部の営業秘密侵害罪[54]（未遂を含む）については 5 億円以下の罰金、その他の不正競争行為[55] については 3 億円以下の罰金である。

（6）没収・追徴規定

　営業秘密侵害罪については、犯罪収益の任意的没収・追徴が規定されている[56]。

された秘匿決定等の刑事訴訟手続の特例（法 23 条以下）により、公開法廷において営業秘密が公にされるという懸念が一応は払拭されたものとして、平成 27 年の改正によって非親告罪化されるに至っている。
45　法 21 条 8 ～ 10 項。
46　法 21 条 8 項、1 項 1 ～ 4 号、2 項 1 ～ 4 号、4 項 1 号、2 号、5 項 1 号、2 号。
47　法 21 条 9 項、3 項 6 号。
48　法 21 条 10 項、4 項 4 号。
49　法 22 条 1 項。
50　法 21 条 1 項各号、及び、対応する海外処罰規定、未遂処罰規定。
51　法 21 条 3 項 1 ～ 7 号。
52　法 22 条 1 項各号。
53　法 21 条 4 項 1 ～ 3 号。
54　法 21 条 1 項各号。
55　法 21 条 3 項各号。

Ⅲ　営業秘密侵害罪の刑事手続

　以下では、主に、営業秘密（技術情報、営業情報、顧客情報など）を保有する企業の立場から、営業秘密侵害罪の刑事手続、及び、刑事実務上の問題点などについて説明する。

1　刑事手続の流れ[57]

　営業秘密の漏えいが発覚した場合、まず、①社内調査により、営業秘密の漏えいに関する具体的な事実を確認し、その証拠を収集し、保全する必要がある。②社内調査の結果、何者かによる営業秘密の不正取得などが疑われた場合には、警察などへ相談し、被害届の提出などを行う。③これを受けて警察は、強制捜査などにより、営業秘密侵害の被疑者[58]、及び、被疑事実を特定した上で検察官に送致し、次に、検察官は、警察に必要な指示をしながら更に捜査を進め、最終的に、本件について営業秘密の被害の大きさや被害回復の程度、更には社会的影響などを踏まえ、公訴を提起するか否か（被疑者を起訴するかどうか）を判断する。④公判請求[59]がなされた場合には、刑事裁判が行われ、被疑侵害者たる被告人に対して有罪・無罪の判決がなされる。被告人が有罪とされた場合には、被告人には懲役ないし罰金あるいはその両方が科され、事案によっては

56　法 21 条 13 ～ 15 項。

57　捜査から一審判決までの刑事手続の流れについては、裁判所ウェブサイトの「裁判手続　刑事事件Ｑ＆Ａ」（https://www.courts.go.jp/saiban/qa/qa_keizi/index.html）が分かりやすい。また、営業秘密侵害罪の刑事手続については、経済産業省「秘密情報の保護ハンドブック」（平成 28 年 2 月）（https://www.meti.go.jp/policy/economy/chizai/chiteki/pdf/handbook/full.pdf）の参考資料 6（営業秘密侵害罪に係る刑事訴訟手続における被害企業の対応のあり方について）が詳しい。

58　被疑者は、逃亡のおそれや罪証隠滅のおそれがある場合などには、捜査機関により逮捕され、さらに、勾留される場合もある。特に、共犯者がいることが疑われる事案では、逮捕・勾留された上で、接見禁止、すなわち、一般人が被疑者と接見することを禁止する処分がなされることも多い。一方で、そのようなおそれがない場合には、被疑者が在宅のまま（逮捕あるいは勾留せずに）捜査がなされる場合もある。

59　公判請求とは異なる手続である略式命令請求により、公判（刑事裁判）が開かれず、簡易裁判所の略式命令により罰金とされる場合もある。

犯罪収益（犯罪行為の報酬として得た財産）について没収等がなされる場合もある。

2　捜査段階

(1)　営業秘密侵害の認知

　企業の営業秘密を侵害する行為は、企業のサーバへの不正アクセスなどの方法により、国内外の第三者によってなされる場合もあるが、営業秘密へのアクセス性が比較的高い当該企業内部の従業員等によってなされることが多い[60]。営業秘密の不正取得などの侵害行為が発覚するきっかけとしては、通常、被疑者たる従業員の退職時や転職時などの社内調査、顧客や取引先からの連絡、あるいは、匿名者による通報などである[61]。

　社内調査や、顧客、取引先や匿名者からの連絡・通報を受けて、営業秘密の侵害が判明した場合には、以下に述べるような迅速な初動対応が必要となる。

(2)　迅速な初動対応

　社内で営業秘密の侵害が確認された場合、捜査機関が、事件性があるとして捜査を開始できる程度の確かな証拠を収集し、保全するために、迅速な初動対応（事件化に向けた社内調査）が重要となる。収集・保全すべき証拠としては、例えば、営業秘密の不正取得等が疑われる従業員等のメール記録、パソコンへのアクセスログ、タイムカードや秘密情報が保存されている部屋への入退出記録などが挙げられる。社内調査を進めるにあっては、企業内での営業秘密やその不正取得等に関する情報が不用意に拡散されることを防止する観点から、必要最少人数の調査委員会を設けるなどし、各委員には営業秘密や不正取得等の事実に関する秘密保持を徹底した上で、秘密裏に調査を進めていく必要があ

60　特に、技術革新が生じている分野、あるいは、競合他社との競争が激しい分野であって、従業員が競合他社に転職するような場合には、営業秘密の侵害の可能性について特に注意が必要となる。
61　したがって、従業員の転職・退職時に限らず、常に営業秘密の侵害のリスクがあることを十分に認識した上で、営業秘密の漏えいについて、技術的・人的な未然防止策を講じるとともに、従業員のメールのモニタリングなども必要となる。

る[62]。この際、どのような証拠を収集し、保全するかの判断や、事前の関係者への聞き取り調査の必要性を判断し、必要に応じて聞き取り調査の実施をするという観点からも、弁護士等の外部の専門家を外部委員とすることが望ましい。

(3) 捜査の端緒

前述したように、営業秘密侵害罪が非親告罪化されたとはいえ、営業秘密侵害罪は、その性質上、捜査機関が独自に侵害行為を発見するというよりはむしろ、営業秘密を侵害された企業が、侵害者である被疑者に対して刑事罰を求める意思決定をし、その上で、捜査機関に捜査の働きかけを行うという場合が多い。したがって、捜査機関による捜査の端緒としては、被害企業による被害届や告訴がほとんどである。

(4) 被害者への対応

営業秘密侵害罪の被害者は営業秘密を保有する企業であるものの、保有する営業秘密が他社の秘密情報[63]や顧客情報などである場合には、他者ないし顧客の営業秘密侵害の被害者となる。この場合、企業の対応としては、被害者の秘密情報や個人情報の侵害（漏えい）の事実について当該被害者に連絡し、場合によってはマスコミへその事実を公表するなどの措置が必要となる場合もある[64]。

一方で、捜査機関による捜査も秘密裏になされていることから、不用意に侵害の事実を被害者に知らせたり、公にしたりして、営業秘密侵害の事実を拡散してしまうと、被疑者の逃亡や被害者による罪証隠滅などにより、捜査の妨げとなってしまうこともある。

62　退職者による営業秘密の侵害が疑われる場合に、企業内にその協力者（共犯者）がいる場合もあり、委員の選定は慎重に行う必要がある。

63　他社との間で、秘密保持契約や秘密保持条項を含む共同研究契約、開発・製造委託契約などを締結している場合、当該他社の秘密情報の開示を受け、当該秘密情報を保持している場合も多く、自社の秘密情報のみならず、当該他社の秘密情報が不正取得等のターゲットとされる場合もある。

64　個人データの漏えい等が発生し、個人の権利利益を害するおそれがある場合、個人情報の保護に関する法律 26 条に基づき、個人情報取扱事業者は、個人情報保護委員会への報告義務と本人への通知義務が発生する。

そこで、被害者への通知やマスコミへの侵害事実の公表のタイミングなどは、捜査機関と事前に相談した上で決定しなければならない。

(5) 捜査段階のポイント

捜査機関は、刑法の謙抑性ゆえに、被疑者による営業秘密侵害の抽象的な可能性があるという程度では、捜査を開始するのを躊躇することが多い。したがって、警察などへの相談にあたっては、営業秘密の侵害についての事実関係を把握して、時系列で整理するとともに、侵害事実等を示す証拠の収集[65] や保全[66] をし、ある程度の客観的な証拠を揃えた上で、相談に行くのが理想である。ただし、不正取得を疑われる従業員等が海外へ逃亡する可能性がある場合、不正取得などの事実について証拠隠滅のおそれがある場合、あるいは、営業秘密が開示されてしまってはもはや取返しがつかない事態になってしまうような緊急性のある場合などには、社内調査が必ずしも十分ではなくても、できる限り早く警察に相談することで、早期に強制捜査(逮捕や捜索差押)を求める必要がある。

(6) 営業秘密の管理について

企業が営業秘密であると考える情報であっても、そもそも、社内における秘密管理規定がなかったり、営業秘密である旨の明示がなかったり、実態として営業秘密がサーバ内に保存され、アクセスできる端末が限定されていたとしても、IDやパスワードが不特定の従業員間で使い回されているような杜撰な状態であれば、営業秘密の要件の一つである秘密管理性が認められず、公訴提起に向けた捜査が進展しない場合がある。したがって、営業秘密の侵害があった

65　捜査機関へ円滑に事業を説明するためには、前述した営業秘密の不正取得等を示す証拠だけではなく、その前提事実に関する資料、すなわち、企業の概要、不正取得等が疑われる従業員に関する資料(転職先の情報などを含む)、当該従業員を含む人員体制を示した資料、従業員のいた執務室や席の位置と営業秘密が保存されているパソコン等との位置関係なども事前に準備しておくとよい。

66　通信ログや防犯カメラの画像をコピーし、被疑者の指紋やDNA等が付着している可能性がある場合には、調査の過程で調査担当者などの指紋やDNAが付着しないようにすることなどが考えられる。取得するデータ等は加工せず、そのままの状態で保存すべきである。

場合に、侵害者に刑事罰を求めることができるためには、特に秘密管理性の要件を満たすよう日頃から営業秘密の適切な管理に努める必要がある[67]。

3　公判段階

(1)　争いとなる要件

　営業秘密を侵害したとして起訴された被告人は、①営業秘密に該当する情報は独自に入手したものであるとの主張や、情報の取得自体には争いがない場合であっても、②営業秘密の要件（秘密管理性、有用性、非公知性）がなかったという主張[68]や、③図利加害目的等の主観的構成要件要素[69]がなかった旨を争う場合が多く、その具体的立証が問題となることも多い。

(2)　営業秘密を秘匿するための手段[70]

　刑事裁判は公開が原則である[71]。しかしながら、公開が原則である刑事公判手続によって、秘匿されるべき営業秘密が公になってしまうことを防ぐため、公判前整理手続において、営業秘密の秘匿決定[72]や呼称等の決定[73]、尋問等の制限[74]、公判期日外での証人尋問[75]など、公開法廷において営業秘密の内容を秘匿するための措置が平成23年法改正で導入されている。これにより、営業秘密を侵害された被害企業は、臆することなく、侵害者に対して刑事手続を求

67　営業秘密の被疑侵害者に対する民事上の請求においても、秘密管理性は重要な争点となることが多い。第3章第1節を参照。
68　例えば、「誰でも自由に持ち出せた情報であった。」、「アクセス制限がかけられておらず、秘密表示もない書類であった。」といった、そもそも営業秘密にあたらないという主張が考えられる。
69　例えば、「自分の営業活動を一時的にバックアップ（記録・保存）していたにすぎない。」、「情報はコピーしたが、営業秘密が含まれているとは認識していなかった。」等の主張が考えられる。
70　法23条以下。
71　憲法37条1項、82条1項。
72　法23条1項、3項。
73　法23条4項。裁判所は、秘匿決定した場合において、秘匿決定の対象となった事項（営業秘密構成情報特定事項）に係る名称その他の表現に代えて、公開法廷で用いるべき呼称その他を定めることができる。
74　法25条1項。
75　法26条1項。

めることができる。

　もっとも、技術情報に係る営業秘密など専門的な情報もあり、検察官や裁判所がその情報の価値などに必ずしも精通していないことも想定される。そのような場合に、誤って公開法廷でその技術情報が誤って開示されてしまうことを防ぐために、被害企業は、秘匿の申出を行う検察官との間で事前に十分に協議し、秘密情報を明確に特定し、裁判所に秘密情報の範囲を分かりやすく説明することが重要となる。

(3) 刑事事件記録の民事裁判における活用

　民事裁判に先立って、刑事手続を先行させるメリットとして、捜査機関による強制捜査等が先行することにより、捜査を通じて、社内調査だけでは把握し得なかった営業秘密の侵害の事実関係をある程度把握することが事実上可能となる場合がある。また、刑事裁判に至った場合にも、刑事事件記録を閲覧・謄写することが可能な場合があり、捜査関係資料等を入手して民事訴訟の証拠として活用することが可能な場合もある。

4　刑事弁護人の立場から

　営業秘密侵害罪は、違法性が非常に高い場合には、当初から身柄事件となることも少なくない[76]。また、刑事裁判においては、たとえ被告人に前科・前歴がなくとも実刑判決となる場合があることを十分に想定すべきである。

　営業秘密侵害罪の成立を争う否認事件の場合、領得や開示行為自体よりも、前述したように、営業秘密の要件（秘密管理性、有用性、非公知性）[77]や、図利加害目的の有無を争う場合が多いと思われる。特に、図利加害目的ではなく、別の合理的な意図があった点については、ケースセオリーを構築する上で極めて重要であり、当該意図を具体的に主張・立証する必要がある。

76　最近では、ある通信電話会社の元従業員が、同社から第五世代移動通信システム（5G）などに関する営業秘密を、競合他社である転職先に不正に持ち出した疑いで逮捕された事件は、記憶に新しい。

77　営業秘密の要件である秘密管理性については、第3章第1節を参照。

　また、犯罪の成立を争わない自白事件の場合であっても、企業側の秘密管理性が必ずしも十分ではなかったという点や、有用性が低い情報である（窃盗罪で言えば、財産的価値が低い）といった点は、量刑事情として考慮され得る事情であるから、これらの点を積極的に主張・立証することが考えられる。

　公判手続においては、特に、前述した秘匿決定[78]について留意すべきである。すなわち、刑事裁判の公開は憲法上認められる要請であるところ[79]、営業秘密の内容が犯罪の成否に関わる場合や量刑上大きく影響する場合には、被告人の防御権の確保の観点からすれば、営業秘密が安易に秘匿されることがあってはならず、たとえ、秘匿決定が出た場合であっても、決定の取消し[80]を求める必要がでてくる場合もあろう。

5　営業秘密侵害罪の刑事事件

　営業秘密侵害事犯の全国での検挙状況を見ると、平成 25 年（2013 年）に 5 件であったが、平成 29 年（2017 年）には 18 件、令和 4 年（2022 年）には 29 件となり[81]、増加傾向にある。

　ここで、営業秘密侵害罪に関する近時の刑事事件で裁判となった事例をいくつか紹介する。

　事案によるものの、営業秘密侵害罪の全体的な傾向としては、懲役刑であっても執行猶予付き判決となる場合が比較的多く、また、懲役刑とともに罰金が併科されることも多い。ただし、東芝サンディスク事件のように、被告人に前科・前歴がなく、被害企業と競合他社との間で和解が成立し、競合他社から被害企業に金員 331 億円が支払われているなど、被告人にとって有利な情状が比較的多い事案であっても、開示された営業秘密に係る情報に高い有用性があり、損害が甚大で、我が国の産業の中で重要な半導体事業の分野の技術情報の流出

78　法 23 条。
79　憲法 37 条 1 項、82 条 1 項。
80　法 23 条 5 項。
81　警察庁生活安全局生活経済対策管理官「令和 4 年における生活経済事犯の検挙状況等について」21 頁（https://www.npa.go.jp/publications/statistics/safetylife/seikeikan/R04_nenpou.pdf）。

図表 6-2 営業秘密侵害罪が問題となった刑事事件

事件名	事案	争点	結果（判決）
東芝サンディスク事件[82]	従業員が、営業秘密の記録媒体の管理に係る任務に背き、NAND型フラッシュメモリの開発等に係る営業秘密が記録された電磁的記録の複製を作成し、他国の競合他社に開示した事案	自白事件 量刑につき、開示情報の有用性	有罪（懲役5年［実刑］、罰金300万円）
ヤマザキマザック事件[83]	雇用されていた従業員が、工作機械の図面情報等をハードディスクに複製し、領得した事案	否認事件 複製行為、営業秘密該当性（秘密管理性、有用性）、任務違背、「不正の利益を得る目的」）	有罪（懲役2年［執行猶予4年］、罰金50万円）
ベネッセ個人情報漏えい事件[84]	個人情報を管理する子会社で情報システムエンジニアである派遣社員が、顧客情報を複製し、外部に開示した事案	否認事件 営業秘密該当性（秘密管理性）等	有罪（懲役2年6月［実刑］、罰金300万円） ※原判決では懲役3年6月［実刑］及び罰金300万円
日産自動車営業秘密侵害事件[85]	従業員が退職直前に企業から示された自動車の商品企画に関する営業秘密を複製し、領得した事案	否認事件 営業秘密該当性（秘密管理性、有用性、非公知性）、「不正の利益を得る目的」等	有罪（懲役1年［執行猶予3年］）
信用金庫顧客流出事件[86]	信用金庫の職員であった者が、任務に背いて、顧客情報の複製を作成する等して領得し、交際相手に対してこれを交付し、開示した事案	自白事件	有罪（懲役2年［執行猶予4年］、罰金150万円）※原判決では懲役1年6月［実刑］、罰金150万円

---

82 東京地判平27・3・9判時2276号143頁、東京高判平27・9・4（平24（う）828号）。

83 名古屋地判平26・8・20（平24（わ）843号）、名古屋高判平27・7・29高刑速平27号225頁、最決平28・10・31（平27（あ）1351号）。

84 東京地立川支判平28・3・29判タ1433号231頁、東京高判平29・3・21東高刑時報68巻1〜12号74頁。

85 横浜地判平28・10・31（平26（わ）1529号）、東京高判平30・3・20東高刑時報69巻1〜12号27頁、最決平30・12・3刑集72巻6号569頁。

86 名古屋地判平28・7・19（平28（わ）489号、平28（わ）686号）、名古屋高判平28・12・12（平28（う）305号）。

製品工作図データ流出事件[87]	被害企業の従業員であった被告人が、営業秘密である同社が取り扱う製品の図面データ等 141 件を不正に領得した事案	自白事件	有罪（懲役 2 年［執行猶予 4 年］、罰金 50 万円）
製品設計図データ流出事件[88]	被害会社の従業員（エンジニア）であった外国籍の被告人が、転職活動中に、アクセス権限を濫用し、同社の超硬工具の設計マニュアルデータ等 164 件を領得した事案	自白事件	有罪（懲役 1 年 2 月［実刑］、罰金 30 万円）
塗料配合情報流出事件[89]	被害会社の執行役員や汎用塗料事業本部長等の重職を務めた経歴を有する者が、その子会社に在籍中、被害会社の事業に重要な塗料配合情報を領得し、競合他社に就職後、これを開示した事案	否認事件 営業秘密該当性（秘密管理性、有用性、非公知性）、「不正の利益を得る目的」等	有罪（懲役 2 年 6 月［執行猶予 3 年］、罰金 120 万円）※控訴棄却
銀行顧客情報流出事件[90]	銀行の従業員 A と元従業員 B が、B の実父と共謀の上、被害銀行の顧客情報を開示等した 3 件の事案（被告人 B の実父が、被告人 B に顧客情報の開示等を依頼し、これを受けて、被告人 B が、被告人 A に顧客情報の開示等を依頼し、被告人 A がそれぞれ顧客情報の開示等の実行に及んだ。）	自白事件	有罪（A につき懲役 1 年、B につき懲役 8 月［両名とも執行猶予 3 年］）
スマートフォン液晶パネル技術漏洩事件[91]	合成樹脂製品の製造等を目的とする会社で、製品の製造情報等の営業秘密を示されていた従業員が、営業秘密を領得し、海外の企業の担当者に営業秘密を開示する等した事案	自白事件	有罪（懲役 2 年［執行猶予 4 年］、罰金 100 万円）

87　名古屋地豊橋支判平 30・5・11 裁判所ウェブサイト（平 29（わ）289 号）。

88　名古屋地判令 1・6・6 裁判所ウェブサイト（平 31（わ）413 号）。

89　名古屋地判令 2・3・27 裁判所ウェブサイト（平 28（わ）471 号、平 28（わ）662 号）、名古屋高判令 3・4・13（令 2（う）162 号）。

90　高松地判令 2・7・21（令 2（わ）86 号、令 2（わ）161 号）。

91　大阪地判令 3・8・18 裁判所ウェブサイト（令 3（わ）1139 号）。

愛知製鋼事件[92]	磁気センサの製造等を目的とする会社において役員である技監の地位にあった被告人Aと生産技術部の部長の地位にあった被告人Bが、共謀の上、同社の工場会議室において、他社の従業員に対し、口頭及びホワイトボードに図示する方法で説明して、同社の営業秘密を開示したとされた事案	否認事件 営業秘密該当性、故意、「不正の利益を得る目的」	被告人両名とも無罪 非公知性なし 故意なし
ソフトバンク5G営業秘密流出事件[93]	電気通信事業等を営む被害会社に勤務し、同社の営業秘密であるネットワーク情報を示されていた者が、その営業秘密の管理等の任務に背いて営業秘密を領得等した事案	否認事件 営業秘密該当性（秘密管理性、有用性、非公知性）、故意、「不正の利益を得る目的」等	有罪（懲役2年［執行猶予4年］、罰金100万円）
潤滑油情報事件[94]	従業員であった被告が、退職後に起業する会社での事業で用いる目的で、同社の営業秘密である製品配合情報等を内容とするファイルデータを領得した事案	自白事件	有罪（懲役2年［執行猶予4年］、罰金80万円）
得意先情報漏えい事件[95]	自動車部品の仕入れ及び販売等を業とする会社から得意先電子元帳を示されていた被告人Aが、他者と共謀のうえ、得意先等に係る本件情報①のファイルの複製を作成する方法で領得し、また、被告人Bと共謀のうえ、得意先に係る本件情報②の画像ファイルの複製を作成する方法で領得したとされる事案	否認事件	被告人両名とも無罪 秘密管理性なし （なお、原審は、罰金30万円の有罪）

であって社会に与えた影響も大きいなどとして実刑判決となった例も少なからずある。

　一方、営業秘密侵害罪において無罪判決となった図表6-2の愛知製鋼事件判

92　名古屋地判令4・3・18裁判所ウェブサイト（平29（わ）427号）。
93　東京地判令4・12・9裁判所ウェブサイト（令3（特わ）129号）。
94　神戸地判令5・1・24（令4（わ）836号）。
95　札幌高判令5・7・6（令5（う）74号）。

決は注目に値する。同判決は、営業秘密該当性のうち、非公知性に関して、「本件実開示情報は、アモルファスワイヤの特性を踏まえて基板上にワイヤを精密に並べるための工夫がそぎ落され、余りにも抽象化、一般化されすぎていて、一連一体の工程として見ても、ありふれた方法を選択して単に組み合わせたものにとどまるので、一般的には知られておらず又は容易に知ることができないとはいえない」とし、非公知性を否定している。また、同判決は、故意に関して、「被告人両名において、本件打合せでBに説明した情報について、Y社の営業秘密に該当しないと考えていた疑いが残り、そのように考えたことについて、相当な理由があるといえる」として、故意責任を問うことはできないとしている。

　また、控訴審において逆転無罪となった図表 6-2 の得意先情報漏えい事件においては、会社の得意先電子元帳に係る本件情報に関して、①会社のシステムにアクセスする際に、ID やパスワード等を入力する手順を要することのみでは、十分な秘密管理措置を講じていたとは認められず、②CSV を含むテキスト形式で出力しようとした際に、警告画面が表示されることは、他社のファイルレイアウトなどの秘密情報を保持するところにもあるから、これをもって、会社の秘密管理意思の現れとみることはできず、また、③従業員が入社時に誓約書を提出していることも、本件情報が守秘義務の対象か否かその範囲は客観的に明らかになっておらず、これらをもって、会社が秘密管理意思を表示していたと認めることも困難である等として、秘密管理意思を客観的に明示した十分な秘密管理措置を講じていたと認めるには合理的な疑いが残るとし、秘密管理性を否定する厳格な判断がなされている。

　さらに、被害会社が保有する営業情報の秘密管理性を否定して無罪とされた事件（バナナ卸売業顧客情報刑事事件[96]）もある。

　民事裁判においては、秘密管理が必ずしも十分ではなかったとしても秘密管理性を肯定する事案もあるように思われるが、刑事裁判においては、その性質上、営業秘密該当性の構成要件該当性については常に厳格に判断すべきである。したがって、民事裁判において蓄積されている営業秘密該当性の各要件の解釈

---

[96]　津地判令 4・3・23（平 29（わ）282 号）。詳しくは、山根崇邦「営業秘密侵害における秘密管理性要件および濾過テストの意義」L & T 100 号（2023 年）66-74 頁参照。

論を踏まえつつも、刑事裁判においては、より厳格な解釈の余地を検討する必要があるように思われる[97]。

6　おわりに

本章では、不正競争防止法において刑事罰の対象となる不正競争行為（営業秘密侵害行為とその他の不正競争行為）を説明し、特に、営業秘密侵害罪に関する刑事手続について概観した。

他者による不正競争行為について、民事的救済のみならず、刑事的救済をも求める場合には、犯罪行為類型のうち、いずれの行為に該当するかを適切に把握し、主に、営業秘密侵害罪においては、更に、海外重罰規定、未遂処罰規定、日本国外での行為、法人処罰などについても個別に検討する必要がある。

営業秘密侵害罪の刑事手続に関しては、何者かによる営業秘密の不正取得等が発覚した場合には、直ちに適切な社内調査を経て、捜査機関とも協力しながら刑事裁判に備える必要がある。同時に、刑事手続と併せて、差止請求や損害賠償請求などの民事訴訟の提起も検討する必要がある。この際には、営業秘密たる技術情報やその管理に関しては、IT などの技術の理解が不可欠であり、また、不正競争防止法のみならず知的財産法[98] や IT 法などの他の関連法令の知識も必要とされる場面も多い。

そこで、特に、技術情報等の営業秘密が侵害された場合には、技術的知識があり、知的財産法及び IT 法を専門とし、併せて刑事手続きにも精通した弁護士への相談が望ましい。

なお、各都道府県警察においては、生活経済課等[99] で相談を受け付けている。

97　この点に関し、営業秘密等の民事判決の裁判例はその多くが公開され、営業秘密該当性の要件等の分析もしやすい一方、刑事判決は、その性質上、民事判決の裁判例とはその取扱いが異なり、必ずしも十分な公開やデータベース化がなされていない面もあり、十分な情報が得られず、分析が難しいという問題点も指摘しておきたい。

98　例えば、プログラムなどの技術情報については、創作性があればプログラムの著作物に該当し、当該著作物に関する著作権の侵害も併せて問題となる場合もある。

99　各都道府県県警により、生活環境課、生活安全課、生活保安課など課の名称は異なる。

また、独立行政法人工業所有権情報・研修館（INPIT）は、営業秘密・知財戦略窓口[100] を設け、営業秘密侵害罪に関する相談なども受け付けている。

〔小林正和〕

100　独立行政法人工業所有権・研修館の営業秘密・知財戦略相談窓口についてのウェブサイト（https://www.inpit.go.jp/katsuyo/tradesecret/madoguchi.html）参照。要望により、警察庁と連携する。

事項索引

判例索引

執筆者紹介 (※五十音順)

岸 慶憲（きし・よしのり） 第3章3節
弁護士・弁理士。中村合同特許法律事務所パートナー。東京大学理学部卒業、東京大学大学院新領域創成科学研究科修了。2009年弁理士登録（2019年再登録）、2018年弁護士登録。

小林 正和（こばやし・まさかず） 第5章
弁護士・弁理士。中村合同特許法律事務所パートナー。東京大学工学部航空宇宙工学科卒業。2009年弁護士登録、2013年弁理士登録。主な業績に、「方法の発明の一部の工程のみを実施する被告による直接侵害が認められた事例：「手摺の取付方法」事件」（知財管理72巻3号、2022年）、「宇宙法：宇宙空間における知的財産の保護を理解するために」（パテント76巻3号、2023年）。

小松 香織（こまつ・かおり） 第1章4節
弁護士。中村合同特許法律事務所アソシエイト。東京大学法学部卒業。2006年判事補任官、2020年まで裁判官。2023年中村合同特許法律事務所入所。入所後の主な業績に、二弁税法研究会「北海道大学佐藤修二教授との合同判例研究会（最判平成24年1月13日担当)」。

相良 由里子（さがら・ゆりこ） 編集担当、はしがき、第1章1節、2節、第4章
弁護士・弁理士。中村合同特許法律事務所パートナー。東京大学法学部卒業。2001年弁理士登録、2005年弁理士登録。主な業績に、「証拠収集手続から見た知財紛争処理制度の歩みと課題」（ジュリスト1584号、2023年）、「特許権侵害行為の教唆・幇助行為に対する差止請求の可否　切削オーバーレイ工法事件とその後」『髙部眞規子裁判官退官記念論文集　知的財産訴訟の煌めき』（共著、きんざい、2021年）。

佐竹 勝一（さたけ・しょういち） 第2章
弁護士・弁理士。中村合同特許法律事務所パートナー。早稲田大学法学部卒業。2003年弁護士登録、2009年弁理士登録。主な業績に、「令和2年著作権法改正」（共著、パテント74巻11号、2021年）、『アンチ・ドーピングの手続とルール』（共著、商事法務、2021年）。

外村 玲子（とのむら・れいこ） 第1章3節
弁護士・弁理士。中村合同特許法律事務所パートナー。上智大学法学部卒業。2002年弁護士登録、2005年弁理士登録。主な業績に、『Q&A 商標法律相談の基本：商品名検討からプロモーションまで』（共著、第一法規、2019年）、『最新知的財産訴訟実務』（共著、青林書院、2020年）。

西村　英和（にしむら・ひでかず）　第1章1節、5節、6節
弁護士・弁理士。中村合同特許法律事務所アソシエイト。慶應義塾大学法学部法律学科卒業、東京大学大学院法学政治学研究科法曹養成専攻中退。2017年弁護士登録、2023年弁理士登録。主な業績に、『労働事件ハンドブック　改訂版』（共著、労働開発研究会、2023年）、「ハッシュタグと商標」（パテント75巻12号、2022年）。

山本　飛翔（やまもと・つばさ）　第3章1節、2節
弁護士・弁理士。法律事務所 amaneku 代表。東京大学大学院法学政治学研究科法曹養成専攻修了。2015年弁護士登録、2020年弁理士登録。主な業績に、『スタートアップの知財戦略』（勁草書房、2020年）、『オープンイノベーションの知財・法務』（勁草書房、2022年）。

重点解説 不正競争防止法の実務

2024 年 10 月 20 日　第 1 版第 1 刷発行

著　者　　岸　慶憲・小林正和・
小松香織・相良由里子・
佐竹勝一・外村玲子・
西村英和・山本飛翔

発行者　井村寿人

発行所　株式会社　勁草書房

112-0005　東京都文京区水道2-1-1　振替　00150-2-175253
（編集）電話 03-3815-5277／FAX 03-3814-6968
（営業）電話 03-3814-6861／FAX 03-3814-6854
本文組版 プログレス・平文社・中永製本

金井重彦・鈴木將文・松嶋隆弘 編著
商標法コンメンタール〔新版〕 16,500 円

寒河江孝允・峯　唯夫・金井重彦 編著
意匠法コンメンタール〔新版〕 14,300 円

茶園成樹・上野達弘 編著
デザイン保護法 4,180 円

上野達弘・前田哲男 著
〈ケース研究〉著作物の類似性判断 3,520 円
ビジュアルアート編

ポール・ゴールドスタイン
大島義則・酒井麻千子・比良友佳理・山根崇邦 訳
著作権はどこへいく？ 3,300 円
活版印刷からクラウドへ

山本飛翔
スタートアップの知財戦略 3,960 円
事業成長のための知財の活用と戦略法務

山本飛翔
オープンイノベーションの知財・法務 4,620 円

────────────────────────── 勁草書房刊

＊表示価格は 2024 年 10 月現在。消費税 10% が含まれております。